金融市场学

主　编◎魏　艺
副主编◎杜红军

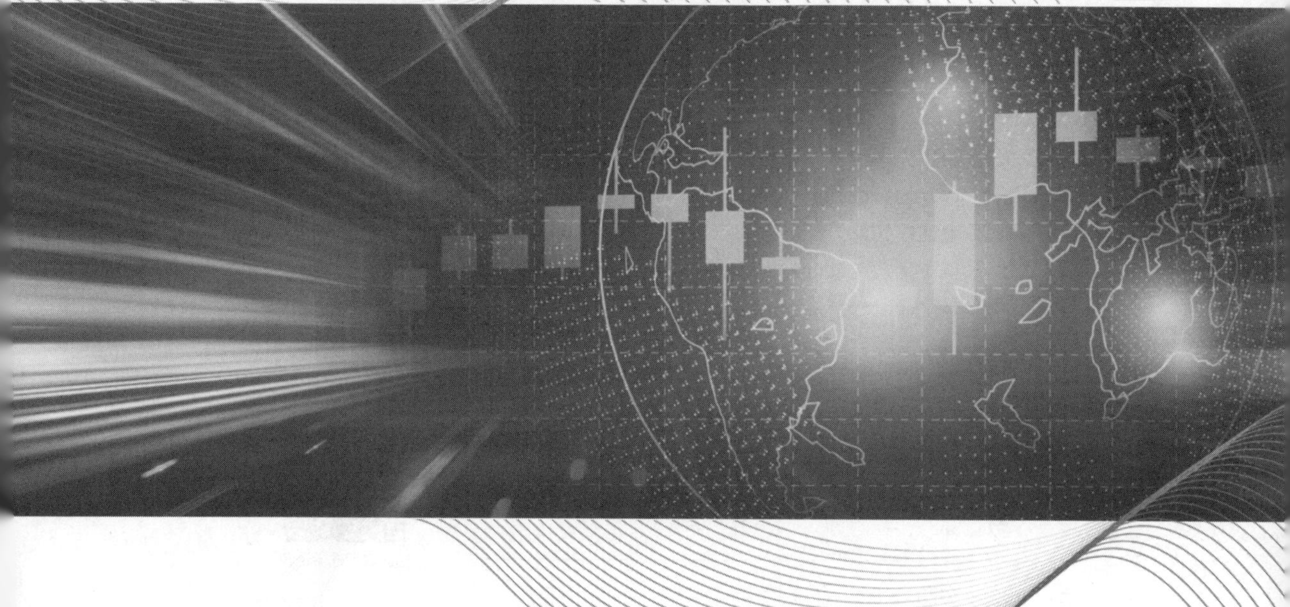

四川大学出版社
SICHUAN UNIVERSITY PRESS

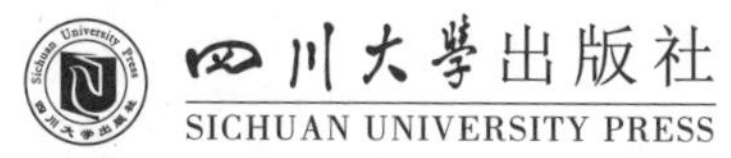

图书在版编目（CIP）数据

金融市场学 / 魏艺主编. — 成都 : 四川大学出版社，2023.9
ISBN 978-7-5690-6106-2

Ⅰ. ①金… Ⅱ. ①魏… Ⅲ. ①金融市场－经济理论 Ⅳ. ①F830.9

中国国家版本馆 CIP 数据核字（2023）第 077333 号

书　　名：金融市场学
　　　　　Jinrong Shichangxue
主　　编：魏　艺

选题策划：陈　纯
责任编辑：陈　纯
责任校对：孙滨蓉
装帧设计：裴菊红
责任印制：王　炜

出版发行：四川大学出版社有限责任公司
　　　　　地址：成都市一环路南一段 24 号（610065）
　　　　　电话：（028）85408311（发行部）、85400276（总编室）
　　　　　电子邮箱：scupress@vip.163.com
　　　　　网址：https://press.scu.edu.cn
印前制作：四川胜翔数码印务设计有限公司
印刷装订：四川省平轩印务有限公司

成品尺寸：185mm×260mm
印　　张：14.75
字　　数：358 千字

版　　次：2023 年 9 月 第 1 版
印　　次：2023 年 9 月 第 1 次印刷
定　　价：56.00 元

本社图书如有印装质量问题，请联系发行部调换

扫码获取数字资源

四川大学出版社
微信公众号

前　言

金融市场学是金融学专业的核心课程之一，旨在帮助本科生更好地理解金融市场的运作机制，培养学生的金融素养和风险意识。在当今快速变化的金融市场中，了解金融市场的基本概念和原理显得尤为重要。本书旨在向读者介绍金融市场的各种基础知识，包括金融市场的组成、金融产品的种类、金融机构的角色以及金融市场的监管等内容。

本书的目的是为读者提供深入了解金融市场的渠道。通过本书，读者可以了解不同类型的金融机构，如商业银行、证券公司和保险公司等，以及它们在经济中的作用和职能。此外，读者还可以学习不同类型的金融工具，如股票、债券和衍生品等，以及它们的特点和用途。通过对金融市场的全面了解，读者可以更好地把握市场的走势和机会，为投资决策提供依据。

在信息时代，金融知识的重要性变得更加显著。同时，金融行业也在不断变革中，这已成为其主要特征。本书提供了丰富的实例和案例，将金融理论与实践相结合，帮助读者更好地理解金融市场的运行机制，并能够将所学知识应用于实际情况。这有助于读者在真实的金融环境中培养分析和决策能力，从而更好地应对复杂多变的市场情况。

本书对数据、信息和政策等方面进行了及时更新，旨在确保读者始终了解最新的金融市场动态，站在行业前沿。在编写过程中，我们紧密联系中国案例，结合近年国内金融市场的巨大变化，以讲好中国故事的方式帮助读者更好地学习和应用金融市场学的知识。我们希望这本教材能够为广大读者提供有价值的学习资源，促进他们在金融领域的发展。

为了方便读者学习，本书在每一章都提供了本章提要、学习目标、重点难点和案例导入等内容，以提醒读者本章的重点和纲要。每一章还设计了专栏、小结、关键概念和思考与练习等板块，以帮助读者检查学习效果。本书对关键概念提供双语解析，旨在提供更加全面的学习体验，帮助读者更好地理解金融市场的专业术语。此外，每一章都提供了推荐阅读材料和网站等资源，以便读者进一步深入拓展学习。

本书由湖北大学魏艺担任主编，杜红军担任副主编。在编写过程中，我们参考和借鉴了大量学术界和实务界文献资料和研究成果，在此表示诚挚的谢意。

由于时间紧迫，在编写过程中难免存在不足之处，恳请读者批评指正。我们非常重视您的反馈，如有任何意见或建议，请随时联系我们。我们将不断改进和完善本书，以提供更好的学习体验。

编　者

2023 年春

目　　录

第 1 章　金融体系概览

【本章提要】

金融体系是有关资金的流动、集中和分配的一个系统，运转良好的金融体系对于可持续的和稳定的经济增长至关重要。金融市场是整个金融体系的枢纽，金融市场不仅是资金供求双方通过借贷或交易融通资金的场所，而且包括由一切金融工具和资金供求者所形成的供求关系。本章主要阐述金融体系的理论与功能、特征和类型，金融市场的构成要素和分类以及金融市场的发展趋势。

【学习目标】

1. 理解金融体系的功能。
2. 掌握金融体系的特征与类型。
3. 掌握金融市场的定义和构成要素。
4. 掌握金融市场的不同分类。
5. 理解金融市场的发展趋势。

【重点难点】

本章重点：金融市场的构成要素和分类。
本章难点：金融体系的功能和类型。

【案例链接】

新中国金融体系的发展变迁与历史经验

中国共产党高度重视金融建设，在革命根据地、抗日根据地、解放区都建立过金融机构。新中国成立初期，赓续红色基因，初创了新的金融体系；计划经济时期，形成了“大一统”的金融体系；改革开放后，逐步建成了适应社会主义市场经济体制的现代金融体系。当代中国金融体系变迁历经沧桑，积淀下许多宝贵的经验。

新中国金融体系的初创，1949 年 10 月，新中国成立后，建立了多元化的金融体系。

计划经济时期的“大一统”金融体系

“一五”时期，我国计划经济体制逐步展开，金融体系开始集中统一。到 1957 年，我国的金融体系已由初期的多元并存，发展为高度集中、统一的“大一统”体系。“大一统”金融体系的特征是：全国各类商业银行、金融机构相继被撤并，融合到中国人民银行体系之中；取消金融市场，全部金融业务集中于中国人民银行；取消商业信用，银行信用集中于中国人民银行；中国人民银行成为全国信贷中心、结算中心和现金出纳中心；中国人民银行既是中央银行、管理机关，又办理商业银行业务。机构单一，信用集中，政企不分，对外封闭。

改革开放后社会主义市场金融体系逐步形成

中国共产党十一届三中全会后，中国启动了金融体制改革。

（一）银行体系的全面改革。1978 年，中国人民银行从财政部独立出来，恢复独立建制，成为国家金融主管部门。随后，国家恢复或建立国家专业银行，“大一统”金融体系开始改革，逐渐建立起适应社会主义市场经济体制的银行体系。20 世纪 80—90 年代，随着经济体制市场化改革的推进，一批股份制商业银行诞生。2004 年到 2009 年，中国银行、中国工商银行、中国建设银行、中国农业银行先后完成股份制改革，在股票市场上市，转变为国有控股商业银行。2006 年还成立了中国邮政储蓄银行。

2014 年，国家进一步放松开设金融机构的管制，试点开办民营银行，到 2017 年已有 17 家民营银行开业。另外，值得关注的是，2013 年后，互联网金融快速发展，引发中国金融业的创新，但也隐藏着不小的风险，在政府监管之下，正在步入正轨。

（二）非银行金融机构的快速发展。1979 年，中国人民保险公司恢复国内建制。此后，国有保险机构完成股份制改革，外资保险公司增设在华机构，中国保险业国际化程度日益提高。

改革开放后，其他非银行金融机构如信托投资公司、证券公司、金融租赁公司、投资基金、养老保险基金、集团财务公司、农村合作基金等机构迅速成立，形成了种类齐全、数量众多的金融组织。

农村信用合作社改革不断推进，农经服务公司、扶贫储金会、金融信托合作社、农民互助保险合作社等合作性的金融机构也蓬勃发展。

（三）金融市场与金融监管的逐步完善。一是建设货币市场。1986 年，以同业拆借、票据贴现和国债回购业务为突破口，同业拆借市场、票据贴现市场、大额存单市场、回购市场等组成的货币市场体系得到发展。二是建设资本市场。企业中长期债券市场逐步形成。国债市场逐步建立。1990 年上海证券交易所成立，1991 年深圳证券交易所成立，证券市场步入规范发展的轨道。三是建设其他金融市场，如外汇交易市场、期货市场和期权交易市场、黄金市场创建并逐渐完善。

中国金融监管体制也由中国人民银行“大一统”监管，走向分业监管。1992 年，成立中国证券监督管理委员会和国务院证券委员会，1998 年，成立中国保险监督管理委员会，2003 年，成立银行业监督管理委员会，形成了“一行三会”分业监管的金融管理体制。2018 年，设立中国银行保险监督管理委员会，中国金融体系演化为“一委一行两会”的监管体制。

新中国金融体系发展变化巨大，具有鲜明的中国特色，积累了宝贵的建设经验。

（一）金融体系要始终为经济发展服务。2017 年 4 月 25 日，习近平总书记主持中共中央政治局集体学习时强调：金融是现代经济的核心。2017年5月14日，习近平主席在“一带一路”国际合作高峰论坛开幕式上的演讲中指出：金融是现代经济的血液。2019年2月22日，习近平总书记主持中共中央政治局集体学习指出：经济是肌体，金融是血脉，两者共生共荣。习近平总书记的系列讲话都强调了金融的重要性、金融要为经济发展服务。

（二）金融体系要始终注意防范与化解金融风险。习近平总书记指出：“准确判断风险隐患是保障金融安全的前提。”中国共产党和政府高度重视金融安全，新中国成立初期果断整顿私营金融业，改革开放后也时刻注意金融风险，建立了有效应对金融风险的机制，保持金融运行稳定，促进了中国经济的快速发展。

（三）金融体系建设要与经济体制相协调。新中国成立以来，经历了新民主主义经济体制、计划经济体制、社会主义市场经济体制，与不同阶段经济体制相适应，建立了新民主主义金融体系、计划金融体系与社会主义市场经济金融体系。金融体系建设与经济体制建设相协调，在不同时期发挥了金融支持经济的作用。

（四）金融体系要处理好政府与市场的关系。计划经济时期，实行高度集中的金融体制，政府以行政手段配置资源，导致金融功能扭曲，资金使用效率低下。改革开放后，金融资源配置转向市场配置机制，比较有效地解决了政府与市场的关系，促进了金融体系的发展，也促进了经济的发展。

（五）金融体系建设要立足国情。新中国成立以来，始终从中国的国情出发，建设金融体系。国民经济恢复时期，治理整顿私营金融业，建立了以国家银行为主体的多元金融体系。计划经济时期，为集中资源进行经济建设，建立了以银行信用为主体的间接金融体系。转向社会主义市场经济体制后，逐渐调整直接金融与间接金融的结构，推进金融市场建设，加强金融创新风险管理，保障了中国金融体系的平稳运行。

资料来源：金融时报—中国金融新闻网，根据赵学军《新中国金融体系的发展变迁与历史经验》整理而得。

https://www.financialnews.com.cn/ll/sx/202110/t20211018_230721.html

那么，到底什么是金融体系？金融体系和经济的最主要联系是什么？金融体系的功能是什么？为什么金融市场如此重要？通过本章以及本门课程的学习，你将会对这些问题有一个深入全面的了解。

1.1　金融体系的含义和内容

金融体系（Financial system）是有关资金的流动、集中、分配和再分配的一个系统，它由资金盈余方和资金短缺方，连接这两者的金融机构、金融市场和金融工具共同构成。资金盈余者和资金需求者交换流动资金，为消费或生产性投资项目融资，并追求其金融资产（Financial assets）的回报。

金融体系还包括一套显性或隐性规章制度，资金交易的所有参与者使用这些规则来决定哪些项目获得融资、谁为项目融资以及金融交易的条款。具体而言，现代金融体系的基本要素包括货币流通、金融机构、金融市场、金融工具和金融制度五个方面。

第一，由货币制度所规范的货币流通。货币流通指在商品流通过程中，货币作为流通手段和支付手段在经济活动中所形成的连续不断的收支运动。货币用于购买时，不断地离开起点，从商品购买者手中转到商品所有者手中，这样周而复始地运动，就形成了货币流通。货币制度是一个国家以法律形式规定货币的有关要素、货币流通的体系和组织形式，完善的货币制度能够保证货币和货币流通的稳定，保障货币正常发挥各项职能。

第二，金融机构（Financial institution）。金融机构是指专门从事货币流通和信用业务活动的中介组织，或者说是充当信用中介、媒介以及从事金融服务有关的组织。金融服务业包括银行、证券、保险、信托、基金等行业，与此相应，金融中介机构也包括银行、证券公司、保险公司、信托投资公司和基金管理公司等。

第三，金融市场。金融市场是各类经济主体进行资金融通的场所，包括资本市场、货币市场、外汇市场、保险市场、衍生性金融工具市场等。通过参与金融市场活动，各个经济主体实现调剂资金余缺的目的，同时也使资金配置趋于合理化。

第四，金融工具。金融工具又称金融产品，指信用关系的书面凭证、债权债务的契约文书等，是金融市场上进行交易的载体。在我国，金融工具通常包括存款、贷款、商业票据、银行票据、保单，以及期货、期权和各种金融衍生工具的标准化合约。金融工具的制造者主要是银行、证券公司、保险公司、信托公司、经纪人和交易商等金融市场的中介人。

第五，金融制度。由于金融活动具有很强的外部性，在一定程度上可以视为准公共产品，因此，政府的管制框架也是金融体系中一个密不可分的组成部分。现代市场经济条件下，国家都会对金融市场和金融运行进行立法监管和调控等，就形成了一个国家的金融制度系统和体系，包括货币制度、汇率制度、信用制度、利率制度、金融机构制度、金融市场制度，以及支付清算制度、金融监管制度，等等。

从一般性意义上看，金融体系是以上多个要素耦合而成的复杂系统，金融体系不是这些部分的简单相加，而是相互适应与协调。金融体系在宏观上指一国如何配置金融资源，微观上是资金供需双方的融通方式。由于社会经济发展过程中各国的历史悠久程度、经济发展的市场化程度、金融意识与观念、金融法律与法规、金融基础设施等方面都不同，各国金融体系都是千差万别，并且也都在发生持续的变化，不同金融体系之间的区别主要是以上五个基本要素的相互关系、协调关系的不同；不过，诺贝尔经济学奖获得者默顿指出金融体系所担负的基本功能在本质上是一样的。从本质上来看，金融体系必须服务于实体经济，金融机构和金融市场的产生与发展内生于实体经济活动的需要。

1.2　金融体系的理论和功能

传统的金融理论主要从金融机构的角度来着手研究金融体系，即机构金融观（Institutional perspective）。传统的金融理论认为，现存的金融市场活动主体及金融组织是既定的，并由与之相配套的金融规章和法律来规范各种组织的运行，现有的金融机构和监管部门都力图维持原有组织机构的稳定性。在机构金融观看来，特定的银行、证券、保险公司等传统金融机构都被定义在其能做什么的架构内，在此基础上讨论如何使这些机构提供的特殊中介服务更有效率地运行。有关金融体系所有问题的解决，如商业银行不良资产和资本市场的系统风险等，都应在这种既定的框架下来解决，即使要牺牲效率也是值得的。上述观点存在的明显缺陷是当经营环境的变化以及这些组织机构赖以存在的基础技术以较快的速度进行革新时，银行、保险及证券类机构也在迅速变化和发展，由于与其相关法律和规章制度的制定滞后于其变化，金融组织的运行将会变得无效率。

与传统的机构金融观相比，美国著名学者默顿和博迪提出的金融功能观（Functional perspective）并不假定现有的金融机构是一成不变的。默顿和博迪认为，金融功能比金融机构更稳定，即随着时间的推移和区域的变化，金融功能的变化要小于金融机构的变化。此外，他们指出金融功能优于金融组织，即金融机构的功能比金融机构的组织方式更重要。同一经济功能在不同的市场中可以由不同的机构来行使。

换而言之，金融功能观着眼点不是放在如何发展不同形式的金融机构，而是先确定金融体系应该具备哪些功能，然后才可以设置和建立能很好行使这些功能的机构与组织，而一种形式的机构是否最好，又取决于现有的时机和进步。在此基础上，看这些机构到底实现了金融的什么功能，这些功能是否满足市场上企业和个人的各种融资需求和其他金融服务需求。

由于技术进步以及全球金融市场和中介机构的整合，金融市场和中介机构一直在迅速发展。金融创新保证了金融体系的结构随着时间的推移而变化，但金融体系本身的功能保持稳定。金融体系的基本功能在所有经济体中基本相同，不会随着时间而改变。

默顿（Merton）和博迪（Bodie）把金融体系的核心功能归纳为以下六种。

1.2.1　金融体系聚集和分配资源的功能

金融体系可以有效地动员储蓄为分散的社会资源提供聚集功能，能为企业或家庭的生产和消费筹集资金而发挥其资源的规模效应，同时还能将聚集起来的资源在全社会重新进行有效分配。

金融体系为资源在时间和空间上的转移提供途径。学生贷款、按揭买房和为退休储蓄等都是跨期配置功能的体现。金融体系满足了双方对于资源跨期配置的需求，提升了社会总体效率。金融体系也为空间上资源的跨国和跨行业转移提供了便利。资源有可能远离其利用效率最大化的国家、地区和行业，金融体系通过股票、债券和贷款的形式，实现经济资源的空间转移，最大化资源的使用效率。

当经济社会不确定性以及信息不对称性越严重，金融体系的资源配置功能越重要。相比单个投资者对公司、对经理、对市场条件等难以进行评估，金融系统可以利用建立的金融中介机构为投资者提供中介服务，并且提供一种与投资者共担风险的机制，使社会资本的投资配置更有效率。中介性金融机构提供的投资服务可以表现在：一是分散风险；二是流动性风险管理。流动性服务有效地解决了长期投资的资本来源问题，为长期项目投资和企业股权融资提供了可能，同时为技术进步和风险投资创造出资金供给的渠道。

1.2.2 金融体系风险管理功能

风险是由于未来存在不确定性而导致损失的可能性，金融体系提供了应对不确定风险的手段和途径。金融体系的风险管理功能要求金融体系为中长期资本投资的不确定性即风险进行交易和定价，形成风险共担的机制。由于存在信息不对称和交易成本，金融系统和金融机构的作用就是对风险进行交易、分散和转移。如果社会风险不能找到一种交易、转移和抵补的机制，社会经济的运行不可能顺利进行。例如，保险公司从希望降低风险的客户那里收取保费，同时将风险转移给为了换取某种回报而愿意偿付索赔、承担风险的投资者。许多金融合约在不转移资金的情况下转移风险，就像大多数保险合同和衍生品一样。

1.2.3 金融体系的清算、结算和支付功能

金融系统的一个重要功能是为不同国家、地区的企业和个人提供一种有效的方式来支付他们希望购买的商品和服务。常见的清算、结算和支付服务有票据交换清算、异地跨行清算、证券和金融衍生工具交易清算等。管理清算、结算和支付过程相关的成本和风险的关键要素包括净额结算安排、抵押品的有效使用、交割与支付、证券托管非实体化和信贷扩张。

在经济货币化日益加深的情况下，建立一个有效的、适应性强的交易和支付系统乃基本需要。可靠的交易和支付系统应是金融系统的基础设施，缺乏这一系统，高昂的交易成本必然与经济低效率相伴。一个有效的支付系统对于社会交易是一种必要的条件。交易系统的发达，可以降低社会交易成本，可以促进社会专业化的发展，这是社会化大生产发展的必要条件，可以大大提高生产效率和技术进步。所以说，现代支付系统与现代经济增长是相伴而生的。中国现代化支付系统（China National Advanced Payment System，CNAPS）分为四大部分：中央银行支付清算系统、第三方服务组织支付清算系统、金融市场支付清算系统、银行业金融机构支付清算系统。为适应跨境和创新业务的发展，增强银行体系资金使用效率等，中国现代化支付系统 2 代（CNAPS2）已于 2012 年 10 月在全国整体上线。随着经济社会数字化转型进程不断推进，中国的数字人民币试点已经启动，数字加密货币有助于提高支付效率，强化隐私安全，优化资源配置。

1.2.4 金融体系的集中资源和股权细化功能

金融体系将无法分割的大型投资项目划分为小额股份，以便中小投资者能够参与这些大型项目进行的投资。例如，假设你希望投资一家成本为一亿元的企业，但你只有一万元可投资。由于你不可能分割企业来购买其中的一部分，因此你将无法进行这项投资。这时，金融体系可以发挥归集资源的作用，聚集众多投资者的资金，集中投向企业。

股票市场为企业股份的细分和流通提供了场所。在不影响企业实际生产的同时，为投资者提供了投资机会并分享企业收益。另外，股权细分降低了投资门槛，为投资者提供了新的投资机会和途径。通过股权细化功能，金融体系实现了对经理的监视和对公司的控制。

1.2.5 金融体系信息提供功能

金融市场的明确功能是允许个人和企业交易金融资产。资本市场的另一个功能是提供有助于决策的信息。例如，利率和证券价格是家庭在做出消费储蓄决策时使用的信息。经济社会中充满不确定性，信息不完全、不对称会很大程度地影响经济体对投资项目收益的判断以及储蓄投资转化的规模和效率。金融体系的信息提供功能意味着在金融市场上，不仅投资者可以获取各种投资品种的价格以及影响这些价格的因素的信息，而且筹资者也能获取不同的融资方式的成本的信息，管理部门能够获取金融交易是否在正常进行、各种规则是否得到遵守的信息，从而使金融体系的不同参与者都能做出各自的决策。

金融系统提供价格信息，有助于协调经济各部门的分散决策。在金融体系中，投资者广泛参与金融交易，促进价格发现。另外，市场中的公允价格为不同经济部门决策提供信息，有助于决策者把握市场方向。每一种新金融工具的出现都会从一个新的侧面提供信息，供决策者使用。在信息不完全的情况下，很难搜寻信息以及保证信号的准确，而在信息不对称的情况下，激励问题普遍存在，这些因素都会影响储蓄投资的转化。

1.2.6 金融体系提供解决激励问题方法的功能

激励问题有多种形式——逆向选择、道德风险和委托代理问题等。交易前信息不对称会引发逆向选择问题。例如，在贷款过程中，高风险公司会更努力地包装自己取得贷款，银行可能会做出错误的贷款选择，贷款给资质差、风险高的公司。交易后信息不对称会引发道德风险问题。例如，企业提前支付薪酬后，对员工的工作激励减小，员工可能付出更少的劳动。现代企业中所有权和控制权的分离就产生了委托代理问题。拥有所有权，承受与决策相关风险的人被称为委托人，获得控制权的管理者是代理人，由于代理人对于自身利益的追求，他们可能会做出损害所有者权益的决策。例如，兼并收购毫无价值的公司。

在经济运行中激励问题之所以存在，不仅是因为相互交往的经济个体的目标或利益不一致，而且是因为各经济个体的目标或利益的实现受到其他个体行为或其所掌握的信息的影响，即影响某经济个体的利益的因素并不全部在该主体的控制之下。一个有效的金融体系可以减少这些激励问题，制定了帮助克服这些问题的机制，从而促进社会生产效率的提高。例如，通过让企业的管理者以及员工持有股票或者股票期权，企业的效益也会影响管理者以及员工的利益，从而使管理者和员工尽力提高企业的绩效，他们的行为不再与所有者的利益相悖，这样就有效缓解了委托代理问题。

1.3 金融体系的特征与类型

1.3.1 直接融资和间接融资

金融体系所履行的基本经济职能就是促进资金从供给方向需求方流动。图 1－1 展示了通过金融体系资金的转移。

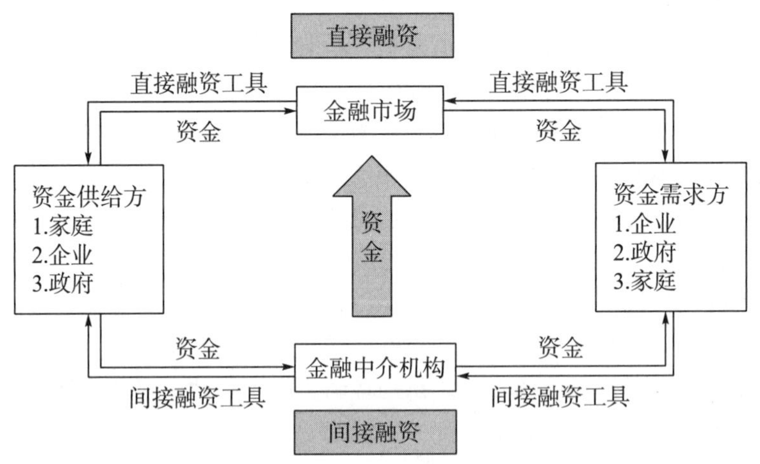

图 1－1　直接融资（Direct financing）和间接融资（Indirect financing）

箭头表明，根据资金配置的渠道和金融媒介的不同，资金的融通方式可以分为直接融资和间接融资。直接融资是指资金需求方直接与资金供给方通过一定的金融工具直接形成债权债务关系的资金融通形式。常见的直接融资工具有：商业票据、直接借贷凭证、股票、债券等。例如，中国移动需要借入资金投入到 5G 精品网络，它可能通过发行债券从储蓄者手中借入资金（这种债券承诺在一个规定的时期内定期支付），也可能发行股票（拥有者成为公司利润和资产的股东）。

间接融资是指资金供给方与资金需求方之间不发生直接债权债务关系，而是通过金融机构为媒介进行的融资活动，即资金供给方通过存款，或者购买银行、信托、保险等金融机构发行的有价证券（也称为金融工具），将其暂时闲置的资金先行提供给这些金融中介机构，然后再由这些金融机构以贷款、贴现等形式，或通过购买资金需求方发行的有价证券，把资金提供给需求方使用，从而实现资金融通的过程。例如，中国移动从建设银行获得 120 亿贷款投资云基础设施，这 120 亿并不是建设银行的自有资金，绝大多数是来自家庭和企业在建设银行的存款。通过金融中介机构进行间接融资的过程称为金融中介化（Financial intermediation）。

直接融资的主要优点有：①资金供求双方联系紧密，有利于合理配置资金，提高资源使用效率。②筹资成本较低而投资收益较大。直接融资省去了金融中介的服务成本，可以有效降低融资成本。除此之外，比如企业想通过发行债券获取资金时，都会自主提供项目信息，致使公司信息透明度上升，节约了投资人或金融机构再对其进行调查的成本。由于债券期限较长，而银行贷款期限较短，从投资者的角度来看，期限长的投资风险高、流动性差，因此要求的回报率高，所以直接融资的报酬率一般高于间接融资。

直接融资的主要缺点有：①直接融资双方在资金数量、期限、利率等方面受到较多限制。②直接融资的便利程度及其融资工具的流动性会受到金融市场发达程度的制约。③资金需求方资信程度很不一样，当资金需求方的信用等级不高时，资金供给方需要承担较大的风险，且部分直接金融资金具有不可逆性，例如发行股票所得资金是不需要返还的，股票只能够在不同投资者之间相互转让。④在以债券和股票公开发行方式筹集资金的直接融资活动中，公开信息披露有时与企业保守商业秘密的需求相冲突。

为什么你愿意将资金以 3%的利率存入银行的储蓄账户，然后由银行将贷款以 6%的利率发放给你的邻居，而不是直接将你的这笔资金借给你的邻居呢？下面，我们来看看间接融资的主要优点：①以银行为代表的金融机构可以利用规模经济（Economies of scale）的优势降低交易成本（Transaction cost），提供的资金可以在数量和期限方面具有较大的灵活性，筹资者的资金需求可以更加方便及时地得到满足。②间接融资的风险要么主要由金融机构承担，要么由金融机构通过多样化的投资组合来分散风险（Risk sharing），因而作为投资者（资金供给方）的社会公众具有更高的资金安全性。③金融中介机构的出现是专业化分工协作的结果，它具有了解和掌握借款者有关信息的专长，有助于解决信息不对称（Asymmetric information）引起的逆向选择（Adverse selection）和道德风险（Moral hazard）问题，而不需要每个投资者自己去收集筹资方（资金需求方）在交易之前和交易之后的有关信息，因而降低了整个社会的融资成本。在交易之前，信息不对称所导致的问题是逆向选择。金融市场上的逆向选择指那些最可能造成不利（逆向）后果即制造信贷风险的潜在借款人，往往是那些最积极寻求资金并且最可能得到资金的人。银行向筹资方提供资金前会对其信用情况、资产情况、经营情况、财务情况、借款用途、还款能力等方面进行评估。在交易之后，信息不对称所导致的问题是道德风险。金融市场上的道德风险，指贷款人将资金贷放给借款人以后，借款人可能从事不利于贷款人的风险活动。比如，控股股东以企业生产筹资为由借款实则借用关联方占款据为己用。金融市场上道德风险的存在，在一定程度上妨碍了其作用的正常发挥。例如，近年不少消费者办理经营用途贷款，但未严格按照约定的用途使用贷款资金，部分贷款资金违规流入房地产领域。④融资活动不需要筹资方进行公开的信息披露，有利于保护筹资方的商业秘密。

间接融资的主要缺点有：①各国对金融机构的监管比一般企业更为严格和保守，其资金运用通常很难满足小微企业、新兴产业和高风险项目的融资要求。②资金供求双方的直接联系被割断了，会在一定程度上降低投资者对资金使用状况的关注与筹资者对使用资金的压力和约束力。③金融中介机构提供服务收取一定费用和利差收益增加了筹资的成本。

鉴于对企业上市的严格要求，加上审核流程烦琐、周期长、券商承销保荐费用、会计师审计费用、律师费用等都会直接增加融资成本，中国绝大多数的股份公司并不具有直接向数量众多的股东或者向公众募集资本的能力。由于受到发行规模的限制，加之受自身规模、经营风险等因素影响，中小企业也很难通过债权融资来获得资金。

1.3.2 银行主导型和市场主导型的金融体系

金融体系是一个复杂的系统，世界各国具有不同的金融体系，很难用一个相对统一的模式进行概括，本书从直接融资和间接融资在金融体系中的地位不同，将金融体系分为银行主导型（Bank－oriented financial system）、市场主导型（Market－oriented financial system）和混合导向型。直接融资，是指不通过金融机构等中介，资金供求双方在资本市场上直接签协议或购买有价证券实现资金融通。间接融资，是指资金供给方以存款形式，先将闲置资金提供给金融机构，再由金融机构以贷款方式给资金需求方。

顾名思义，在银行主导型的金融体系中，跨期配置资源主要依靠银行、企业和家庭的外部资金来源主要通过间接融资，银行在将储蓄转化为投资、分配资源、控制企业经营、提供风险管理工具方面起着领导作用——其典型案例有德国和中国；而在市场主导型的金融体系中是以直接融资为主导，资本市场（尤其是股票市场）扮演着更加重要的角色——其典型案例是美国，其近 5 年的直接融资占比平均高达 78.77％。在市场主导型金融体系中，证券市场承担了相当一部分银行所承担的融资、公司治理、减少风险的作用，资金通过金融市场实现有效配置，使有限的资金投入到最优秀的企业中去，金融市场自发、有效率的配置资源，从而促进经济发展。混合导向型是直接融资占比在 50％～60％的经济体，金融体系混合两种融资方式特点，例如日本在 1996 年之前是银行主导型的金融体系，近年侧重发展资本市场逐渐升级转变为“市场型间接融资”，见表 1－1 和如图 1－2 所示。

表 1－1　2020 年各国银行与资本市场的国际比较（宏观法）

	银行对私人非金融部门信贷存量（10 亿美元）	上市公司股票市值（10 亿美元）	非金融企业债券存量（10 亿美元）	直接融资占比（％）
美国	11251	40719.66	7213	80.99％
德国	3484	2284.11	267	42.27％
日本	6266	6718.22	894	54.85％
中国	28350	12214.47	4518	37.12％

注：直接融资占比＝（上市公司股票市值＋非金融企业债券存量）/（银行对私人非金融部门信贷存量＋上市公司股票市值＋非金融企业债券存量）

资料来源：世界银行，国际清算银行（BIS）。

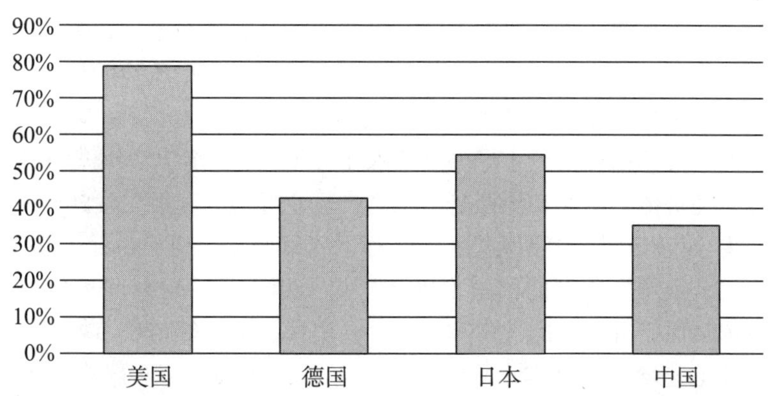

图 1－2　2016—2020 年各国银行与资本市场发展的均值比较（宏观法）

资料来源：世界银行，国际清算银行（BIS）。

表 1－2 比较了典型的市场主导型金融体系（美国）和银行主导型金融体系（德国）。

表 1－2　美国与德国的金融体系比较

金融体系	美国	德国
商业银行（Commercial bank）	截至 2021 年年末，美国有 4231 家商业银行。提供工商企业贷款、住宅贷款、农业贷款，以及同业贷款；商业银行从事投资银行业务的限制时松时紧	截至 2021 年年末，德国有 251 家商业银行。主要包括三大全能银行：德意志银行、德累斯顿银行、德国商业银行，从事存贷款、生命保险、有价证券承销和投资多种业务
储贷机构（Savings and loan associations，S&L）	传统上提供抵押和其他消费信贷；很多是互助性质的，即存款者同时是股东	兼顾公共利益，不以盈利为最大目标；共有三级：地方、州和中央储蓄银行
资本市场（Capital market）（股票、债券市场）	很发达，三大主要交易所是经由初次发行（IPO）筹集资金的主要渠道，各级政府以及企业是重要的资金来源。2020 年上市公司有 4100 家	以法兰克福为中心的 7 个区域性交易所，上市公司数量较少（2020 年上市公司数量仅 438 家）；各级政府与银行是重要的资金来源；对非金融企业不重要
衍生品市场（Derivatives）	商品期货市场始于 19 世纪晚期，金融期权与期货市场始于 20 世纪 70 年代早期，互换和其他衍生工具柜台交易量很大	金融期权与期货市场始于 1990 年，交易量很小
一般保险公司（Insurance company）	生命保险公司提供税收比较优惠的储蓄手段；财产保险公司主要目的是提供保险，投资工具只是副产品；很多公司是互助性质的	全能银行与保险公司均能提供保险；但是与银行不同，保险公司受到严格监管
养老基金（Pension fund）	涵盖所有员工，保费与平均收入相联系，替代率较低；主要包括根据最终均收入决定的固定受益人	涵盖所有员工，保费与工作收入相联系，替代率较高

资料来源：根据维基百科和赵鹏程《中国金融体系变迁与小微企业融资关系研究》整理。

长期以来，经济学家一直在试图寻找一种最优的金融体系模式，这也是各国不断进行金融改革，探索有利于经济增长、金融稳定和不发生系统性风险的金融体系模式的原因。银行主导型和市场主导型金融体系，孰优孰劣？从历史发展看，金融发达国家市场和金融欠发达国家市场都有银行主导型和市场主导型，比如德国和葡萄牙等都是银行主导型的金融发达经济体，巴西和墨西哥等都是市场主导型的金融欠发达经济体。从这一点看来，银行主导型和市场主导型金融体系都不能解释哪个更有利于经济增长。中国、日本、德国这三个银行主导型的国家都曾在历史上相当长一段时间里保持了经济高增长，金融体系依然保持着原有的效率和稳定性。美国、瑞士等传统市场主导型国家也同样经历了经济的迅速增长，资本市场高度发达，且商业银行等金融中介不仅没有“消亡”，反而显示出更加旺盛的生命力。

针对商业银行与市场并驾齐驱的景象，不少学者们提出了金融结构中性论，即金融结构并无绝对优劣之分。Beck 和 Levin（2002）提出“金融服务观”（Financial services views），金融系统的功能在于建立一个有利于银行和金融市场共同提供高效金融服务的整体环境，银行主导型和市场主导型之间孰优孰劣的争论并不重要，同样的功能既可以由资本市场来担当，也可以由银行来担当，关键在于服务的质量而非金融结构。只要能确保金融体系的整体效率，就能促进经济增长。Laporta、Lopez－de－Silanes、Shleifer and Vishny（1997，1998，1999）的“法律观”（Legal－based view）也认为银行导向和市场导向的争议没有意义，因为法律系统的健全和效率决定了金融服务的水平和质量，而衡量法律系统的主要指标包括股东权利、贷款人权利、法律执行、政府信用、会计准则等。

其他学者也研究发现，金融中介机构和金融市场可以通过生产信息和风险分担来缓解市场摩擦，银行主导型和市场主导型在某种程度上都促进了经济增长。但在缓和商业周期波动方面，银行主导型和市场主导型金融体系的影响差异很大。在正常经济衰退期，运营良好的银行有助于缓解冲击，但当衰退期与金融危机同时发生时，银行主导型经济体经历的对 GDP 的影响是市场主导型经济体的三倍（Gambacorta et al.，2014）。市场主导型的金融体系在面临金融危机时，会加剧对金融依赖型产业的脆弱性（Allen et al.，2017）。

近年来，有学者通过调查 113 个国家的数据，发现平均而言，“市场主导型”的金融体系与更高水平的经济增长相关。这种影响因政治风险的不同程度和经济发展的不同阶段而异。具体而言，与银行主导型金融体系相比，股票市场的发展似乎促进了政治风险较低、经济发展阶段较好的国家的经济增长。此外，在市场主导型的金融体系中，银行对经济增长更为重要，而在银行主导型的金融体系中，股票市场对经济增长更为敏感（Liu et al.，2022）。

根据国际常用的存量法统计口径，G20 国家直接融资比重在过去 20 年总体呈上升态势，大多数集中在 65％～75％区间内，美国显著高于其他国家，超过 80％。分析表明，金融结构与经济水平、产业发展阶段、法治文化和制度环境以及金融自由化程度等因素高度相关且与之相适应。

总体而言，随着经济发展水平越来越高，金融结构的演进会逐步偏向直接融资而降低间接融资的比重，是一个世界性的结构变迁趋势。

我国正处在转变经济增长方式、促进经济转型升级的关键时期，国务院新闻办公室于 2015 年 12 月 25 日发布《关于进一步显著提高直接融资比重优化金融结构的实施意见》，该意见指出我国需进一步健全直接融资市场体系，积极拓展直接融资工具和渠道，提高直接融资中介服务水平。“十四五”规划和 2035 年远景目标纲要也提出，应进一步推进金融体系市场化改革，提高直接融资特别是股权融资比重。中国政府重视改善金融结构，提高金融资源配置效率，推动战略新兴产业发展和经济可持续增长。

根据国际常用的存量法统计口径和中国央行新增社会融资规模的增量法数据都显示长期以来我国的金融体系以间接融资为主。

存量法下，中国直接融资占比长期稳定在 30%～40%区间，如图 1－3 所示。相较于传统发达国家美国，其直接融资占比为我国的两倍多。传统意义上银行主导型的发达国家，德国和日本也在近年来加速了融资结构的转型，两国的直接融资占比分别达到 42.27%和 54.85%。

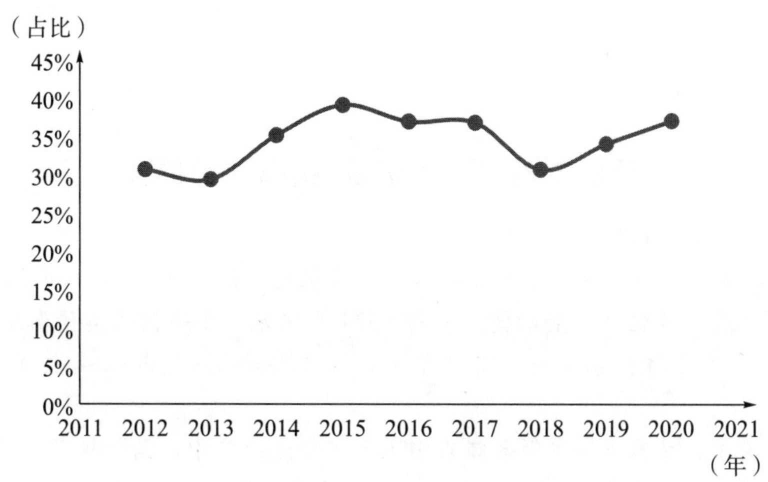

图 1－3　2012—2020 年中国存量直接融资占比（宏观法）

资料来源：世界银行，国际清算银行（BIS）。

增量角度，我国新增社会融资规模中的直接融资占比从 2012 至 2020 年呈现“下降—抬升—再下降—再抬升”的过程。中国直接融资占比从 11.74%持续提升到 24.00%，而在 2017 年去杠杆、控风险的背景下，直接融资比例大幅跳水，到 2020 年又逐渐上升到 15.14%，维持在偏低水平，如图 1－4 所示，我国企业融资结构仍有充足的转型空间。

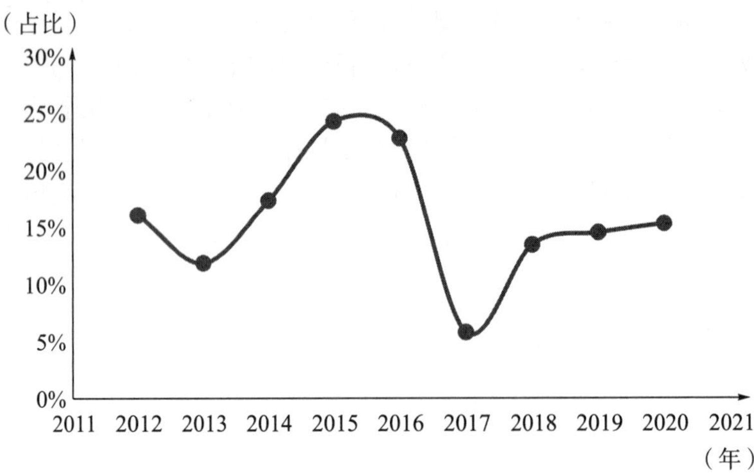

图 1－4　2012—2020 年中国新增社会融资规模中直接融资占比（增量法）

资料来源：中国人民银行。

【专栏 1－1】

读懂 2022 年 6 月份金融市场运行情况

一、债券市场发行情况

6 月份，债券市场共发行各类债券 65996.8 亿元。国债发行 5040.6 亿元，地方政府债券发行 19336.6 亿元，金融债券发行 9674.6 亿元，公司信用类债券发行 11696.9 亿元，信贷资产支持证券发行 446.8 亿元，同业存单发行 19062.7 亿元，其他债券 738.6 亿元。

截至 6 月末，债券市场托管余额为 141.7 万亿元。其中，国债托管余额 23.2 万亿元，地方政府债券托管余额 34.3 万亿元，金融债券托管余额 32.7 万亿元，公司信用类债券托管余额 32.2 万亿元，信贷资产支持证券托管余额 2.5 万亿元，同业存单托管余额 14.7 万亿元。商业银行柜台债券托管余额 401.6 亿元。

二、债券市场运行情况

6 月份，银行间债券市场现券成交 22.5 万亿元，日均成交 10733.5 亿元，同比增加 21.7％，环比增加 8.5％；单笔成交量在 500 万元～5000 万元的交易占总成交金额的 41.5％，单笔成交量在 9000 万元以上的交易占总成交金额的 51.7％，单笔平均成交量 5162 万元。交易所债券市场现券成交 4.7 万亿元，日均成交 2253.8 亿元，同比增加 119.2％，环比增加 10.9％。商业银行柜台市场债券成交 18.9 万笔，成交金额 203.7 亿元。

三、债券市场对外开放情况

截至 2022 年 6 月末，境外机构在中国债券市场的托管余额为 3.64 万亿元，占中国债券市场托管余额的比重为 2.6％。其中，境外机构在银行间债券市场的托管余额为 3.57 万亿元；分券种看，境外机构持有国债 2.3 万亿元、占比 63.4％，政策性金融债

0.9万亿元、占比23.6%。

四、货币市场运行情况

6月份，银行间货币市场成交共计139.9万亿元，同比增加44.0%，环比增加12.9%。其中，质押式回购成交125.5万亿元，同比增加44.0%，环比增加12.6%；买断式回购成交5428.3亿元，同比增加63.3%，环比增加27.9%；同业拆借成交13.9万亿元，同比增加43.9%，环比增加14.7%。交易所标准券回购成交34.6万亿元，同比增加17.6%，环比增加12.1%。

6月份，银行间质押式回购月加权平均利率为1.57%，环比上升10个基点；同业拆借月加权平均利率为1.56%，环比上升6个基点。

五、票据市场运行情况

6月份，商业汇票承兑发生额2.5万亿元，贴现发生额1.8万亿元。截至6月末，商业汇票承兑余额18.3万亿元，贴现余额12.3万亿元。

6月份，签发票据的中小微企业9.3万家，占全部签票企业的92.4%，中小微企业签票发生额1.7万亿元，占全部签票发生额的65.8%。贴现的中小微企业9.3万家，占全部贴现企业96.7%，贴现发生额1.3万亿元，占全部贴现发生额72.7%。

六、股票市场运行情况

6月末，上证指数收于3398.6点，较上月末上涨212.2点，涨幅为6.7%；深证成指收于12896.2点，较上月末上涨1368.6点，涨幅为11.9%。6月份，沪市日均交易量为5020.6亿元，环比增加32.8%；深市日均交易量为6025.2亿元，环比增加30.5%。

七、银行间债券市场持有人结构情况

截至6月末，银行间债券市场的法人机构成员共3871家，全部为金融机构。按法人机构统计，非金融企业债务融资工具持有人共计2230家。从持债规模看，前50名投资者持债占比51.0%，主要集中在基金公司、国有大型商业银行（自营）和股份制商业银行（代客）；前200名投资者持债占比81.8%。单只非金融企业债务融资工具持有人数量最大值、最小值、平均值和中位值分别为75、1、11、10家，持有人20家以内的非金融企业债务融资工具只数占比为91%。

6月份，从交易规模看，按法人机构统计，非金融企业债务融资工具前50名投资者交易占比51.2%，主要集中在证券公司（自营）、城市商业银行（自营）和股份制商业银行（自营），前200名投资者交易占比83.7%。

资料来源：中国人民银行网站，金融市场司。

http://www.pbc.gov.cn/jinrongshichangsi/147160/147171/147173/4611682/index.html

1.4 金融市场的界定、构成要素和分类

1.4.1 金融市场的界定

金融市场（Financial market）是由资金供求双方在市场机制的基础上，运用各种金融工具融通资金的场所。它包括三层含义：一是金融市场是进行金融资产交易的有形和无形场所；二是金融市场反映了金融资产供求双方之间的供求关系，揭示了资金的归集与传递过程；三是金融市场包含金融资产交易过程中所产生的各种运行机制，其中包括价格机制，供求机制，竞争机制，风险机制等。

金融市场主要是进行货币资金借款、外汇买卖、有价证券交易、债券和股票的发行、黄金等贵金属买卖的场所，与一般商品市场有很大的不同。第一，市场中参与者进行的活动不同，金融市场的主要活动是资金需求方和资金供给方的资金融通；商品市场，是指有形物质产品或劳务交换的场所，企业在这里出售其产品或劳务，消费者购买劳务。第二，市场中的参与者不同，金融市场主要是金融中介机构、投资人、融资人；而商品市场是生产者和消费者。第三，市场中的交换物不同，金融市场是货币资金，而商品市场是生产出的商品或劳务。第四，市场的地位不同，金融市场是枢纽，通过资金配置，深刻影响商品市场和其他市场的运行；商品市场既决定了生产出的产品是否能转化为货币资本，从而可持续生产，也决定了金融市场中的投资人能否得到投资收益，从而愿意投资，它是联通金融市场和其他市场的重要一环。

1.4.2 金融市场的构成要素

金融市场是进行资金融通的场所，其构成要素主要有：金融市场主体、金融市场客体和组织方式。

（1）金融市场主体

金融市场的主体是金融市场的参与者，大致可以分为以下几类：政府部门、中央银行（Central Bank）、金融中介、企业、居民个人（家庭）和外国投资者等。

第一，政府部门。

一般情况下，政府是金融市场上最大的资金需求者和交易主体。

中央政府和地方政府可以通过发行财政部债券或地方政府债券来筹集资金，用于基础设施建设，弥补财政预算赤字等。例如，为应对新冠肺炎疫情影响，2020 年 6 月—7 月，我国财政部发行总计 1 万亿元特别国债来筹集财政资金，统筹推进疫情防控和经济社会发展。有时，政府也成为金融市场上的资金供应者，因为税收收入和支出不一定匹配，财政筹集的资金在支出前可形成资金积余而进入金融市场。一些国家的中央政府积极参与国际金融市场，如我国政府是美国国债的最大持有者，中东的主要石油出口国家是国际金融市场上资金供应者；一些发展中国家则在国际金融市场上利用国际中长期贷

款、项目融资、国际债券等方式为本国发展筹措资金。另外，政府还是金融市场重要的监管者和调节者。为了实现公平与效率统一，政府通过制定和颁布各种政策、法规、制度等，授权监管机构对金融市场的运行进行监管。

第二，中央银行。

各个国家的中央银行都是金融市场上的重要参与者。中央银行承担着制定并贯彻、监督货币政策运行的职能，还包括对金融机构活动进行领导、管理和监督。中央银行参与金融市场的主要目的是为了实现货币政策目标，调节经济，稳定物价。中央银行在金融市场上买卖金融工具进行投放和回笼货币，实现货币供应量的调控，并会对金融市场上资金的供求以及其他经济主体的行为产生影响。中央银行还经常通过买卖某种国际性货币的方式来对外汇市场进行干预，以便把本国货币的汇率稳定在一个所希望的水平上或幅度内，从而实现本国货币金融政策的意图。2022 年 4 月 25 日，中国人民银行发布消息，为提升金融机构外汇资金运用能力，自 2022 年 5 月 15 日起，下调金融机构外汇存款准备金率 1 个百分点，由现行的 9%下调至 8%。央行此举措增加外汇流动性，降低人民币汇率贬值预期，以调节外汇市场的供求关系，有助于稳定人民币汇率。

第三，金融中介。

金融中介指对资金供给者吸收资金，再将资金对资金需求者融通的媒介机构。金融中介可以分为存款类金融中介和非存款类金融中介两大类。

①存款类金融中介。

存款类金融中介通过吸收各种存款和借入资金而获得可利用资金，再通过各类贷款与证券投资运用资金，成为资金供求者之间的信用中介。在美国，存款类金融中介机构主要包括商业银行（Commercial Bank）、储蓄银行（Savings Bank）和储蓄贷款协会（Savings and Loan Association：S&L），以及信用合作社（Credit Union）；在我国，存款类金融中介机构仅包括商业银行和信用合作社。

商业银行是存款类金融中介机构中最重要的一种，不仅为政府、企业和家庭等提供信贷资金，又是资金需求者，而且还为它们提供各种基础性的金融服务。我国目前的商业银行有四大国有商业银行（中国工商银行、中国农业银行、中国银行、中国建设银行）、12 家股份制商业银行（交通银行等）、城市商业银行等。

储蓄银行是指以吸收个人储蓄存款为主要业务的专业银行。大多是由互助性质的合作金融组织演变而来。互助储蓄银行是一种“互助”型的金融组织，互助制意味着存款者即为所有者。储蓄银行的资金来源主要有：居民储蓄存款、经营收益、发行股票和向商业银行借款。储蓄银行的资金运用主要有：长期性贷款、投资股票、债券等。储蓄银行和商业银行的区别主要有两点：其一，储蓄银行的存户多为居民，商业银行的存户多为企业；其二，储蓄银行贷款期限长，商业银行的贷款以短期为主。在我国没有专门的储蓄银行，为个人提供的储蓄及其他金融业务是由商业银行办理的。

储蓄贷款协会是在美国政府支持和监管下专门从事储蓄业务和住房抵押贷款的非银行金融机构。其产生的动机是为购房者提供融资，贷款要以所购房屋为抵押。其形式有互助制和股份公司制。储蓄贷款协会的资金来源主要以吸收带息的定期存款和储蓄存款为主，资金运营主要集中在抵押贷款、抵押贷款证券以及政府债券。

信用合作社是指由一些具有共同利益的人们组织起来的、具有互助性质的合作金融组织。其资金来源主要是会员与非会员的存款，资金运营有短期贷款、消费信贷、票据贴现以及证券投资等。信用合作社为金融体系起到了拾遗补阙的作用，在经济生活中广泛动员了社会资金，弥补了现代金融服务难以覆盖的地区，促进了社会闲散资金的聚集和利用。随着金融的不断发展，信用合作社的业务不断拓展，资金来源与运用从以前的以会员为主逐渐向多元化发展，并且在金融市场上发挥着越来越大的作用。

②非存款类金融中介。

非存款类金融中介是指不以吸收存款为主要资金来源的金融机构，其资金来源与运用方式各异，主要是通过发行证券或以契约性的方式聚集社会闲散资金。非存款类金融中介机构的业务具有多元化、专业化以及市场化的特点。业务之间存在较大的区别；业务承担的风险不同，相互传染性较弱；业务的开展与金融市场密切相关，对金融资产价格变动敏感。非存款类金融中介机构的发展有赖于所属经济体系的市场化程度以及信息技术的发达程度、金融创新能力的强弱以及相关法律规范的完善程度。表 1－3 汇总了主要的非存款类金融中介机构以及其资金来源和运用情况。

表 1－3　非存款类金融中介的资金来源和运用情况

分类	代表性机构	主要资金来源	主要资金运用
投资类金融机构	证券公司（投资银行）	股权融资、债务融资、票据融资、同业拆借融资等	购买股票和债券等金融工具
	基金管理公司	投资者资金	购买股票和债券等金融工具
保障类金融机构	保险公司	保费收入和投资收益	购买政府债券、公司债券
	社会保障基金（Social security fund）	国际上主要有两个：一是征收社会保障税，二是政府财政社会福利支出；我国主要是用人单位和职工本人缴纳的社会保险费和各级政府的社会保障财政预算	储蓄存款、购买国债、不动产、直接投资于工商企业或兴办经济实体等
其他非存款类金融机构	信托投资公司	受托资金、投资基金收益、企业资产重组等中间业务和债券承销业务的收入	信托贷款、股权投资、证券投资等
	金融租赁公司	承租人的租金、发行金融债券、向金融机构借款、外汇借款	投资于能源汽车等基础设施租赁及普惠金融业务
	金融资产管理公司	划转中国人民银行发放给国有独资商业银行的部分再贷款。发行金融债券	收购、管理和处置不良资产；对所管理的政策性和商业化收购不良贷款的抵债实物资产进行必要投资等
	融资性担保公司	被担保人收取的担保费以及审核被担保人信用资质所需的评审费	未到期责任准备金、代偿贷款

第四，企业。

企业在金融市场中既是资金的需求者又是资金的供给者，可以通过直接融资如发行股票或企业债券等形式直接获得用于生产经营的资金，也可以通过间接融资如向银行贷款等获得资金。此外，企业作为金融市场上的参与者之一，同样可以把暂时闲置的资金存入银行或购买各类证券，从而实现其在金融市场上的投资运作，起到提供资金的作用。此外，企业经常在金融市场上进行套期保值等活动，特别是有外币收付的企业，常利用外汇远期、期货等金融工具规避汇率风险。

第五，居民个人（家庭）。

在金融市场上，居民个人是最大的资金供给者。近十几年来，随着我国个人收入水平的提高，居民个人手中拥有的剩余资金迅速增加，提升了整体的投资能力，一方面，除了将货币存入银行以外，还购买股票、债券、基金、保险等，投资方式日趋多样化。另一方面，居民在金融市场上也充当资金需求者的角色，如通过贷款方式可以获得消费、购买住房等所需的资金。

第六，外国投资者。

随着金融市场的进一步开放，外国投资参与者参与国内金融市场和国际金融市场的现象越来越普遍，这些在国外的参与者包括：居民个人、合格的境外机构投资者（QFII）、政府及中央银行等。

（2）金融市场的客体

金融市场的客体是指金融市场交易的对象，即金融工具或有价证券。金融市场的活动实质就是发行和买卖有关金融工具。金融工具（Financial instruments）是指以书面形式发行和流通、借以保证债权人或投资人权利的凭证，是资金供应者和需求者之间继续进行资金融通时，用来证明债权的各种合法凭证。随着信用在现代经济生活中的不断深化和扩展，金融工具种类越来越多，主要有票据、债券、股票、期货、期权、黄金、外汇、保单、结构性存款等。每种金融工具，适应交易的不同需要而各有其特殊内容，但也有些内容是共同的，如：面值，即凭证的票面价格，包括面值币种和金额；到期日，即债务人必须向债权人偿还本金的最后日期；期限，即债权债务关系持续的时间；发行者（出票人）签章等。

金融工具还有一些共同的特征：收益性、风险性和流动性。收益性指的是金融工具能定期或不定期带来收益。风险性指的是投入的本金和利息收入有遭到损失的可能性。任何金融工具都有风险，只是程度不同，其风险主要有违约风险、市场风险、政治风险及流动性风险。流动性是指金融工具在金融市场上能够迅速地转化为货币其价值不致遭受损失的能力。一般而言，风险性与收益性成正向相关，流动性与收益性成反向相关。不同的金融工具，由于其在收益性、风险性和流动性等方面各不相同，因而可以满足市场参与者不同的金融需求。

金融工具可以从不同的角度进行不同的划分：按照期限来分，分为短期金融工具和长期金融工具；按照融资形式，分为直接金融工具和间接金融工具；按照权利与义务，分为债权债务类金融工具和所有权类金融工具；按照是否与直接信用活动相关，分为原生金融工具和衍生金融工具。

近三十年来，中国金融市场已获得了较大的发展，金融工具种类不断增加。但与国外发达国家，甚至一些新兴市场国家和地区相比还有较大差距，当前，中国金融工具种类仍然偏少，类型不齐、特别是衍生金融工具创新方面还很不够。金融工具创新通常受到金融市场供求因素的影响和推动。通过金融工具创新，金融市场主体能够有更多选择的余地，以形成自己的资产组合，大大地增强了他们规避风险，投资盈利的机会和手段，进而吸引更多的投资者加入到金融市场中来，不断地扩大金融市场的规模。

(3) 组织方式

金融市场的组织方式是指需要有一种形式把交易双方和交易对象结合起来，使交易双方相互协商，共同确定交易价格，最后实现转让交易对象的目的。金融市场组织方式主要有拍卖方式和柜台方式两种。

第一，拍卖方式（Auction）。

金融市场交易中的拍卖和其他商品拍卖一样，是买卖双方通过公开竞价的方式来确定买卖的成交价格。公开竞价方式主要有两种，一种是人工拍卖，由出售人通过喊价及手势报出要出售的金融工具的要价，购买人之间激烈竞争报出买价，最后将金融工具出售给出价最高的购买人；另一种是通过计算机自动撮合，投资者的买卖指令输入计算机后，撮合系统将按“时间优先，价格优先”的原则进行自动撮合。时间优先是指同一价位时，以时间先后顺序依次撮合。价格优先指的是相同时间，对于买方而言，出价高者优先成交；低于卖方而言，出价低者优先成交。金融市场工具的拍卖都在证券交易所内进行。在交易所内买卖证券活动必须通过专业的经纪人，即投资者相互之间不是直接买卖证券的，而是通过证券经纪人来促成双方证券买卖的成交，经纪人并向双方收取交易手续费（佣金）。

第二，柜台方式（Over-the-Counter，OTC）。

柜台方式：又称店头交易，是按标购标售（Bid and Ask）方式进行交易的市场，其典型代表是美国的 OTCQX 市场。在这种方式中，金融工具的买卖双方都分别同金融机构进行交易，或将要出售的工具卖给金融机构，或在金融机构那里买进金融工具。未上市的股票、虚拟货币、债券、衍生品、外汇、可转让存单等金融工具都以柜台方式交易。证券公司是其最重要的交易金融中介，这种方式所确定的买卖成交价格不是通过竞价方式实现的，而是由证券公司根据市场行情和供求关系自行确定的。证券公司向公众投资者报出某些特定证券的买卖价格（即双向报价），并在报价数量范围内以其自有资金和证券按其报价履行与投资者的成交义务。买卖双方不需等待交易对手出现，只要证券公司出面承担交易对手方即可达成交易。证券公司通过买卖报价的适当差额来补偿所提供服务的成本费用，并实现一定的利润。

1.4.3 金融市场的分类

根据不同的分类标准可以把金融市场划分为许多具体的子市场。

(1) 按融资期限划分

第一，货币市场（Money market）。

货币市场是短期资金市场，是指融资期限在一年以下的金融市场。货币市场包括同业拆借市场、票据市场、短期政府债券市场、大额可转让定期存单市场、货币市场共同基金等子市场。货币市场产生和发展的初始动力是为了保持资金的流动性，它借助于各种短期资金融通工具将资金需求者和资金供应者联系起来，既满足了资金需求者的短期资金需要，又为资金有余者的暂时闲置资金提供了获取盈利的机会。金融市场的金融工具主要是政府、银行及大型企业发行的短期信用工具，具有期限短、流动性强和风险小的特点。世界各国的短期信用工具种类繁多，名称也不一样，常见的有国库券、大额可转让定期存款单、商业票据、银行承兑汇票、银行间同业拆借等。

货币市场的具体内容与运行机制详见本书第 2 章。

第二，资本市场（Capital market）。

资本市场亦称长期资金市场，通常是指进行中长期（一年以上）资金（或资产）借贷融通活动的市场。资本市场包括银行中长期信贷市场和证券市场。与货币市场相比，资本市场特点主要有：融资期限长、流动性相对较差、风险大而收益较高、资金借贷量大和价格变动幅度大。

具有典型代表意义的资本市场包括：债券市场和股票市场。债券市场（Bond market）是发行和买卖债券的场所。债券（Bond）是政府、金融机构、工商企业等机构直接向社会借债筹措资金时，向投资者发行，承诺按一定利率支付利息并按约定条件偿还本金的债权债务凭证。债券的本质是债的证明书，具有法律效力。债券购买者与发行者之间是一种直接债权债务关系，债券发行人即债务人（Debtors），投资者（或债券持有人）即债权人（Creditors）。最常见的债券为定息债券、浮息债券以及零息债券。债券市场具有重要的融资功能、资金流动导向功能和宏观调控功能。

债券市场的具体内容与运行机制详见本书第 3 章。

股票市场（Stock market）是股票发行和流通的场所，包括发行市场和流通市场两部分。股票是股份证书的简称，是股份公司为筹集资金而发行给股东作为持股凭证并借以取得股息和红利的一种有价证券。股票市场是上市公司筹集资金的主要途径之一。随着商品经济的发展，公司的规模越来越大，需要大量的长期资本。而单靠公司自身的资本化积累很难满足生产发展的需求，所以须从外部筹集资金。公司筹集长期资本一般有三种方式：一是向银行借贷；二是发行公司债券；三是发行股票。前两种方式的利息较高，并且有时间限制，这不仅增加了公司的经营成本，而且使公司的资本难以稳定，因而有很大的局限性。而利用发行股票的方式来筹集资金，则无须还本付息，只需在利润中划拨一部分出来支付红利即可。

股票市场的具体内容与运行机制详见本书第 4 章。

(2) 按交割方式划分

按交易是即期还是未来交割，可将金融市场分为现货市场和衍生品市场。现货市场（Spot markets）指即期交易的市场，是金融市场上最普遍的一种交易方式。即期交易指市场上的买卖双方成交后须在若干个交易日内办理交割的交易行为。现货交易包括现金交易、固定方式交易和保证金交易。现金交易是指成交日和结算日在同一天发生的交易；固定方式交易则是指成交日和结算日之间相隔几个交易日，一般在七天以内；保证金交易也叫垫头交易，指投资者在提供一部分资金作为保证金之后，当事人就可以进行超过自身资金实力的大规模交易，其余资金由经纪人贷款垫付。该保证金的计算需要根据市场的波动来确定，一般是按照百分比来计算的。比如，现货黄金的保证金比例通常为1∶100，即100倍的杠杆。现货市场交易的债券、股票、黄金等是衍生工具的标的资产（Underlying instruments）。衍生品市场，是指交易衍生工具的市场。衍生工具通常是指从标的资产或基础资产派生出来的新型金融工具，一般表现为一些合约，以相应的现货资产作为标的物，其价格由其基础资产的价格决定，成交时不需要立即交割，而可在未来时点交割。常见的衍生工具包括远期、期货、期权、互换等。根据标的资产的不同，衍生品可以划分为商品衍生品和金融衍生品。

衍生品市场的具体内容与运行机制详见本书第7章。

(3) 按交易性质划分

按金融资产的发行和流通性质可将金融市场分为发行市场和流通市场。

第一，发行市场（Primary market/New issue market），也称一级市场或初级市场，是资金需求者将金融资产首次出售给公众时形成的市场。该市场的主要经营者是投资银行、经纪人和证券自营商（在我国这三种业务统一于证券公司）。它们承担政府、公司新发行的证券以及承购或分销股票。政府、金融机构、工商企业等在发行证券时，可以选择不同的投资者作为发行对象，即公募和私募两种形式。公募（Public offering）又称公开发行，是指发行人通过中介机构向不特定的社会公众广泛地发售证券，通过公开营销等方式向没有特定限制的对象募集资金的业务模式。在公募发行情况下，所有合法的社会投资者都可以参加认购。为了保障广大投资者的利益，各国对公募发行都有严格的要求，如发行人要有较高的信用，并符合证券主管部门规定的各项发行条件，经批准后方可发行。私募（Private placement）又称不公开发行或内部发行，是指面向少数特定的投资人发行证券的方式。私募发行有确定的投资人，发行手续简单，可以节省发行时间和费用。私募发行的不足之处是投资者数量有限，流通性较差，而且也不利于提高发行人的社会信誉。我国境内上市外资股（B股）的发行几乎全部采用私募方式进行。

第二，流通市场，也称二级市场（Secondary market），是对已经发行的金融工具进行买卖、转让和流通的市场。流通市场又可以分为场内交易市场和场外交易市场两种组织形式。流通市场为证券持有者将证券变现的场所；也为新的投资者提供投资的机会。各类有价证券在二级市场上的顺利流通，有利于形成一个公平合理的价格，实现货币资本与证券资本的相互转换。

(4) 按地域范围划分

金融市场按其作用的地域范围来划分，可以分为国内金融市场和国际金融市场。

国内金融市场指金融交易的作用范围仅限于一国之内的市场，它除了包括全国性的以本币计值（在我国就是人民币）的金融资产交易市场，还包括一国范围内的地方性金融市场。

狭义的国际金融市场是指同市场所在国的国内金融体系相分离，主要由市场所在国的非居民从事境外交易，如货币借贷、外汇买卖、黄金买卖、证券交易以及其他衍生工具交易等金融服务，既不受所使用货币发行国政府法令的管制，又不受市场所在国法令管制的金融市场，又叫离岸金融市场（Offshore financial market）。广义的国际金融市场又称传统的国际金融市场，是指进行各种国际金融业务的场所，包括货币市场、资本市场、外汇市场、黄金市场以及衍生品市场等。

【专栏1—2】

中国故事——“一带一路”倡议

丝绸之路经济带和21世纪海上丝绸之路，即“一带一路”倡议，是中国国家主席习近平于2013年提出的国际经济合作倡议，得到国际社会的高度关注和有关国家的积极响应。共建“一带一路”倡议旨在传承古丝绸之路精神，以互联互通为主线，促进政策沟通、设施联通、贸易畅通、资金融通和民心相通，为世界经济增长挖掘新动力，为国际经济合作开辟新渠道和新空间，为各国共同发展和繁荣创造新机遇。体现了中国作为最大的发展中国家和全球第二大经济体，对推动国际经济治理体系朝着公平、公正、合理方向发展的责任担当。

历史告诉我们，基础设施和金融的互联互通是相伴而行的。想想古代的丝绸之路。通商的愿景促使商人千里跋涉。随着时间流逝，人们修建桥梁、建筑等基础设施，甚至建起整座新城，来满足最初规模较小的贸易站和金融往来的需求。哪里形成了金融联系，当地的生活质量就会很快改善。在2019年“一带一路”论坛，金融互联互通会议上，国际货币基金组织总裁克里斯蒂娜·拉加德强调，在现代背景下，更深层次的金融互联互通可以通过加强资本流动和改善金融包容性等重要渠道来实现。

第一，确保资本更自由地流动。

允许资本跨境流动能帮助支持包容性增长。如何支持？通过促进基础设施、制造业甚至医疗行业的投资。

目前，发展中国家的外国直接投资（FDI）仅占GDP的1.9%；而在全球金融危机之前，这个数字是2.5%。为推进主要基础设施建设进展，需要再次增加资本流动规模，并以安全的方式对其进行管理。对资本流动更加开放也能降低融资成本，提高金融部门效率，允许资本支持生产性投资和新增就业。

这对中国尤为适用。中国向境外投资者进一步开放债券市场，能够实现债券市场投资者多元化，并促进人民币国际化。

中国更加关注“一带一路”倡议项目的长期成功，财政部宣布的“一带一路”倡议债务可持续性框架正是朝着正确的方向迈出了令人欢迎的一步。同样令人欢迎的是，当前的工作开始确保“一带一路”倡议项目的投资环保、低碳并具有抵御气候变化的能力。这将有助于增强环境的可持续性。

第二，改善金融包容性。

亚太地区中低收入经济体近一半的成年人口没有银行账户。曾向金融机构借款的人口比重不到10%。然而，各国若要在21世纪繁荣发展，弥合金融缺口是一项“必须完成的经济任务”。国际货币基金组织的分析表明，如果亚洲金融包容性最弱的国家将金融缺口缩窄至泰国（一个新兴市场经济体）的水平，这些国家的贫困率能降低近4%。

如何实现这一目标？一方面，制定能使更多妇女和农村 居民获得金融服务的政策。

在发展中国家，妇女面临的金融性别缺口约为9%，且自2011年来基本保持不变。这个问题没有根治的良方，但金融科技能发挥催化作用。例如，柬埔寨通过强有力的公私合作关系支持移动金融发展，自2011年来微型金融机构的数量增加了两倍。目前，这些机构已向200多万个新借款者提供贷款，占成年人口的比重接近20%，这些公民很多从未开立银行账户。现在，他们可以通过储蓄规划未来，甚至也许可以自行创业。

这些理念适用于所有国家，但这些国家必须有意愿开展合作并相互学习。这就是国际货币基金组织和世界银行在2018年10月启动"巴厘岛金融科技议程"的主要原因之一。该议程阐述的核心原则——从发展金融市场到维护金融诚信——能帮助所有国家，因为其旨在改善金融包容性。

在国际社会的广泛支持下，共建"一带一路"取得了重大进展。截至2021年10月，已有141个国家和32个国际组织签署了共建"一带一路"合作文件。"一带一路"倡议与各国、各区域以及全球发展规划加强对接，"六廊六路多国多港"的互联互通架构基本形成，一大批项目成功落地，一系列早期收获已惠及当地民众。

资料来源：根据新华社《共建"一带一路"：理念、实践与中国的贡献》、国际货币基金组织《"一带一路"倡议：实现金融互联互通的两个关键渠道》开幕致辞和"一带一路"国际合作高峰论坛咨询委员会2019—2020年度研究成果和建议报告《高质量共建"一带一路"构建互联互通伙伴关系》整理而得。

1.5 金融市场的发展趋势

伴随着世界经济一体化及金融创新的发展，金融市场呈现出新的发展趋势，主要体现在金融全球化、资产证券化、金融科技化等。

1.5.1 金融全球化

法国学者弗朗索瓦·沙奈认为，金融市场全球化（Financial globalization）是世界各国、各地区在金融业务、金融政策等方面相互交往和协调、相互渗透和扩张、相互竞争和制约已发展到相当水平，进而使全球金融形成一个联系密切、不可分割的整体。随着世界经济的全球化发展，金融领域的跨国活动也在以汹涌澎湃之势迅猛发展，跨境资金流动造成各国金融市场联系越来越紧密，相互影响和促进，逐渐整合成为一个国际性大金融市场的过程和趋势。金融市场的全球化始于20世纪60年代出现的欧洲货币市场（Eurocurrency market)，欧洲货币市场是第一个离岸金融市场，主要以美元为主。欧洲美元的产生，使得资金的跨国流动真正全球化了。欧洲美元（Eurodollar）是指储蓄在美国境外的银行而不受美国联邦储备系统监管的美元，与美国国内流通的美元是同一货币，具有相同的流动性和购买力。由于此种储蓄比美国境内的储蓄受到更少的限制而有更高的收益。

从微观层次来看，金融活动的全球化主要可包括以下三个方面：第一，资本流动全球化。随着投资行为和融资行为的全球化，即投资者和融资者都可以在全球范围内选择最符合自己要求的金融机构和金融工具，资本流动也全球化了。第二，金融机构全球化。金融机构是金融活动的组织者和服务者。金融机构全球化是指金融机构在国外广设分支机构，形成国际化或全球化的经营。在 21 世纪，金融机构的并购与重组成为金融机构全球化的一个突出特点，全球金融业并购浪潮造就了众多巨型跨国银行。第三，金融市场全球化。金融市场是金融活动的载体，金融市场全球化就是金融交易的市场超越失控和地域的限制而趋于一体。例如，外汇交易是通过电话和电脑终端，在全球几百家银行间同时进行，每天外汇交易量将近 6 万亿美元。

具体来讲，导致金融全球化的因素主要有以下原因：①金融全球化的实体因素：制造业与服务业的增长、全球贸易发展、跨国公司的发展、对外直接投资的扩张和科技进步。②金融全球化的技术因素：金融创新。金融创新开始于 20 世纪 60 年代末期发达国家市场经济中，新的金融工具与融资方式的创造、新的金融市场的开拓和新的金融机构或组织形式的推行，为金融全球化提供了适当的载体。在一系列金融创新的推动下，全球资金流动的形式，从银行信贷为主，转向了以在公开市场上交易的债务工具为主。特别是信息通信技术的不断发展和广泛应用，全球金融信息系统、交易系统、支付系统和清算系统已经走向网络化，从根本上改变了整个金融业的面貌。③金融全球化的经济制度因素：金融自由化。金融自由化是指一国国内金融管制的解除。从具体内容上看，以放松管制为特征的金融自由化就是国内金融业务的自由开放，包括利率自由化、银行业务自由化、金融市场自由化等。金融自由化一方面是适应跨国公司发展的需要，另一方面也是金融创新的发展使得金融管制失效，迫使金融当局不得不放松管制，加快金融自由化。美国从 20 世纪 80 年代初放松利率管制，开始了金融自由化。金融全球化与金融自由化紧密相连。

金融全球化不仅意味着全球金融活动的一体化，而且意味着全球的金融风险发生机制日益紧密地联系在一起。例如，1997 年爆发的亚洲金融危机。由于亚洲地区高利率环境叠加金融自由化，大量国际资本流入，催生泡沫。随着美联储加息、资本流出，固定汇率制崩盘、货币贬值，亚洲各国经济遭受了严重打击，纷纷进入经济衰退。危机还导致社会动荡和政局不稳，一些国家也因此陷入混乱。除此之外，危机甚至影响了俄罗斯和拉丁美洲经济。金融全球化使各国的监管发生重大变化，金融监管从国内单边监管转向国内国际的多边监管，从封闭性监管转向开放性监管。

1.5.2　资产证券化

通常而言，资产证券化（Securitization）指的是信贷资产证券化，是将流动性较差但有未来现金流的信贷资产（如银行的贷款、企业的应收账款等）通过一定的结构安排，对资产中风险与收益要素进行分离与重组，进而转换成为在金融市场上可以出售的流通的证券的过程。

简而言之，就是将能够产生稳定现金流的资产出售给一个独立的专门从事资产证券化业务的特殊目的公司（SPV：Special Purpose Vehicle），SPV 以资产为支撑发行证券，并用发行证券所募集的资金来支付购买资产的价格。其中，最先持有并转让资产的一方，为需要融资的机构，整个资产证券化的过程都是由其发起的，称为“发起人”（Originator）。购买资产支撑证券的人称为“投资者”。在资产证券化的过程中，为减少融资成本，在很多情形下，发起人往往聘请信用评级机构（Rating agency）对证券信用进行评级。同时，为加强所发行证券的信用等级，会采取一些信用加强的手段，提供信用加强手段的人被称为“信用加强者”（Credit enhancement）。在证券发行完毕之后，往往还需要一专门的服务机构负责收取资产的收益，并将资产收益按照有关契约的约定支付给投资者，这类机构称为“服务者”（Servicer）。

资产证券化始于20世纪70年代美国的住房抵押贷款市场，发展到目前，基础资产已经十分广泛，从各类贷款到企业债券，从企业应收账款到保单，从航空公司票务收入到公园门票收入，等等。

在文献和报道中经常提到的MBS、CDO、ABS、ABCP等金融产品都属于典型的资产证券化产品，主要区别是基础资产不同。MBS的基础资产是住房抵押贷款；CDO（Collateral Debt Obligations）称为担保债务凭证，是以抵押债务信用为基础，基于各种资产证券化技术，对债券、贷款等资产进行结构重组，重新分割投资回报和风险，以满足不同投资者需要的创新性衍生证券产品。ABS（Asset-Backed Security，ABS）既是资产支持证券的统称，也特指以汽车贷款、信用卡贷款、学生贷款、贸易应收款等债权资产为基础资产的资产支持证券。事实上，除了MBS所指代的基础资产较为明确，CDO和ABS所包含的资产都比较广泛。ABCP（Asset-Backed Commercial Papers）称为资产支持商业票据，与MBS、CDO、ABS相比，ABCP的期限较短，主要为短期商业票据。

资产证券化作为一种金融工具，和其他金融工具一样，可以用来完善资本市场的结构，改善资源的配置，提高资金的运作效率，从而促进经济结构的优化，达到为实体经济服务的目的。具体而言，对资产证券化的发起人和投资者都产生了影响。

（1）对发起人的好处

①由于风险隔离和信用增级的使用，资产证券化在融资上可以摆脱企业甚至资产本身的信用条件的限制，从而可以降低企业融资的门槛。而且，资产证券化在设计上比传统融资方式更加灵活多变，可以设计出各种满足投资人需求的产品，所以融资的基础比较厚，渠道更广。

②资产证券化可以帮助信用级别较低的发起人取得高信用级别的融资成本。

③由于资产证券化本身就是一个把流动性差的资产转化为流动性高的证券和现金的过程，因而增加了流动性。资产证券化可以从时间和空间两个方面来实现“变现”的目的，即把将来的现金转变成现在的现金或是把现在的不流动资产转化成可流动的资产。

④和传统融资相比，利用资产证券化融资会给发起人留下更多的财务自由度和灵活性。资产证券化融资是独立于企业之外的融资，由于风险隔离的机制，投资人无权对发起人本身的经济行为进行干涉，所以留给企业更多的自由度。

⑤和传统融资相比，利用资产证券化融资对发起人的信息披露要求不高。发起人在资产证券化融资中的信息披露有限，这降低了信息披露带来的风险、成本和可能的损失。

⑥资产证券化融资在符合“真实销售”和一定的条件下，可以不在企业的财务报表上体现交易的资产和发行的证券。这种处理使得企业的杠杆比率更低，资产回报率更高。这些指标虽然只是在数字上提升了企业的实力和表现，但这种提升可以给企业带来很多间接的经济利益，比如良好的声誉或容易的传统融资。

（2）对投资者的好处

资产证券化产品的出现给投资者带来了更多的投资选择和机会。经过风险隔离和信用增级的资产支持证券往往具有风险低、流动性强、收益高的特点。和其他投资产品相比，资产证券化产品的设计灵活，可以按照不同投资者的投资意愿、资金实力及风险偏好等量身定制不同种类、等级、期限和收益的投资产品。

虽然资产证券化的好处很多，但 2007—2008 年的美国金融危机也暴露了其危险性，如果使用不当，资产证券化也可以成为祸害金融市场甚至整个经济的武器。同时，和其他证券产品一样，资产证券化产品也有信用风险、降级风险、利率风险、流动性风险等等。

【专栏 1—3】

中国基础设施公募 REITs

我国公开募集基础设施证券投资基金（以下简称基础设施公募 REITs）是指依法向社会投资者公开募集资金形成的基金财产，通过基础设施资产支持证券等特殊目的载体持有基础设施项目，由基金管理人等主动管理运营上述基础设施项目，并将产生的绝大部分收益分配给投资者的标准化金融产品。按照规定，我国基础设施公募 REITs 在证券交易所上市交易。

基础设施资产支持证券是指依据《证券公司及基金管理公司子公司资产证券化业务管理规定》等有关规定，以基础设施项目产生的现金流为偿付来源，以基础设施资产支持专项计划为载体，向投资者发行的代表基础设施财产或财产权益份额的有价证券。基础设施项目主要包括仓储物流，收费公路、机场港口等交通设施，水电气热等市政设施，污染治理、信息网络、产业园区等其他基础设施。

我国境内 REITs 市场发展经历了三个阶段，探索研究阶段（2001—2013 年）、类 REITs 阶段（2014—2019 年）和公募 REITs 阶段（2020 年至今）。

对于发起人来说，2020 年 4 月的基础设施公募 REITs 试点通知明确以权益融资模式进行推动，有别于以往通过负债进行的基础设施投融资模式，基础设施公募 REITs 能够带来稀缺的长期限的权益性资本，构建了嫁接社会资本参与基础设施项目的桥梁，解决了目前负债空间不足的难题。借助公募 REITs，建立一个市场化的投融资机制，有利于吸引更专业的市场机构主导项目投资和运营，可大大提升基础设施投资的投资效率，优化资源配置。

对于投资者来说，基础设施公募 REITs 投资的是挂钩地区发展以及对抗通胀的优质基础设施，在目前市场利率持续走低的环境下，是难得的优质资产。同时，基础设施公募 REITs 可在二级市场交易，为项目提供了有效的退出渠道，有效解决了以往基础设施投资周期长的难题。另外，基础设施公募 REITs 投资门槛低，投资、交易便利，信息披露公开，为普通大众投资者开辟了新的资产配置路径。

2021 年 6 月 21 日，我国首批 9 只基础设施领域公募 REITs 产品在沪深交易所上市，合计发行市值 314 亿元，上市首日成交超 18 亿元。近年来 REITs 发展迅速，从最初的北美一家独大逐渐演变为全世界共同发展。从发行数量看，REITs 在过去 30 年的数量从 1990 年的 120 只扩张到 2021 年的 865 只。从发行区域看，1990 年 REITs 仅在北美、欧洲及澳洲地区发行，至 2021 年年末全球各地区均有 REITs 在外发行。公募 REITs 作为在长周期视角下具备相对高确定性的可观内部收益率的金融产品，属于除股票、债券、现金外的第四大类资产。我国公募 REITs 的上市发行，意味着至此以后，中国资本市场也出现第四大类资产。

基础设施公募 REITs 是国际通行的配置资产，具有流动性较高、收益相对稳定、安全性较强等特点，能有效盘活存量资产，填补当前金融产品空白，拓宽社会资本投资渠道，提升直接融资比重，增强资本市场服务实体经济质效。短期看有利于广泛筹集项目资本金，降低债务风险，是稳投资、补短板的有效政策工具；长期看有利于完善储蓄转化投资机制，降低实体经济杠杆，推动基础设施投融资市场化、规范化健康发展。

资料来源：根据上海证券交易所《基础设施公募 REITs 介绍》、德勤《中国 REITs 发展报告》等资料整理而得。

1.5.3　金融科技化

金融科技英译为 Fintech，是 Financial Technology 的缩写，可以简单理解成为 Finance（金融）+Technology（科技），指通过利用各类科技手段创新传统金融行业所提供的产品和服务，提升效率并有效降低运营成本。

根据金融稳定理事会（FSB）的定义，金融科技是基于人工智能（Artificial Intelligence）、区块链（Blockchain）、云计算（Cloud）、大数据（Big data）等一系列技术创新，全面应用于支付清算、借贷融资、财富管理、零售银行、保险、交易结算等六大金融领域，是金融业未来的主流趋势。

从技术创新在金融领域应用场景的角度来看，主要包括业务发展和风险管理两大场景。

①金融科技在业务发展上的应用：主要包括金融产品差异化定价、智能营销和客服、智能研究和投资、高效支付清算等。

②金融科技在风险管理中的应用：云计算技术为海量数据的运算能力和速度提升带来了突破；大数据风控技术主要应用于互联网金融的信用风险管理领域，解决的是信息不对称问题；人工智能风控技术是在大数据技术的基础上，主要解决风控模型优化的问题；区块链技术主要应用于支付清算等操作风险管理中的技术安全领域。

根据 2020 年中国支付清算协会调研数据显示：中国目前有 95.74％的银行和 60.26％的支付机构已应用大数据，有 91.49％的银行和 23.72％的支付机构已应用人工智能，有 80.85％的银行和 31.41％的支付机构已应用云计算，有 38.3％的银行和 17.95％的支付机构已应用区块链。中国社会科学院财经战略研究院院长何德旭表明金融科技颠覆了传统的金融模式。一是金融科技改变了金融资源的供给模式与需求特点，并能形成集群效应，使得金融资源配置更为高效。二是金融科技有利于信用环境的再造，从而助力解决中小企业融资难与融资贵的问题。通过物联网、区块链、人工智能等的融合，在贷款监督与贷后管理过程中金融科技能发挥相当大的作用，从而再造风控环境与信用环境，提高中小企业融资效率。三是金融科技提高了金融服务的普惠性。金融科技能降低服务成本，对传统金融难以触及的长尾人群与小微企业能提供资金支持，具有普惠性。

金融科技同时也带来了新的风险。一是金融科技引发信用风险隐患。金融科技下的金融创新加大了资金的期限错配，造成流动性不匹配问题。且过度金融创新下的资金内部循环等带来的虹吸效应会促使资金脱实向虚，使得金融收益与实体业绩错配，出现系列兑付困难的金融产品，产生信用风险。在金融科技快速发展的过程中，宏观杠杆率也快速上升，负债水平的快速增加对负债主体偿债构成巨大压力，信用风险发生概率会提高。二是金融科技引发系统性风险隐患。金融科技对宏观金融风险具有放大器的作用，一方面，金融科技在与家庭和企业关联的活动中，由于信息传播效率提高，信号作用被放大从而加剧风险的传染；另一方面，由于科技固定算法下的交易操作等会使得交易行为趋同，从而呈现顺周期特征，过多的信息会引起交易系统的过度敏感性，会进一步放大信号的冲击作用。三是，金融科技由于融合了多个参与主体，增加了金融价值链，更易叠加金融风险。四是金融科技引发监管套利风险隐患。金融科技基于业务形态的多样性与跨区域的特点，会脱离以地域为限制的传统金融监管的制约。

【本章小结】

现代金融体系是由货币流通、金融机构、金融市场、金融工具和金融制度五个方面要素耦合而成的复杂系统。金融体系的核心功能有：聚集和分配资源功能，风险管理功能，清算、结算和支付功能，集中资源和股权细化功能，信息提供功能和提供解决激励问题方法的功能。

金融市场是由资金供求双方在市场机制的基础上，运用各种金融工具融通资金的场所。资金供求双方的资金融通可以通过在金融市场上发行直接融资工具的方式调节，也可以通过金融中介发行间接融资工具的方式进行。

现实中，世界各国具有不同的金融体系。银行主导型和市场主导型的金融体系在不同国家的运行中都促进了经济增长。随着经济发展水平越来越高，提高直接融资的比重是一个世界性的结构变迁趋势。

金融中介指对资金供给者吸收资金，再将资金对资金需求者融通的媒介机构。金融中介可以分为存款类金融中介和非存款类金融中介两大类。

金融市场可以按多种方式进行分类，可以被划分为货币市场和资本市场、现货市场和衍生品市场、发行市场和流通市场、国内金融市场和国际金融市场。

金融全球化、资产证券化和金融科技化是金融市场的发展趋势。

【关键概念】

金融体系（Financial system） 金融市场（Financial market） 金融机构（Financial institution） 金融资产（Financial asset） 金融工具（Financial instruments） 直接融资（Direct financing） 间接融资（Indirect financing） 货币市场（Money market） 资本市场（Capital market） 一级市场（Primary market） 二级市场（Secondary market） 金融全球化（Financial globalization） 资产证券化（Securitization） 金融科技化（Fintech）

【思考与练习】

一、判断题

1. 市场主导型金融体系和银行主导型金融体系的差别在于是否有金融中介机构介入。 （ ）

2. 金融工具的三个基本特征是：收益性、风险性和流动性。金融资产证券化的出发点是为了提高其流动性。 （ ）

3. 现代金融体系的基本要素包括货币流通、资金支付、金融市场、金融工具和金融制度五个方面。 （ ）

4. 欧洲美元之所以冠以“欧洲”两字，是因为最初起源于欧洲，但是欧洲美元与美国国内流通的美元具有不同的流动性和不同的购买力。 （ ）

5. 场外交易市场在集中交易场所之外进行，信息披露要求较高，监管较为严格。 （ ）

二、单项选择题

1. 金融市场活动影响（ ）。

A. 个人和商业公司的支出决策　　B. 经济在商业周期中的位置

C. 个人财富　　D. 上述所有

2. 将资金从盈余方手中转移到资金短缺方的市场称为（ ）。

A. 商品市场　　B. 要素市场

C. 金融市场　　D. 衍生品交易市场

3. （Ⅰ）债券是一种债务证券，承诺在特定期限内定期支付。（Ⅱ）股票是一种对公司收益和资产具有索取权的证券。（ ）

A. （Ⅰ）正确，（Ⅱ）错误　　B. （Ⅰ）错误，（Ⅱ）正确

C. 都正确　　D. 都错误

4. 以下哪项可以被描述为直接融资（ ）?

A. 养老基金经理在二级市场购买政府债券

B. 人们购买共同基金的股票

C. 保险公司在场外市场购买普通股

D. 一家公司购买另一家公司发行的商业票据

5. 长期债务和权益工具在（　　）市场交易。

A. 货币　　　　B. 资本

C. 二级　　　　D. 一级

三、简答题

1. 为什么理解金融体系是如何运转的对我们很重要?

2. 动态金融体系指的是什么? 重塑体系的趋势是什么?

3. 试分析全球主要经济体的金融体系特点，这些金融体系存在的主要差别，以及这些差别对金融功能实现的影响。

4. 试分析金融功能观的主要理论框架，并结合日常生活和工作中接触到的金融机构或金融产品，讨论一些主要金融功能是如何通过这些金融机构或金融产品实现的。

5. 通过阅读上市银行或证券公司、保险公司的公开资料，分析这些金融机构的主要盈利模式，探讨这些金融机构是如何通过提供一定的金融服务获利的。

四、论述题

1. 不同的国家在金融体系的选择上受到哪些因素的影响？不同的国家（包括在不同的发展阶段）对金融体系和金融业组织形式的选择是否会最终影响到金融业的稳定和效率?

2. 中国金融体系过去四十年的演变轨迹是怎样的? 这种演变如何影响其金融功能的发挥? 简单讨论一下未来可能演变的轨迹。

推荐阅读材料、网站

1. 世界银行网站，https://data. worldbank. org. cn/，可以免费并公开获取世界各国的发展数据，如 GDP、股票市值、二氧化碳排放量等。

2. 中国人民银行，http://www. pbc. gov. cn/，可查询社会融资规模、金融市场统计等数据。

3. e−Stat 政府統計の総合窓口，https://www. e−stat. go. jp/，涵盖了日本官方大部分的全面统计数据，可以查询直接融资等数据。

4. 美联储，www. federalreserve. gov/releases/，提供代表利率、汇率等经济指标的历史数据，并发布最新的日、月、季度、年度数据。

5. 德意志联邦银行，https://www. bundesbank. de/en，可查询银行统计、资本市场统计、国际收支统计等数据。

6. “股神”沃伦·巴菲特（Warren E. Buffett）旗下的伯克希尔·哈撒韦公司网站，https://www. berkshirehathaway. com/，可查询其持仓、财报、公司治理等信息。

7. Allen，F.，Qian，J. Q.，& Gu，X.（2017）. An overview of China's financial system. *Annual Review of Financial Economics*，9，191−231.

8. 易纲.（2020）. 再论中国金融资产结构及政策含义. 经济研究，3，4−17.

参考资料

1. Allen，F.，Gu，X.，&Kowalewski，O.（2018）. Financial structure，economic

growth and development. In *Handbook of Finance and Development* (pp. 31－62). Edward Elgar Publishing.

2. Beck, T., & Levine, R. (2002). Industry growth and capitalallocation: does having a market-based or bank-based system matter?. *Journal of Financial Economics*, 64 (2), 147－180.

3. Gambacorta, L., Yang, J., & Tsatsaronis, K. (2014). Financial structure and growth. *BIS Quarterly Review March*.

4. Levine, R. (2002). Bank－based or market-based financial systems: which is better?. *Journal of financial intermediation*, 11 (4), 398－428.

5. Liu, P., Peng, Y., Shi, Y., & Yang, J. (2022). Financial structures, political risk and economic growth. *The European Journal of Finance*, 28 (4－5), 356－376.

6. Nyasha, S., & Odhiambo, N. M. (2015). Economic growth and market-based financial systems: A review. *Studies in Economics and Finance*.

7. 林毅夫，付才辉，任晓猛. 金融创新如何推动高质量发展——新结构经济学的视角 [J]. 金融论坛，2019：(11).

8. 李心丹. 金融市场与金融机构 [M]. 北京：中国人民大学出版社，2015.

9. 弗雷德里克·S. 米什金，斯坦利·G. 埃金斯. 金融市场与金融机构 [M]. 8版. 贾玉苹，译. 北京：中国人民大学出版社，2018.

10. 徐忠. 新时代背景下中国金融体系与国家治理体系现代化 [J]. 经济研究，2018 (7)：4－20.

第 2 章　货币市场

【本章提要】

货币市场（Money market）是期限在一年以内的短期金融工具交易所形成的供求关系及运作机制的综合。货币市场为短期投融资提供便利，同时为中央银行的货币政策提供传导机制和渠道。货币市场的主要子市场有国库券市场、同业拆借市场、商业票据市场、银行承兑汇票市场、大额可转让定期存单市场、回购协议市场以及货币市场共同基金市场等。

货币市场在金融市场和市场经济的良性发展中都发挥着重要的作用，是微观主体和宏观经济正常运行的基础环节。全面认识货币市场在整个金融市场以及市场经济中的基础功能与作用，对于社会主义市场经济的完善和金融市场的正常发展具有现实的以及长远的深刻意义。

【学习目标】

1. 掌握货币市场的定义、特点和功能。
2. 理解货币市场各个子市场的定义、特点、作用与交易机制。
3. 掌握国库券收益率、商业票据收益率等的计算。
4. 了解货币市场的发展趋势。

【重点难点】

本章重点：货币市场各个子市场的运作机制和作用。

本章难点：收益率的计算，同业拆借市场的形成与发展。

【案例链接】

2022 年第二季度中国货币政策执行报告

2022 年 6 月，同业拆借月加权平均利率为 1.56%，质押式回购月加权平均利率为 1.57%，较上年 12 月水平分别下降 46 个和 52 个基点。银行业存款类金融机构间利率债质押式回购月加权平均利率为 1.44%，低于质押式回购月加权平均利率 13 个基点。6 月末，隔夜和 1 周 SHIBOR 分别为 1.90%和 2.20%，较上年 12 月末分别下降 23 个和 7 个基点。

货币市场交易活跃。2022 年上半年，银行间市场债券回购累计成交 630 万亿元，日均成交 5.2 万亿元，同比增长 33.7%；同业拆借累计成交 67.3 万亿元，日均成交 5515 亿元，同比增长 15.8%。从期限结构看，隔夜回购成交量占回购总量的 85.6%，占比较上年同期上升 2 个百分点；隔夜拆借成交量占拆借总量的 88.3%，占比较上年同期下降 0.9 个百分点。交易所债券回购累计成交 192.8 万亿元，同比上升 23.4%。

同业存单和大额存单业务有序发展。2022 年上半年，银行间市场发行同业存单 1.3 万期，发行总量为 10.8 万亿元，二级市场交易总量为 107.7 万亿元，6 月末同业存单余额为 14.7 万亿元。3 个月期同业存单发行加权平均利率为 2.25%，比同期限 SHIBOR 低 2 个基点。上半年，金融机构发行大额存单 3 万期，发行总量为 7.5 万亿元，同比增加 1.3 万亿元。

利率互换市场成交量有所减少。2022 年上半年，人民币利率互换市场达成交易 10.5 万笔，同比减少 25.7%；名义本金总额 8.4 万亿元，同比下降 24.1%。从期限结构来看，一年及一年以下交易最为活跃，名义本金总额达 5.5 万亿元，占总量的 65.0%。人民币利率互换交易的浮动端参考利率主要包括 7 天回购定盘利率和 SHIBOR，与之挂钩的利率互换交易名义本金占比为 88.1%和 10.9%。上半年，以 LPR 为标的的利率互换成交 488 笔，名义本金 754.6 亿元。

资料来源：中国货币政策执行报告，2022 年第二季度，中国人民银行货币政策分析小组，2022—8—10。

什么是同业拆借利率和 SHIBOR？我国货币市场常见的产品有哪些？常见的货币子市场又有哪些？普通个人投资者可以直接参与货币市场的产品有什么？通过本章的学习，你将会弄清楚这些问题。

2.1 货币市场概述

2.1.1 货币市场的概念与特点

货币市场（Money market）是短期资金市场，是融资期限在一年以下的金融市场，是金融市场的重要组成部分。由于该市场所容纳的金融工具，主要是政府、金融机构以及信誉卓著的大型工商企业发行的短期信用工具，具有期限短、流动性强和风险小的特点。

常见的货币市场工具有短期回购协议、国库券、短期国债、短期地方政府债券、商业票据、银行承兑汇票和短期大额可转让存单等，但不包括某些存续期在一年以下的商品期货以及金融衍生工具。由于货币市场工具的投资门槛很高，在很大程度上限制了一般投资者的进入，因此，货币市场的另一个特征是：它是批发市场（Wholesale market）。

货币市场就其结构而言，包括同业拆借市场、票据市场、短期政府债券市场、证券回购市场等。相对于资本市场为中长期资金需求提供服务，货币市场则主要为季节性、临时性资金需求提供服务。

该市场的主要功能是保持金融资产的流动性，以便随时转换成可以流通的货币。它的存在，一方面，满足了借款者的短期资金需求；另一方面，为暂时闲置的资金找到了出路。

货币与货币市场工具是有区别的。货币包括通货（M_0）、狭义货币（M_1）与广义货币（M_2）；货币市场强调的是货币市场工具的短期性，由于其金融工具期限短，可以很容易地转化成货币支付手段 M_0 和 M_1，有较强的货币性，因而被称为“准货币”，显然货币市场工具主要指的是广义货币 M_2。

2.1.2　货币市场的参与者

货币市场中的参与者指在货币市场中参与交易的各种主体。讨论货币市场参与者的一种方法是列出谁是资金需求者，谁是资金供给者。货币市场上的资金需求者主要是由于短期资金不足或是日常经营需要更多的短期资金并希望通过货币市场交易获得短期资金的主体。

货币市场上的资金供给者主要是满足了日常经营需要后仍然拥有多余闲置资金并希望通过货币市场交易将这部分资金借出以获得一定收益的主体。大多数货币市场参与者在市场上既是资金需求者又是资金供给者。按照它们参与货币市场交易的目的，可分为以下六类。

（1）中央银行

中央银行主要通过公开市场操作参与货币市场。中央银行参与货币市场交易是为了实施货币政策，控制货币供应量，引导市场利率，实现宏观金融调控的目标。当中央银行认为需要调整货币供应量时，就买进或卖出这些货币市场工具，使商业银行的资产结构发生变化，进而放松或者抽紧银根。例如，若中央银行认为应该扩大货币供给，则会在公开市场购入国债。中央银行控制货币供给的职责使其成为中国货币市场上最具有影响力的参与者。

（2）政府和政府机构

财政部是货币市场上的资金需求者而不是供给者，财政部主要通过发行短期政府债券来参与货币市场交易。在有些国家，除了财政部以外，地方政府和政府金融机构也发行大量的短期债券。

（3）金融机构

包括商业银行以及一些非银行金融机构。商业银行是货币市场的主要参与者，商业银行积极参与货币拆借、商业票据、各类存款、存款证、央行票据等保持资金头寸，也通常为货币市场交易中的资金融通双方提供服务从而获得手续费或价差收益。其他非银行金融机构可能作为资金需求者或资金供给者，也可能作为货币市场的中介参与货币市场的发行和交易，为市场创造流动性，实现货币市场的功能。

(4) 机构投资者

包括保险公司和货币市场共同基金。例如，财产和意外险公司有不确定的资金需求，投资货币市场证券可以实现短期资产的保值增值和保持流动性，也可以在需要资金时出售部分其持有的货币市场证券。货币市场共同基金可以在期限、风险和收益等方面合理组合，通过投入货币市场获利来吸引投资者将短期闲置资金充分利用。

(5) 企业

企业既是短期资金的需求者也是供给者。企业可以通过发行货币市场工具来筹集短期资金，用于其目前的经营或扩大经营。也可以将企业拥有的暂时闲置资金购买货币市场工具，实现资金保值增值的目的。

(6) 个人

个人参与货币市场，一般都是作为资金供给者，但由于货币市场单笔交易数额较大以及监管的需要，个人一般不能直接参与货币市场的交易，主要通过投资货币市场基金间接参与货币市场的交易，但也有个人持有短期政府债券和大面额可转让存单的情况。

2.1.3 货币市场的功能

货币市场产生和发展的初始动力是为了保持资金的流动性，它借助于各种短期资金融通工具将资金需求者和资金供应者联系起来，既满足了资金需求者的短期资金需要，又为资金有余者的暂时闲置资金提供了获取盈利的机会。将货币市场置于金融市场以至市场经济的大环境中可以发现，货币市场既从微观上为银行、企业提供灵活的管理手段，使他们在对资金的安全性、流动性、营利性相统一的管理上更方便灵活，又为中央银行实施货币政策以调控宏观经济提供手段，为保证金融市场的发展发挥巨大作用。

(1) 短期资金融通功能

各种经济行为主体客观上有资金盈余方和资金不足方之分，相对于资本市场(Capital market)为中长期资金的供需提供服务，货币市场则为季节性、临时性资金的融通提供了可行之径。短期性、临时性资金需求是微观经济行为主体最基本的，也是最经常的资金需求，因为短期的临时性、季节性资金不足是由于日常经济行为的频繁性所造成的，是必然的、经常的。

(2) 管理功能

货币市场的管理功能主要是通过其业务活动的开展，促使微观经济行为主体加强自身管理，提高经营水平和盈利能力。

首先，同业拆借市场、证券回购市场等有利于商业银行业务经营水平的提高和利润最大化目标的实现。同业拆借和证券回购是商业银行在货币市场上融通短期资金的主渠道。充分发达的同业拆借市场和证券回购市场可以适时有度地调节商业银行准备金的盈余和亏缺，使商业银行无须为了应付提取或兑现而保有大量的超额准备金，从而将各种可以用于高收益的资产得以充分运用，可谓“一举两得”。

其次，票据市场有利于以盈利为目的的企业加强经营管理，提高自身信用水平。只有信誉优良、经营业绩良好的主体才有资格签发票据并在发行、承兑、贴现各环节得到社会的认可和接受，不同信用等级的主体所签发和承兑的票据在权利义务关系上有明显的区别，如利率的高低、票据流动能力的强弱、抵押或质押金额的大小，等等。所以，试图从票据市场上获得短期资金来源的企业必须是信誉优良的企业，而只有管理科学、效益优良的企业才符合这样的条件。

（3）政策传导功能

货币市场具有传导货币政策的功能。中央银行通过同业拆借市场传导货币政策借助于对同业拆放利率和商业银行超额准备金的影响。同业拆借利率是市场利率体系中对中央银行的货币政策反应最为敏感和直接的利率之一，成为中央银行货币政策变化的“信号灯”。这是因为，在发达的金融市场上，同业拆借活动涉及范围广、交易量大、交易频繁，同业拆放利率成为确定其他市场利率的基础利率。国际上已形成在同业拆放利率的基础上加减协议幅度来确定利率的方法，尤其是伦敦同业拆借利率更成为国际上通用的基础利率。中央银行通过货币政策工具的操作，首先，传导影响同业拆放利率，继而影响整个市场利率体系，从而达到调节货币供应量和调节宏观经济的目的。其次，就超额准备而言，发达的同业拆借市场会促使商业银行的超额准备维持在一个稳定的水平，这显然给中央银行控制货币供应量创造了一个良好的条件。

票据市场为中央银行提供了宏观调控的载体和渠道。首先，再贴现政策必须在票据市场实施。一般情况下，中央银行提高再贴现率，会起到收缩票据市场的作用，反之则扩展票据市场。同时，中央银行通过票据市场信息的反馈，适时调整再贴现率，通过货币政策中介目标的变动，达到货币政策最终目标的实现。另外，随着票据市场的不断完善和发展，票据市场的稳定性不断增强，会形成一种处于均衡状态下随市场规律自由变动的、供求双方均能接受的市场价格，反映在资金价格上就是市场利率，它无疑是中央银行利率政策的重要参考。其次，多种多样的票据是中央银行进行公开市场业务操作的工具之一，中央银行通过买进或卖出票据投放或回笼货币，可以灵活地调节货币供应量，以实现货币政策的最终目标。

国库券等短期债券是中央银行进行公开市场业务操作的主要工具。开展公开市场业务操作需要中央银行具有相当规模、种类齐全的多种有价证券，其中国债尤其是短期国债是主要品种。因为国债信用优良、流动性强，适应了公开市场业务操作的需要，同时，公开市场业务操作影响的主要是短期内货币供应量的变化。所以对短期债券和票据要求较多。因此，具有普遍接受性的各种期限的国库券成为中央银行进行公开市场业务操作的主要工具。

（4）促进资本市场尤其是证券市场发展的功能

货币市场和资本市场作为金融市场的核心组成部分，前者是后者规范运作和发展的物质基础。首先，发达的货币市场为资本市场提供了稳定充裕的资金来源。从资金供给角度看，资金盈余方提供的资金层次是由短期到长期、由临时性到投资性的，因此货币市场在资金供给者和资本市场之间搭建了一个“资金池”，资本市场的参加者必不可少的短期资金可以从货币市场得到满足，而从资本市场退出的资金也能在货币市场找到出路。其次，货币市场的良性发展减少了由于资金供求变化对社会造成的冲击。从长期市场退下来的资金有了出路，短期游资对市场的冲击力大减，投机活动达到了最大可能的抑制。因此，只有货币市场发展健全了，金融市场上的资金才能得到合理的配置。

2.2 国库券市场

国库券（Treasury bills）是国家财政部门为调节国库收支而发行的一种短期政府债券。其债务人是中央政府，偿还债务的资金来源于中央财政收入，风险很小。英国在1877年通过了《财政部证券法》，把国库券的发行纳入了法律。其后，各国政府也采用了这一融资形式，并建立了国库券发行与流通市场，国库券成为美国等国家货币市场上最主要的信用工具之一。国库券一般采取无记名方式，可在证券市场上自由转让流通。国库券的期限较短，主要有3个月、6个月、9个月和12个月4种。因为期限短于1年，所以国库券都是以低于其面值折价发行的。

2.2.1 国库券的特点

与其他货币市场工具相比，国库券有一些优良的市场特征，主要包括以下几个方面。

（1）安全性高

国库券是政府的直接债务，属于最安全的短期存款投资工具，通常被视为无违约风险债券，因而，国库券利率则被称为无风险利率，作为确定其他利率水平的基准。

（2）流动性强

国库券能够随时以较低成本迅速变现。国库券市场富有深度，是一个高速执行、高效率、高竞争性的市场。

（3）享有税收优惠

国库券的收益在很多国家都享有不同程度的税收优惠政策。例如，美国国库券豁免州和地方收入税。

（4）面额小

在美国，1970年以前，国库券的最小面额为1000美元；1970年年初，国库券的最小面额升至1000～10000美元，目前为10000美元。国库券的面额远远低于其他货币市场票据的面额。对许多小投资者而言，他们能直接从货币市场购买的唯一有价证券就是国库券。

由于国库券期限短、风险小、流通性强，利率一般比较低。美国的国库券利率，仅比通知放款利率略高一点。

2.2.2　中国国库券市场

1981年1月16日，国务院常务会议通过《中华人民共和国国库券条例》（以下简称《条例》），正式决定从1981年开始在国内发行国库券，共有拾元、壹佰元、壹仟元、壹万元、拾万元五种面额。《条例》规定，国库券不得当作货币流通，不得自由买卖，还本期限为5年。可见，当时的国库券是中长期国债，不属于货币市场的范畴。

1981年至1987年，中国国库券的年均发行规模为59.5亿元，尚不存在国债的一级市场（发行市场）和二级市场（流通市场），国库券的发行采取的是行政摊派的形式，面向国有企事业单位和个人，且存在利率差别（个人购券的年利率要高于单位4个百分点）。发行的券种也很单一，除1987年发行过54亿元的3年期重点建设债券外，其他各年份均为5年至9年的中长期国库券，1988年，国家对国库券发行办法做了重要改进，在提高利率、缩短还本期限（5年缩短到3年）的同时，国务院批准自1988年4月起在沈阳、上海、重庆、武汉、广州、深圳、哈尔滨等7个金融改革试点城市首次进行开放国库券转让市场的试点工作，允许转让国库券，但不得作为货币流通。可以进入转让市场的，限于1985、1986年度面向个人发行的国库券。1988年6月，第二批54个城市开始进行国库券转让试点。1991年，财政部和中国人民银行决定，扩大市场交易券种，从3月份开始，在全国范围内增加开放国债流通转让市场的城市。至此，国库券市场已走向全面开放。为推动国债发行推销方式从以行政手段发行为主逐步向市场推销方式过渡，1991年财政部决定在小范围进行国库券承购包销试点，并全面开放地市级以上城市的国债流通市场。

中国从1994年才开始出现1年以内的国库券，而且1981年至2000年这20年间发行过类似的短期政府债券的仅仅只有1994年和1996年两年。但是，到了1997年因各种原因减缓了国库券的发行步伐。从1995年起，中国发行的国库券不再叫国库券，而改称“无记名国债”。中国从1981年至1997年共发行了21个品种的无记名国债，至2000年已全部到期。

2.2.3　国库券的发行与流通

国库券市场包括发行市场和流通市场两部分。在发达国家，国库券的发行大多采用拍卖方式，具体有以下两种形式。

（1）竞争性竞价（Competitive bidding）

采用竞争性竞价方式时，投资者报出认购国库券的数量和价格，每个认购者可多次报价，并根据不同的价格决定认购数量。竞争性竞价方式多为同市场联系密切的机构投资者使用，它们认购国库券中的绝大部分。

（2）非竞争性竞价（Noncompetitive bidding）

采用非竞争性竞价方式时，由投资者报出认购数量，并同意以公认的竞价平均价格购买，财政部接受所有非竞争性竞价。采用非竞争性竞价方式的多为个人及其他小投资者。因为这样他们可以避免竞价方式的风险：他们不会因报价太低而丧失购买机会，也不会因报价太高而承担高成本认购的风险。非竞争性竞价方式认购的国库券数额较少，通常低于总拍卖额的 15%。

在美国，财政部根据已接受的竞争性竞价的最高收益率指定，非竞争性竞价者支付与竞争性竞价者相同的价格。这两种方式的最大区别在于竞争性竞价者有可能买不到国库券，但是非竞争性竞价者肯定能买到。

国库券的流通、转让通常在场外交易市场（OTC）进行，在这个市场上，国库券交易商对尚未偿还的国库券提供连续的买卖报价。美国国库券的交易是 24 小时全天候的，交易地点包括纽约、伦敦和东京。交易从东京开始，然后转移到伦敦，在伦敦的交易结束后，开始在纽约交易。美联储在执行货币政策而买卖国库券时，只与一级交易商直接进行交易。交易商之间的相互交易可以通过交易商间经纪人来完成。

2.2.4 国库券的收益率

国库券不支付利息，投资者购买的价格低于到期日的价值，价格的增值构成了收益。国库券的收益率一般以银行贴现收益率（Discount yield）表示，计算公示为：

$$Y_{BD} = \frac{F-P}{F} \times \frac{360}{t} \times 100\%$$

其中：Y_{BD} 为银行贴现收益率，F 为国库券面值，P 为国库券价格，t 为距离到期日的实际剩余天数。

反过来，如果已知某国库券的银行贴现收益率，我们就可以计算出国库券的价格，计算公式为：

$$P = F \times (1 - Y_{BD} \times \frac{t}{360})$$

虽然贴现收益率被交易商用作国库券的报价方法，但其在衡量国库券收益率水平时存在一些弊端：第一，贴现收益率的分母使用的是面值，而不是实际投资金额，实际上投资者支付是低于面值的，所以收益被低估了；第二，贴现收益率是按照一年 360 天，而不是一年 365 天计算的，这也低估了收益。而且这使得国库券的收益率难以和以一年 365 天为基础计算付息的中长期政府债券进行比较。

投资率能更准确地衡量投资者的收益情况，因为计算它使用的是一年的精确天数以及真实的初始投资额。由于它能使国库券收益率与附息政府债券收益率进行比较，也称为债券等价收益率。计算公示为：

$$Y_{BE} = \frac{F-P}{P} \times \frac{365}{t} \times 100\%$$

其中：Y_{BE} 为投资率或债券等价收益率。

表 2−1 是 2023 年 1 月一次典型的美国国库券拍卖结果，显示在财政部直属网站上。我们看第一行，4 周的国库券的贴现率为 4.10%，这意味着 1000 美元的国债的售价为：

$$P = 1000 \times \left(1 - 4.1\% \times \frac{28}{360}\right) = 996.8111 \text{ 美元}$$

此国库券投资率的计算如下：

$$Y_{BE} = \frac{1000 - 996.8111}{996.8111} \times \frac{365}{28} \times 100\% = 4.17\%$$

表 2—1　美国国库券拍卖结果

国库券期限	CUSIP①	发行日	到期日	贴现率	投资率
4—Week	912796ZT9	01/10/2023	02/07/2023	4.10%	4.17%
8—Week	912796Y86	01/10/2023	03/07/2023	4.43%	4.52%
17—Week	912797FD4	01/10/2023	05/09/2023	4.57%	4.71%
13—Week	912796YN3	01/05/2023	04/06/2023	4.41%	4.52%
26—Week	912796ZS1	01/05/2023	07/06/2023	4.64%	4.81%

资料来源：https://www.treasurydirect.gov/auctions/results/

2.3　同业拆借市场

同业拆借市场（Interbank lending market）是货币市场的核心组成部分。同业拆借市场，也称同业拆放市场，是指金融机构之间以货币借贷方式进行短期资金融通活动的市场。同业拆借的资金主要用于弥补银行短期资金的不足，票据清算的差额以及解决临时性资金短缺需要，是金融机构之间进行短期、临时性头寸调剂的市场。

2.3.1　同业拆借市场的形成与发展

同业拆借市场形成的根本原因在于法定存款准备金制度的实施。按照美国于 1913 年通过的《联邦储备法》规定，加入联邦储备银行的会员银行，必须按存款数额的一定比率向联邦储备银行缴纳法定存款准备金。而由于清算业务活动和日常收付数额的变化，总会出现有的银行存款准备金多余，有的银行存款准备金不足的情况。存款准备金多余的银行需要把多余部分运用，以获得利息收入，而存款准备金不足的银行又必须设法借入资金以弥补准备金缺口，否则就会因延缴或少缴准备金而受到央行的经济处罚。在这种情况下，存款准备金多余和不足的银行，在客观上需要互相调剂。于是，1921 年在美国纽约形成了以调剂联邦储备银行会员银行的准备金头寸为内容的联邦基金市场。

在经历了 20 世纪 30 年代的经济大萧条之后，西方各国普遍强化了中央银行的作

① CUSIP 为美国证券库斯普号码，辨认所有美国股票及注册债券的编号。

用，相继引入法定存款准备金制度作为控制商业银行信用规模的手段，与此相适应，同业拆借市场也得到了较快发展。在经历了长时间的运行与发展过程之后，当今西方国家的同业拆借市场，较之形成之时，无论在交易内容开放程度方面，还是在融资规模等方面，都发生了深刻变化。拆借交易不仅仅发生在银行之间，还扩展到银行与其他金融机构之间。从拆借目的看，已不仅仅限于补足存款准备和轧平票据交换头寸，金融机构如在经营过程中出现暂时的、临时性的资金短缺，也可进行拆借。更重要的是同业拆借已成为银行实施资产负债管理的有效工具。由于同业拆借的期限较短，风险较小，许多银行都把短期闲置资金投放于该市场，以利于及时调整资产负债结构，保持资产的流动性。特别是那些市场份额有限，承受经营风险能力脆弱的中小银行，更是把同业拆借市场作为短期资金经常性运用的场所，力图通过这种做法提高资产质量，降低经营风险，增加利息收入。

总的来说，同业拆借市场有以下几个特征。

（1）期限短，流动性高

我国同业拆借期限最短为 1 天（隔夜拆借），最长为 1 年。我国同业拆借交易共有 1 天、7 天、14 天、21 天、1 个月、2 个月、3 个月、4 个月、6 个月、9 个月、1 年共 11 个品种。

（2）信用拆借

同业拆借活动都是在金融机构之间进行的，市场准入条件比较严格，金融机构主要以其信誉参加拆借活动，一般无须担保或抵押。

（3）交易金额较大，交易具有批发性

市场对交易额没有限制，作为同业拆借市场的主要参与者，以商业银行为主体的金融机构对资金的供给和需求数额较大，通常单笔成交额都很大。表 2－2 为 2021 年 3 月我国同业拆借市场成交情况，合计成交额将近达到 12 万亿元。

表 2－2　2021 年 3 月我国同业拆借市场成交情况

品种	交易量（亿元）	加权平均利率（%）
1 天	109142	1.95
7 天	8989	2.51
14 天	491	2.41
21 天	126	2.59
1 个月	238	3.27
2 个月	95	3.45
3 个月	421	4.04
4 个月	112	3.35
6 个月	72	3.40
9 个月	26	3.50

续表2－2

品种	交易量（亿元）	加权平均利率（%）
1 年	25	3.73
合计	119736	2.00

资料来源：中国人民银行。

（4）利率由供求双方决定，讨价还价，随行就市

同业拆借市场上的利率由双方协商，最后议价成交。同业拆借市场利率是一种市场化程度很高的利率，能够反映市场资金供求变化。由于同业拆借的资金成本比一般存款低，且该资金被视为借款，而非存款，免缴纳存款准备金，对银行和存款机构具有吸引力。

（5）交易手段先进，市场无形化程度高

同业拆借市场主要是采取电话和计算机网络报价、询价和协商。达成协议后，就可以通过各自在中央银行的存款账户自动划拨清算；或者向资金交易中心提出供求和进行报价，由资金交易中心进行撮合成交，并进行交割划账。

2.3.2　同业拆借市场的参与者

我国对进入同业拆借市场的主体有严格限制，必须是指定的金融机构才允许进场交易。1996 年，中国人民银行开始严格限定同业拆借主体，开始的时候同业拆借的中央级网络仅限于 20 家商业银行总行、全国性信托投资公司以及挂靠各地方人民银行的 35 家融资中心，二级网络则以融资中心为核心，主体为经总行授权的地市级以上分支机构、当地的信托投资公司、城乡信用社等。2000 年之后，政策性银行、农信社、保险公司、证券公司和基金管理公司等机构先后获准进入。2016 年 2 月，国务院取消了金融机构进入全国银行间同业拆借市场等一批行政审批事项，使得中国同业拆借市场的管理重点由事前审批转向事中事后监管，监管手段的市场化转型成为促使后续拆借市场迅猛发展的重要原因之一。

表 2－3 可以了解近 10 年同业拆借市场参与主体的结构变化——成员总数从 2011 年的 892 家增长到 2020 年 4 月的 2216 家，农村商业/合作银行从成员比例上看从 11% 上升到接近 50%，而民营银行、消费金融公司等从无到有，金融机构类型进一步扩展。下面分别对各类市场参与主体进行介绍。

表 2－3　中国同业拆借市场成员构成变化对比：2011 年和 2020 年

项目	2011 年	2020 年
机构性质	成员数	成员数
国有商业银行	35	19
城市商业银行	118	135
外资银行	73	120

续表2－3

项目	2011 年	2020 年
农村信用社	245	288
金融租赁公司	13	66
保险公司	7	53
资产管理公司	1	4
城市信用社	2	—
境外银行	3	10
民营银行	0	16
股份制商业银行	76	40
政策性银行	3	3
农村商业/合作银行	107	1017
信托投资公司	40	66
财务公司	81	234
证券公司	78	102
汽车金融公司	7	24
保险公司资管公司	2	5
消费金融公司	0	13
其他	2	1

同业拆借市场的主要参与者是商业银行，它既是主要的资金供应者，又是主要的资金需求者。由于同业拆借期限短、风险小，许多银行都愿意把短期闲置资金投放于该市场，以便及时调整资产负债结构，保持资产的流动性。

除商业银行外，大量的非银行金融机构也是拆借市场的重要参与者，包括证券机构、保险机构、信托机构、信用社和财务公司等。这些非银行金融机构大多是拆借市场的资金供给者，但也会在必要时进行资金拆入。

拆借市场上还有一类重要的参与者——拆借中介。直接拆借虽然能节约交易费用，但报价、询价容易落空，所以通过中介机构进行间接拆借也是一种较好的选择。拆借中介接受交易者的报价和询价，然后进行撮合，这样可以提高拆借成交率及资金使用效率。拆借中介包括两类，一是非专门从事拆借市场中介业务的兼营经纪商，大多由大型商业银行担任，它们不仅充当经纪商，自己也参与市场交易；二是专门的中介机构，如美国的联邦基金交易中介和日本的短资公司。

2.3.3 同业拆借市场的作用

同业拆借市场的良好发展对货币政策的有效性及国家经济发展具有重大作用。

第一，同业拆借市场可以满足金融机构之间在日常经营活动中经常发生的头寸余缺调剂的需要。同业拆借市场有利于银行等金融机构之间相互调剂在中央银行存款账户上的准备金余额。

第二，随着市场的发展和市场容量的扩大，证券交易商和政府也加入到同业拆借市场当中来，交易对象也不再局限于商业银行的存款准备金，它还包括商业银行相互之间的存款以及证券交易商和政府所拥有的活期存款。拆借目的除了商业银行满足中央银行提出的准备金要求之外，还包括市场参与人轧平票据交换差额，解决临时性、季节性资金需求等目的。

第三，同业拆借市场有利于金融机构实现安全性、流动性和营利性的经营目标。金融机构持有较高比例超额储备存款及短期高质量证券资产等，虽然可以提高流动性水平，但同时也会丧失资金增值的机会，导致利润总额的减少。由于同业拆借市场可进行短期资金融通，一旦出现事先未预料到的临时流动性需求，金融机构可在不必出售那些高盈利性资产情况下，很容易地通过同业拆借市场从其他金融机构借入短期资金来获得流动性。这样，既避免了因流动性不足而可能导致的危机，也不会减少预期的资产收益。

第四，同业拆借市场利率通常被当作基准利率，对整个经济活动和宏观调控具有特殊的意义。同业拆借按日计息，拆息率每天甚至每时每刻都不相同，它的高低灵敏地反映着货币市场资金的供求状况。在整个利率体系中，基准利率是在多种利率并存的条件下起决定作用的利率。当它变动时，其他利率也相应发生变化。了解这种关键性利率水平的变动趋势，也就了解了全部利率体系的变化趋势。一般利率通常参照基准利率而定。比如，美国纽约的联邦基金市场是国际著名的同业拆借市场，它以调剂联邦储备银行的会员银行的准备头寸为主要内容，美国联邦基金市场利率是美联储货币政策的中间目标。

2.3.4 中国同业拆借市场概况

中国银行间同业拆借业务始于1984年，经过将近40年的发展，已经从当初散布在全国各地的同业拆借网络和中介发展成为年交易量数百万亿元的全国统一的银行间市场。期间有两个重要发展阶段：一是从混乱到统一。在1996年1月，中央银行对拆借市场进行了新的改革，开始建立全国统一的同业拆借市场。与改革前的拆借市场相比，新的市场架构具有以下两个重要的特点：第一，明确了参加拆借市场的金融机构的资格。在新的制度下，参加市场的金融机构分为两类，即银行间拆借市场成员和一般参与者。拆借市场成员必须直接通过全国银行间同业拆借中心提供的电子交易系统进行拆借交易。其他金融机构可自行交易，但需在所在地人民银行将交易情况备案。第二，中央银行对所有金融机构的拆借期限和额度进行了限制。采取期限和额度管理的目的是为了防止金融机构过度拆借以及将短期拆借资金转化成长期资金的来源，类似的管制也在其他发展中国家实行过。

二是以规范促发展。在2007年7月，人民银行颁布《同业拆借管理办法》，全面调整了同业拆借市场的准入管理、期限管理、限额管理、备案管理、透明度管理、监督管理权限等规定。拆借交易量从2007年的10.6万亿元扩大至2020年的147.1万亿元，复合增长率达 22.4%。在此背景下，上海银行间同业拆放利率（Shanghai Inter-bank Offered Rate，SHIBOR）应运而生并逐渐被金融机构广泛应用于金融产品设计、定价和估值，发展成为银行间市场最完备的重要基准利率体系。

与此同时，我国同业拆借市场发展迅速并结出丰硕成果：第一，拆借市场功能日趋丰富。从小到大，其职能也从最初调剂银行头寸余缺，发展为各类金融机构实施流动性管理、产生基准利率体系、传导货币政策效应的重要平台。第二，拆借市场发展培育了我国最大的信用融资市场，金融同业授信管理体系、同业信用风险监管指标体系很大程度上也在此基础上建立与发展。最重要的是，同业拆借市场产生了货币市场基准利率SHIBOR，形成了具有广泛参考意义、能被国内外市场接受的货币市场基准利率体系。

表 2-4 为近 10 年我国同业拆借业务年均成交额统计。从交易量看，近 4 年的拆借市场交易比较活跃，但相对于中国的金融体系的规模而言，这一交易规模仍然偏低。近年，拆借市场在发展过程中出现了一些新的挑战。主要表现为以下两个方面：一是拆借市场在银行间货币市场的占比份额连年下降。拆借市场份额占比从 2012 年的 17.72% 下降为 2021 年的 10.21%；而同期质押式回购市场份额占比由 53.76% 提升至 89.39%。拆借市场本应发展成为银行间最便利、最高效的资金融通渠道，现实中却是在回购、同业存款等其他同业融资业务蓬勃发展的同时面临着比较严峻的边缘化危险。二是 SHIBOR 作为货币市场基准利率的应用范围有限。一方面，由于市场发展不充分，金融产品类型相对较少，使得报价机制缺乏真实交易基础，对 SHIBOR 的支撑作用较弱。另一方面，报价机制形成的 SHIBOR 与实际交易利率存在一定差异，报价存在操纵的可能。如国际上运用最广的 LIBOR，在 2008 年金融危机期间爆发的多起报价操纵案。2017 年英国金融行为监管局（FCA）宣布，2021 年年底后将不再强制要求报价行报出 LIBOR。当前，在全球进行的基准利率改革中，基于真实交易的利率成为重要的方向。

表 2-4　同业拆借业务年均成交额统计

年份	2012	2013	2014	2015	2016	2017	2018	2019	2020	2021
拆借额(万亿元)	46.7	35.5	37.7	64.2	95.9	79.0	139.3	151.6	147.1	118.8
拆借额增长率	95.40%	−23.98%	6.20%	70.29%	49.38%	−17.62%	76.33%	8.83%	−2.97%	−19.24%

资料来源：中国人民银行。

【专栏 2—1】

银行间拆借市场利率

（1）中国银行间同业拆借利率（CHIBOR）。

1996 年 1 月，中国建立了全国统一的同业拆借网络。同年 6 月，银行间同业拆借利率管制放开。在此基础上，CHIBOR 开始运行并每天对外发布。CHIBOR 是将隔夜到 120 天的 8 个期限的拆借成交利率，按交易量取加权平均计算得出，是中国第一个市场化指标利率。由于拆借市场建立初期，交易并不活跃，利率波动较大，影响了

CHIBOR 的代表性和基准性，运用也较为有限。随着 SHIBOR 等基准利率的筹备酝酿，CHIBOR 也逐步淡出市场。

（2）上海银行间同业拆放利率（SHIBOR）。

在中国人民银行指导下，2007 年 1 月，SHIBOR 正式推出。SHIBOR 的形成机制借鉴了 LIBOR 经验，以报价制为基础，交易中心作为受权发布人，每个交易日根据 18 家报价行的报价，剔除最高、最低报价，对其余报价进行算术平均后，于 11 点对外发布。SHIBOR 建立后，中国人民银行高度重视对报价的监督管理，制定并发布了报价质量考评指标体系，强调报价成交义务，定期开展考评，对报价行实施优胜劣汰，充分发挥激励约束作用，防止报价操纵。

经过十余年悉心培育，目前短端 SHIBOR 能较好反映货币市场松紧程度，与实际成交利率紧密联动，其与 DR001、DR007 的相关性分别为 99%和 95%。而且报价形成的 SHIBOR 能够确保形成完整的期限结构，为中长期限金融产品定价提供有益参考。特别是近年来得益于同业存单市场发展，中长端 SHIBOR 的基准性明显提升，目前 3 个月 SHIBOR 与同期限同业存单发行利率的相关性在 90%左右。

但 SHIBOR 发展也面临一些问题。一是与 LIBOR 类似，报价形成的 SHIBOR 与实际交易利率难免存在一定差异，中国的银行间拆借市场发展也慢于回购市场，对 SHIBOR 的支撑作用减弱。二是 SHIBOR 运用范围较为有限，目前主要运用于：浮息同业存单，但发行量较小，2019 年发行 10 期、85.5 亿元，市场份额仅为 0.05%；利率互换，2019 年基于 SHIBOR 的利率互换交易量占比约为 26%；SHIBOR 报价行的内部资金转移定价（FTP）参考；部分结构性存款内嵌衍生品的观察标的；在理财、资管、资产证券化（ABS）、企业债定价等领域也有一定运用，但运用范围较小。

资料来源：参与国际基准利率改革和健全中国基准利率体系，中国人民银行，2020。

2.4　商业票据市场

商业票据（Commercial paper）是一种以短期融资为目的、由较高信用等级企业在货币市场上发行的无担保票据。发行商业票据的最初目的是弥补季节性的融资需要，现常用于资助应收账款、存货和满足短期债务等。期限一般为 3～270 天不等。商业票据市场是货币市场中历史最悠久的短期金融市场，起源于美国，崛起于 20 世纪 80 年代。在美国，商业票据的市场份额超过了国库券市场。

与货币市场其他工具相比，商业票据具有流动性较低的特点。一般而言，商业票据的利率高于国库券利率，这反映了商业票据的风险，它的流动性不如国库券。同时，投资商业票据必须缴纳一定的收益所得税。

2.4.1 商业票据的参与者

商业票据市场的参与者包括发行人、投资者和证券交易商三部分。作为一种非担保证券，市场对发行人的要求是非常高的，发行者必须有足够的实力和健全的财务制度才能发行商业票据。商业票据的发行人，即发行票据的企业一般为高信用等级的银行和部分大型非金融公司。由于商业票据的面额庞大，机构投资者是购买商业票据的主体，个人占的比重不大。商业票据准入门槛较高，小额投资只能通过投资于货币市场共同基金来间接参与商业票据的投资。证券交易商有时代理发行商业票据，有时代客户买卖商业票据，从中收取代理手续费或佣金。

2.4.2 商业票据融资的特点

（1）发行成本较低

商业票据的利率加上发行成本，通常低于银行的同期贷款利率，这是由于商业票据由发行人直接从投资者那里获得资金的，省去了银行从中赚取的利差。对于那些财务状况不好、不能获得高评级的公司，他们一般是以支付更高的利息为代价从银行获得贷款。

（2）灵活方便

只要发行人和交易商达成书面协议，在约定时期内，发行人可不限次数及不定期发行，以满足自身短期资金的需求。

（3）可以提高发行企业信誉

由于在货币市场发行商业票据的，都是有一定知名度的金融企业和大型非金融企业，否则投资者不会购买，投资者只关注发行人偿还款项的信用可靠性。因此，一家企业如能在货币市场上发行自己的商业票据，对企业的信用和形象是一种免费的宣传，有助于提高其名誉和声望。

2.4.3 商业票据融资的发行与流通

商业票据的发行主要分为直接发行和证券交易商间接发行。选择何种发行方式，通常由公司本身资信及经营需要决定。直接发行商业票据者须为资信卓著的大公司，而且其发行数量巨大，发行次数频繁。资信卓著的大公司一般都设立专门机构负责发行工作，直接向投资者销售商业票据，因为这些公司通常是以发行票据为筹募资金的主要手段，有了专设机构发行比较方便，而且专设机构的费用占发行成本的比例很小。通过交易商间接销售给投资者、对发行来说较简便，但费用较高。

商业票据的交易市场也叫二级市场，是一个场外市场，以询价交易方式进行场外大宗交易。虽然商业票据的发行量比较大，但是它的二级市场并不活跃、交易规模相对较小。大多数商业票据的投资者购买符合其特定期限要求的商业票据，并持有至到期。二级市场的交易通常集中于机构投资者对少数大型的、信用评级高的商业票据的投资。如果想出售商业票据，投资者通常可将商业票据回售给原来的发行人或交易商。

2.4.4　商业票据的评级

在商业票据发行过程中，票据的评级是十分重要的环节。所有商业票据的投资者都要承担信用风险，商业票据评级是用来分析商业票据信用风险的主要依据。商业票据评级主要考虑发行人的管理质量、经营能力和风险、资金周转速度、流动性、债务结构、经营前景等。对商业票据发行者来说，只有经过评级的商业票据才易为公众接受并扩大商业票据的销路；对商业票据的投资者来说，资信评级机构对商业票据作出的信用评级结果是进行投资选择、决策时降低风险的重要依据。商业票据的等级不同，发行难易程度与利率水平都会有差异。

虽然信用评级增加了发行的手续及成本，但是有利于市场投资者对发行人的财务状况进行了解，增加了市场信息的透明度。因此，尽管一些国家的法律并未规定必须通过评级，但商业票据的发行者一般都主动向评级机构要求取得对商业票据的评级。

2.4.5　商业票据的收益率

商业票据的发售方式采用贴现制，低于面值出售，到期按面值支付收回票据。收益是面值和买价的差值，其贴现率收益率的计算是以 360 天为基础的，计算公式如下。

$$\text{商业票据收益率} = \frac{\text{面值} - \text{发行价格或交易价格}}{\text{发行价格或交易价格}} \times \frac{360}{\text{成交日至到期日的天数}}$$

在商业票据的实际交易中，影响商业票据收益率的主要因素包括发行者的信用、同期银行借贷利率、其他货币市场利率以及期限长短。

2.5　银行承兑汇票市场

根据中国人民银行发布金融市场运行情况公告，截至 2022 年 11 月末，商业汇票承兑余额 18.8 万亿元，贴现余额 12.9 万亿元。这里的商业汇票包括银行承兑汇票（Banker's acceptance）和商业承兑汇票。

商业汇票的签发人和最终付款人均为企业（或个人）。商业承兑汇票是由企业、个人承兑的商业汇票，银行承兑汇票是由银行承兑的商业汇票。具体地讲，银行承兑汇票是由出票人签发并经银行审查同意承兑的，保证在指定日期无条件支付确定的金额给收款人或持票人的票据。

我国银行承兑汇票的票面金额最高为 1000 万元（含）。银行承兑汇票按票面金额向承兑申请人收取万分之五的手续费，不足 10 元的按 10 元计。承兑期限一般在 30 天到 180 天。承兑申请人在银行承兑汇票到期未付款的，按规定计收逾期罚息。

2.5.1　银行承兑汇票的特点及作用

银行承兑汇票特点有以下一些内容。无金额起点限制，银行是主债务人，在汇票有效期内可以贴现，在汇票有效期内可以背书转让，付款期限最长达6个月。银行承兑汇票是一种融资工具，可以有效提高社会资金利用率。银行承兑汇票也是一种支付工具，持票人可持未到期的银行承兑汇票通过背书转让支付货款。

银行承兑汇票也深受借款人、银行和投资人的欢迎，具体的作用如下。

（1）借款人可以节约资金成本

一方面，借款人利用银行承兑汇票进行融资的成本较传统银行贷款的利息成本及非利息成本之和要低。传统的银行贷款，除必须按贷款利率支付贷款利息之外，银行一般还要求借款者保持一定的补偿性余额，这部分存款构成了企业非利息成本。对于实力较强，银行比较信得过的企业，只需要交纳规定的保证金，就能申请开立银行承兑汇票，用以进行正常的购销业务，待付款日期临近时再将资金交付给银行。

另一方面，借款者运用银行承兑汇票比发行商业票据筹资有利。大多数没有规模和信誉优势的企业很难在商业票据市场上发行商业票据融资，即使是少数能发行商业票据的企业，其总筹资成本为发行费用和手续费加上商业票据利息成本，也要比运用银行承兑汇票融资成本高。

（2）从银行的角度看

首先，银行运用承兑汇票可以赚取手续费、增加经营效益。其次，银行运用其承兑汇票可以增强其信用能力。一般各国银行法都规定了银行对单个客户提供信用的最高额度，通过创造、贴现或出售符合中央银行要求的银行承兑汇票，银行对单个客户的信用可以在原有的基础上增加10%。最后，按银行相关法规出售合格的银行承兑汇票所取得的资金不要求交纳准备金，这将刺激银行出售银行承兑汇票，引导资金从非银行部门流向银行部门。

（3）对投资者来说，流动性强、安全性高

投资于银行承兑汇票的收益同投资于其他货币市场信用工具的收益相当。银行承兑汇票经银行承兑到期无条件付款，就把企业之间的商业信用转化为银行信用。银行承兑汇票的承兑银行对汇票持有者承担第一责任，汇票的背书人或出票人承担第二责任。因此，投资于银行承兑汇票的安全性非常高。此外，高质量的银行承兑汇票具有公开的贴现市场，可以随时转售，因而具有高度的流动性。

2.5.2 银行承兑汇票市场的交易

银行承兑汇票的签发适用于有真实贸易背景的，有延期付款需求的各类企业。在签发银行承兑汇票前，交易双方需经过友好协商，签订商品交易合同，并在合同中明确地注明采用银行承兑汇票进行交易结算。银行承兑汇票的要素包括出票人、付款人、收款人或持票人。出票人是企业；付款人是对这张票据做出承兑的银行，银行承兑汇票依托的是商业银行的信用；收款人或持票人也是企业，由于银行承兑汇票属于可转让的有价证券，所以持票人会随着交易流转而发生变化。

银行承兑汇票市场可以分为一级市场和二级市场。一级市场包括出票和承兑两个环节，二级市场有背书、贴现、转贴现、再贴现与质押等在内的交易行为。下面结合案例来说明银行承兑汇票的交易流程。

假设“北京市 A 公司”向“深圳市 B 公司”采购货物，需要支付货款 500 万元，约定用银行承兑汇票结算，即“北京市 A 公司”通过其开户行“建行××分行”签发了一张银行承兑汇票给“深圳市 B 公司”，票据期限为 3 个月。这里，“北京市 A 公司”是出票人，“建行××分行”是承兑行，也是这张银行承兑汇票的付款人，“深圳市 B 公司”是收款人，如果后续这张票据进行了转让，持票人也会发生变化。这张银行承兑汇票会经历的具体环节如下。

(1) 出票

出票是指出票人签发电子商业汇票并交付收款人的票据行为。票据本质上是一种结算方式，是基于企业之间的交易行为，这里的出票人就是“北京市 A 公司”。

(2) 承兑

承兑，即承诺兑付，是指付款人承诺在票据到期日支付票面金额的票据行为，这里的付款人就是“建行××分行”，票据一旦有银行承兑，就相当于有了银行的信用，流通性就增强了。无论企业是否付款，银行都必须到期兑付票据。

(3) 背书

背书是指持票人将票据权利依法转让给他人的票据行为。比如“深圳市 B 公司”在收到“北京市 A 公司”的这张银行承兑汇票 1 个月后，需要向上游的供应商“广州市 C 公司”采购一批原材料，这时，“深圳市 B 公司”可以将这张票据背书转让给“广州市 C 公司”，这张票据的相关权利也就转让给了“广州市 C 公司”。

(4) 贴现

贴现是指持票人在票据到期日前，将票据权利背书转让给金融机构的票据行为。贴现本质上也是一种背书转让行为，只是贴现是将票据权利转让给了金融机构。比如“广州市 C 公司”拿到这张银行承兑汇票后，还有 2 个月才到期，“广州市 C 公司”选择到“工行××分行”将票据贴现，银行在扣除 2 个月的利息后，将剩余金额支付给了“广州市 C 公司”。从性质上看，贴现是银行以现款买入未到期票据上的债权，等票据到期再获得买入票据日至票据到期日这一段时间的利息。

(5) 转贴现

转贴现是指持有票据的金融机构在票据到期日前，将票据权利背书转让给其他金融机构的票据行为。贴现是企业和金融机构之间发生的交易，而转贴现是金融机构之间发生的交易。比如，“工行××分行”根据市场行情的变化，在一个月后将这张银行承兑汇票转卖（即转贴现）给了“农行××分行”。

(6) 再贴现

再贴现是指金融机构为了取得资金，将未到期的已贴现商业汇票以再贴现方式向中国人民银行转让的票据行为。再贴现也是中央银行制定和实施货币政策的工具之一。比如，“农行××分行”在拿到这张银行承兑汇票后，如果符合央行的再贴现政策，可以进行再贴现。

（7）质押

除了背书、贴现外，“深圳市 B 公司”如果需要融资以满足企业临时性的资金需求，也可以选择将这张银行承兑汇票进行质押。质押就是持票人为了给债权提供担保，在票据到期日前设立质权、办理融资的票据行为。

（8）到期兑付

到期兑付是指持票人向承兑人提示付款，承兑人进行兑付的行为。这张票据在 3 个月后，就需要承兑人（“建行××分行”）支付相应款项给持票人，这里的持票人就是 3 个月后持有这张票据的企业或金融机构。

上述环节中，出票、承兑、到期兑付是每一张票据都会经历的环节，而背书、贴现、转贴现、质押等则会因企业而异，也正因为有了这些多元流转环节，才会让票据市场更加活跃，票据的流通性大大增强，成为企业结算、融资的重要工具之一。

2.6 大额可转让定期存单市场

2.6.1 大额可转让定期存单的含义和特点

大额可转让定期存单（Negotiable Certificate of Deposit，简称 NCD）是商业银行发行的可以在金融市场上转让流通的一种银行存款凭证，凭证上印有一定的票面金额、存入和到期日及利率，到期后可按票面金额和规定利率提取全部本息，逾期存款不计息，发行对象既可以是居民个人也可以是企业。

首先，作为货币市场的子市场之一，它的期限较短，一般集中在 14 天至 1 年之间。其次，金额较大，美国一般为 10 万美元。就中国而言，个人投资人认购的大额存单起点金额不低于 20 万元，机构投资人则不低于 1000 万元，也有大于 1 年期的品种。

大额可转让存单是商业银行迫于竞争和监管压力自发创新的负债工具。其首创在商业银行服务手段发达的美国。20 世纪 60 年代，美国金融市场利率上涨，而定期储蓄存款利率受联邦条例制约，有上限规定，因此资金从商业银行流入其他收益高的金融工具。1961 年，为了吸引投资者，花旗银行（Citibank）发行了第一张大额（10 万美元以上）可在二级市场上转卖的可转让存单。

对银行来说，发行存单可以增加资金来源，而且由于这部分资金可视为定期存款而能用于中期放款。发行大额可转让定期存单的意义不仅在于增加银行存款，更主要是由发行大额可转让定期存单所带来的对银行经营管理方面的作用。银行可以主动发行，必要时可将存单买回，存单发行使银行在调整资产的流动性及实施资产负债管理上拥有了更灵活的手段。对投资者来说，它具有利率较高，可在二级市场转让的优点，是追求稳定收益的投资者的一种较好选择。因此，大额可转让存单的推出受到市场各方欢迎，迅速在各大银行得到推广。

与传统的定期存款相比，大额可转让定期存单主要具有以下几点不同。①金额大。大额可转让存单有规定的面额，面额一般较大，而普通的定期存款数额由存款人决定。②大额可转让存单一般不记名，可以在二级市场上转让，具有较高流动性。而传统的定期存款只能在到期后提款，提前支取要支付一定的罚息。③大额可转让定期存单的利率通常高于同期限的定期存款利率，并且有的大额可转让存单按照浮动利率计息。在中国，大额可转让存单的利率经人民银行省分行批准可以在同档次利率基础上最高上浮不超过 5%。如一年期定期存款利率是 1.75%，大额可转让存单一年期最高利率=1.75%+1.75%×5%=1.84%。

对投资者来说，大额可转让存单也面临着信用风险和市场风险。信用风险指发行存单的银行在存单期满时无法偿付本息的风险。在美国，虽然一般的会员商业银行必须在联邦存款保险公司投保，但由于存单发行面额大，而每户存款享受的最高保险额只有 10 万美元，因此存单的信用风险依然存在。市场风险指的是存单持有者急需资金时，难以将存单在二级市场上立即出售变现或不能以较合理的价格出售。尽管可转让存单的二级市场非常发达，但其发达程度仍比不上国库券市场，因此并非完全没有市场风险。

2.6.2　大额可转让定期存单的种类

在美国，大额可转让定期存单按发行者不同，可以分为四类，它们具有不同的利率、风险及流动性。

第一，美国国内存单，即美国的商业银行在本国发行的大额可转让定期存单。该存单上需要注明的有存款金额、到期日、利率和期限。发行面额一般在 10 万美元以上，二级市场上最低交易额为 100 万美元；存单的期限通常由双方协商确定，一般在 3 到 12 个月之间。流通中未到期的国内存单的平均期限为 3 个月左右。

第二，欧洲美元存单（Eurodollar certificate of deposit）是由美国商业银行的国外分支机构或外国银行在美国境外发行的以美元计价的大额可转让定期存单。与国内存单相比，发行银行的发行成本更低，既不需要提取存款准备金，也无须交纳存款保险费。同时，由于利率不受美国银行条例的限制，因而存单数量增加迅速，是欧洲货币市场上一种重要的融资工具。欧洲美元存单最早出现于 1966 年，美国大银行曾是欧洲存单的主要发行者，1982 年以来，日本银行逐渐成为欧洲存单的主要发行者。一般情况下，欧洲美元存单利率高于美国国内存单。

第三，扬基（Yankee）存单，是外国银行在美国的分支机构发行的一种可转让的定期存单。其发行者主要是西欧和日本等地的著名的国际性银行在美分支机构，通常以零售方式出售给投资者。扬基存单期限一般较短，大多在 3 个月以内。扬基存单的利率要高于美国国内银行发行的国内存单，但由于这些国外银行的分支机构发行的扬基存单在准备金上可以享受豁免，所以其成本与美国国内存单相差不大。

第四，储蓄机构存单，是由非银行机构，诸如储蓄贷款协会、互助储蓄银行、信用合作社等机构发行的一种可转让定期存单。这类存单通常受法律规定和实际操作困难的制约，其二级市场不发达。

2.6.3 大额可转让定期存单的发行和流通

大额可转让存单市场可分为发行市场（一级市场）和流通转让市场（二级市场）。

（1）大额可转让定期存单的发行

大额可转让定期存单的发行包括直接发行和间接发行两种。直接发行是发行人自己发行大额可转让存单，并将其直接销售出去；间接发行是发行人委托中介机构发行。大银行分支机构众多，可以采取直接发行方式，节约成本。小银行受限于知名度和实力，可以委托承销商代为办理发行，并向其支付一定的费用。

大额可转让定期存单的发行价格主要取决于发行人的资信等级、发行时市场利率水平、存单的期限和存单的流动性。发行市场的主要参与人是发行人、投资者和中介机构。发行人一般是商业银行。发行市场上的中介机构一般都由投资银行承担，它们负责承销大额可转让定期存单，向发行人收取一定的费用作为承销收益。

（2）大额可转让定期存单的流通

存单市场的流动性在很大程度上是通过存单交易商维持的。存单交易商的功能主要有两个：一是以自己的头寸买进存单后再零售给投资者；二是支持存单的二级市场为存单的不断买卖创造市场。

大额可转让定期存单的转让价格取决于转让时的市场利率，存单的利息通常按“存款天数/360”方法计算。大额可转让定期存单在二级市场上的价格计算公式为：

$$\text{存单流通价格} = \text{面额} \times \frac{1 + \text{存单利率} \times \text{存单发行日至到期日的实际天数}/360}{1 + \text{市场利率} \times \text{存单买入日至到期日的实际天数}/360}$$

其中，存单利率是指存单发行时的票面利率，市场利率是指买入存单时新发行存单的同期利率。

【例 2-1】面额为 100 万美元，利率为 10%，期限为 60 天可转让定期存单，投资者在发行 40 天后买入，当时的市场利率为 8%，则存单流通价格是多少？

$$1\ 000\ 000 \times \frac{1 + 10\% \times 60/360}{1 + 8\% \times 20/360} = 1\ 012\ 168(\text{美元})$$

购买平价存单以后，在期满时得到的本息是：

$$\text{平价存单期满时的本息} = \text{本金} \times (1 + \text{年利率} \times \text{存单发行日至到期日实际天数}/360)$$

【例 2-2】某投资者购买了票面金额为 100 万美元、年利率为 5%、期限为 180 天的可转让定期存单。他在期满时得到利息和是：

$$1\ 000\ 000 \times (1 + 5\% \times 180/360) = 1\ 025\ 000\ (\text{美元})$$

2.7　回购协议市场

2.7.1　回购协议的概念和特点

回购协议市场（Repurchase agreement market）又称为证券购回协议市场，指通过回购协议进行短期资金融通交易的场所，市场活动由回购与逆回购组成。这里的回购协议是资金融入方在出售证券（通常是固定收益证券）的同时和证券购买者签订的、在一定期限内按原定价格或约定价格购回所卖证券的协议。因为此回购协议在经济上等价于担保贷款，它是许多经济体货币市场上一个重要的部分。

回购协议的期限一般很短，从 1 天到数月不等，如 1 天、7 天、14 天、21 天、1 个月、2 个月、3 个月或 6 个月等。此外，还有一种“连续合同”的形式，这种形式的回购协议没有固定期限，只在双方都没有表示终止意图时，合同每天自动展期，直至一方提出终止为止。这种方式可以避免不断更新回购协议的手续，只要双方合作有利可图，该回购交易就会自动持续下去。

回购协议市场交易的标的物主要有国库券、政府债券、抵押担保债券、大额可转让定期存单、商业票据等。

回购协议市场的参与者十分广泛，中央银行、商业银行等金融机构、非金融机构企业都是这个市场的重要参与者，在美国等一些国家，甚至地方政府也参与这个市场的交易活动。

2.7.2　回购协议的交易过程与交易定价

（1）回购协议的交易过程

回购协议市场从几个方面吸引投资者。首先，该市场为剩余资金的短期投资提供了现成的工具。实际上，大量的回购协议交易为隔夜回购。隔夜回购的利率通常比联邦基金的利率低，尽管利率很低，但对那些无法进入联邦基金市场的投资者来说，总比没有回报要好。其次，在剩余资金数量每日不定的情况下，投资者可通过滚动隔夜回购的办法来有效地管理可能的剩余资金。

回购协议的交易过程如图 2－1 所示。对借款人（证券出售方）而言，回购协议的好处在于其短期借入利率要低于银行贷款利率；对贷款人（证券购买方）而言，回购协议为其提供了流动性较高的短期担保交易。回购协议的法律含义与担保贷款相比却有着很大的不同。当借款人不能按时偿还贷款时，担保贷款的贷款人一般都要经过一些法律程序，才能收回担保物，并加以处置。而对于回购协议中的投资者来说，一旦证券出售者不能在交易结束时买回证券，投资者就有权处置证券，以弥补因交易对手违约而给自己带来的损失。因此，从这个角度看，回购协议比担保贷款还要安全，这也是回购协议市场获得迅速发展的重要原因之一。

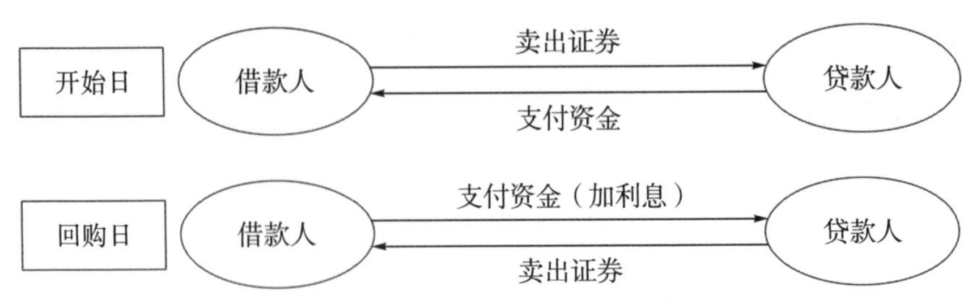

图 2—1　回购协议的交易过程

(2) 回购协议的交易定价

在回购协议中，回购价格的定价方法有两种：净价定价法和总价定价法。二者均以交易开始日证券的市场价格为基础，区别在于对回购协议交易期间的利息处理不同。净价定价法又称“清洁定价”（Clean price），它只考虑证券的市场价格而并不考虑回购协议交易期间证券所产生的利息。总价定价法又称“肮脏定价”（Dirty price），在定价过程中除了证券价格还要考虑回购协议交易期间证券所产生的利息。

回购价格根据以下公式确定：

回购价格＝本金（证券出售价格）＋应付利息

其中，应付利息的计算公式为：

应付利息＝本金×回购利率×（回购期限/360）

回购协议利率反映了回购交易活动中的贷款人（证券购买者）所承担的各种风险，它取决于以下多种因素：一是用于回购的证券性质。证券的信用度越高，流动性越强，回购利率就越低，否则，利率就会相对来说高一些。二是回购期限的长短。一般来说，期限越长，不确定因素越多，因而利率也应高一些。三是交割的条件。如果采用实物交割的方式，回购利率就会较低，如果采用其他交割方式，则利率就会相对高一些。四是货币市场中其他子市场的相对利率水平。在期限相同时，回购协议利率与其他货币市场利率的关系呈现以下关系：

国库券利率＜回购协议利率＜银行承兑汇票利率＜可转换定期存单利率＜同业拆借利率。

(3) 回购协议的信用风险

虽然回购协议通常是以风险较低的国债为抵押品，但交易过程中仍然存在信用风险，特别是在市场流动性紧张的情况下，容易导致短期利率迅速飙升。

回购协议中的信用风险有下面两种情况：一是在到期时，借款人（证券出售方）无法按约定价格赎回，贷款人（证券购买方）只能保留作为抵押品的证券。如果这个时候利率上升，那么抵押品的价格就会下降，抵押品的价值便低于出借资金的价值。二是在到期时，贷款人（证券购买方）不愿意按约定价格将抵押的证券回售给借款人（证券出售方）。一般来说，在利率下跌，抵押品价格上涨时，会出现这类信用风险。

2.7.3 我国的回购协议市场

回购协议市场是我国金融机构的一项重要的短期融资来源。回购协议也是中国人民银行进行公开市场操作、管理国内流动性条件的重要工具。目前，我国证券回购市场主要有两个：一个是上海证券交易所、深圳证券交易所组成的交易所回购市场；另一个源于 1997 年的银行间（柜台 OTC）债券回购市场，其中沪、深证券交易所的回购券种主要是国债和企业债，全国银行间同业拆借中心的证券回购券种主要是国债、融资券和特种金融债券。目前，交易所回购市场参与者主要是非银金融机构和公众投资者；其中，普通的个人投资者，可以作为逆回购方通过债券质押式回购融出资金，但不能作为正回购方融入资金。银行间回购市场参与者主要是银行及非银行类金融机构，主要有银行、证券公司、资产管理公司等。

中国证券回购市场经过二十多年的发展实践，广度和深度不断拓展，市场规模增长迅速，其中银行间回购市场有更大的市场份额和更高的成交量。中国人民银行网站显示，2022 年 11 月，中国银行间质押式回购成交 117.8 万亿元，银行间买断式回购成交 5377.1 亿元，交易所标准券回购成交 38.3 万亿元，交易所回购占总回购成交额的份额为 24.45%。表 2-5 显示了近 10 年银行间市场证券回购成交数据，可以看出近十年回购协议交易增长速度很快。

中国回购市场按担保品的所有权差异可分为质押式回购和买断式回购，而以质押式回购为主，见表 2-5。在质押式回购的交易过程中担保品的所有权不发生转移，而在买断式回购中，担保品所有权发生转移，逆回购方在回购期间可以利用担保品进行卖出、抵押等交易行为。买断式回购协议是中国货币市场的创新，它为货币市场参与者提供了一种新的投融资模式，并且提供了融资融券功能。但是，从表 2-5 可以看出，买断式回购交易量近 4 年呈现明显下降趋势，其比重从 2012 年的 34.67%也逐步下降到了 2021 年的 0.45%。

表 2-5　银行间市场证券回购成交情况

年份	质押式回购（万亿元）	质押式回购比重（%）	买断式回购（万亿元）	买断式回购比重（%）	银行间回购总额（万亿元）
2012	141.7	65.33%	75.2	34.67%	216.9
2013	158.2	79.18%	41.6	20.82%	199.8
2014	224.4	84.74%	40.4	15.26%	264.8
2015	457.8	84.06%	86.8	15.94%	544.6
2016	568.3	94.51%	33.0	5.49%	601.3
2017	588.3	95.44%	28.1	4.56%	616.4
2018	708.7	98.06%	14.0	1.94%	722.7
2019	810.1	98.84%	9.5	1.16%	819.6
2020	952.7	99.27%	7.0	0.73%	959.7

续表2-5

年份	质押式回购（万亿元）	质押式回购比重（%）	买断式回购（万亿元）	买断式回购比重（%）	银行间回购总额（万亿元）
2021	1040.5	99.55%	4.7	0.45%	1045.2

资料来源：中国人民银行。

买断式回购比重下降的原因主要有：第一，正回购方（资金借入方）在债券市场上进行回购交易借钱的主要目的是利用回购加杠杆以获得更高的收入。在买断式回购下，债券所有权发生了转移，债券产生的利息收入以及潜在的资本利得，也都属于资金借出方。正回购方不仅没有获得债券的票息收入，还需要支付借钱的成本，这对意图加杠杆的投资者而言是不划算的。第二，买断式回购涉及所有权转移，很多非银行金融机构处理买断式回购类似于进行两次现券买卖操作，操作烦琐。第三，买断式回购起步比较晚，2004 年才正式推出。在此之前，质押式回购已经发展得非常成熟了，市场已经基本习惯了质押式回购的一系列流程与操作。

由于银行间质押式回购利率（市场习惯以 DR 指代）是真实成交利率，其以银行为交易对手，以国债、央票和政策性金融债等风险权重为 0 的主权类债作为抵押品，基本满足了“无风险”的基准性要求。此外，DR 则涵盖隔夜（DR001）到 1 年（DR1Y）等 11 个期限品种，期限丰富，11 个价格都是基于真实交易得出。因此，央行在《参与国际基准利率改革和健全中国基准利率体系》白皮书中明确提出了以培育 DR 为重点、健全中国基准利率和市场化利率体系的思路和方案。

央行在白皮书中总结，DR 已经成为反映银行体系流动性松紧变化的“晴雨表”，对市场流动性观测行为产生了深远影响，为货币市场交易精细化定价创造了有利条件，但是，目前 DR 在回购市场之外尚无影响力。图 2-2 为银行间 1 天期质押式回购利率（DR001）和银行间 7 天期质押式回购利率（DR007）。

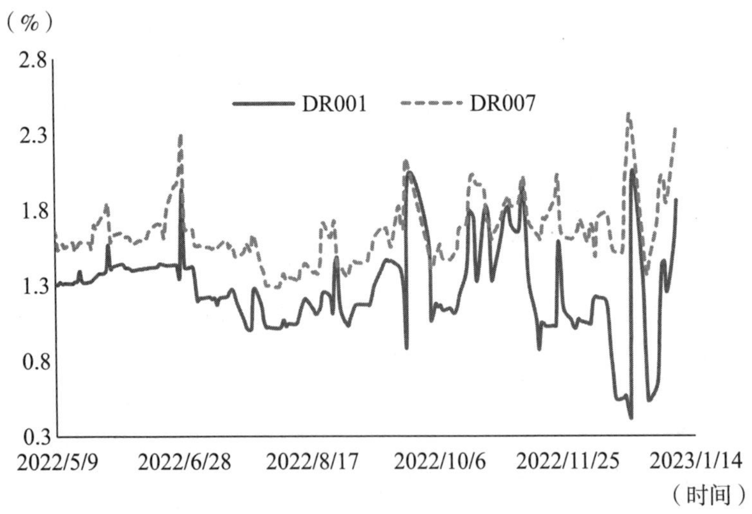

图 2-2　银行间 1 天期和 7 天期质押式回购利率

我国的回购协议市场有了很大的发展，但与发达国家相比，仍存在一定的缺陷。①银行间回购交易的占比依然较高，且银行间回购交易的主要目的是调节金融机构的头寸，在其他发达国家市场上，回购具有多重功能。②在中国，银行间回购以传统的双边回购为主，这种交易模式会增加回购交易的成本、且灵活性较差。比如：交易双方不仅要洽谈利率、金额、期限等合约要素，还要对担保品的具体价值和风险情况进行评估，交易成本高；担保品集中为国债、政策性银行债等，多券种组合式的回购运用不多，零碎债券得不到有效使用。③交易所回购的模式也存在一定缺陷。目前中国交易所的回购模式类似于美国的一般担保品回购，即由中国证券登记结算有限责任公司（以下简称中证登）作为中央对手方，实行担保品的统一折算和统一管理，相对于银行间回购交易更加标准化。在一般担保品回购模式下，中央对手方承担了较大的信用风险，在出现突发事件时，可能会由于中央对手方的风险敞口引发市场的流动性危机。

【同步案例2—1】

央行重启14天期逆回购操作

2022年12月19日，央行官网发布消息称，为维护年末流动性平稳，以利率招标方式开展了850亿元7天期和14天期逆回购操作，其中7天期逆回购90亿元，利率2%；14天期逆回购760亿元，利率2.15%。因12月19日有20亿元逆回购到期，当日实现净投放830亿元。

2022年年内，央行第一次开展14天期逆回购操作是在1月30日，规模1000亿元，中标利率2.25%；随后在9月19日，央行重启14天期逆回购操作，利率降至2.15%。

对于央行的加量逆回购操作，光大银行金融市场部宏观研究员周茂华认为，主要是年末将至，市场对流动性需求有所增加，市场利率有所上升，央行灵活操作适度增加7天、14天期逆回购操作，满足机构对跨年资金需求，保持市场流动性合理充裕，稳定市场预期，这符合央行往年操作惯例。在他看来，央行增加公开市场操作力度，呵护资金面，保持流动性合理充裕，有助提振市场信心，利好股债等金融资产表现。

央行此次操作后，市场资金面微幅上行。2022年12月19日，上海银行间同业拆放利率（SHIBOR）隔夜下行0.7个基点，报1.217%；不过，7天SHIBOR上行4.8个基点，报1.8%；此外，14天SHIBOR上行4.5个基点，报1.782%。在周茂华看来，主要是由于年末因素，机构对流动性需求有所增加，市场利率反弹，但整体市场利率围绕政策利率附近波动，并未出现极端波动情况，反映市场资金面保持平稳，市场预期稳定。

资料来源：《央行重启14天期逆回购操作，业内认为将利好股债等市场表现》，2022年12月19日，北京商报。

2.8 货币市场共同基金

货币市场共同基金（Money Market Mutual Fund，缩写为 MMMF），也称为货币市场基金，经常简称为货币基金，是指投资于货币市场上短期有价证券（一年以内，平均期限 120 天）的一种投资基金，属于开放式基金的一种。该基金主要投资于商业票据、银行承兑汇票、国库券、政府短期债券、企业短期债券、银行定存和大额存单等短期有价证券。

货币市场基金采用红利转投资的方式，每份单位始终保持在 1 元，超过 1 元后的收益会按时自动转化为基金份额，拥有多少基金份额即拥有多少资产。而其他开放式基金是份额固定不变，单位净值是累加的，投资者依靠基金每年的分红来实现收益。应监管要求，货币基金需要定期披露每万份基金净收益和 7 日年化收益率。每万份基金净收益也就是每一万块钱的日收益，7 日年化收益率是基金过去 7 天每万份基金份额净收益折合成的年收益率。

2.8.1 货币市场共同基金的产生

货币市场共同基金是美国 20 世纪 70 年代以来出现的一种新型投资理财工具。货币市场共同基金最早于 1972 年出现在美国。当时，美国政府出台了限制银行存款利率的 Q 条例，银行存款对许多投资者的吸引力下降，他们急于为自己的资金寻找到新的能获得货币市场现行利率水平的投资渠道。1973 年，只有 4 只基金，总资产只有 1 亿美元。但到了 20 世纪 70 年代末，由于连续几年的通货膨胀，市场利率急剧上升，国库券、商业票据等货币市场工具的收益率超过 10%，远高于银行和储蓄机构为储蓄存款和定期存款支付的 5.5%的利率上限。货币市场共同基金正是在这样的情况下应运而生。自从产生之日起，它就获得了迅速的发展，并很快扩散到世界各地。在美国和欧盟，货币市场共同基金作为投资公司接受监管。他们为个人投资者、机构投资者和公司的短期投资提供低风险回报。

2.8.2 货币市场共同基金的特征

货币市场共同基金是基金的一种，同时，它是专门投资货币市场工具的基金。与一般基金相比，除了具有一般基金的专家理财、分散投资等特点外，货币市场共同基金还具有以下几个特点。

(1) 流动性强、收益稳定、风险小

货币市场共同基金是规避利率管制的一种金融创新，其产生的最初目的是给投资者提供等于或高于商业银行等存款金融机构存款利率的市场利率。

相比其他类型基金，货币市场基金具有期限短、流动性强、本金安全性高、收益稳定以及投资成本低等特点，具有“准储蓄”的特征。从投资者角度来看，通常情况下，投资者通过投资货币市场基金，既能获得高于银行存款利息的收益，又可以较高程度地保障本金的安全，因此比较适合风险承受能力较弱的投资者。对于非金融企业，货币市场基金是其管理短期资产不可或缺的工具。而对于金融机构来说，货币市场基金是为之提供流动性的重要工具。虽然货币市场基金是一种相对安全的投资方式，但是投资者购买货币市场基金仍会面临一定的风险，如信用风险、市场风险和流动性风险，此外，基金管理者的管理能力与监管方面的差异对货币市场基金净资产也有重要影响。

(2) 支付功能强

货币市场共同基金的投资者可以签发以其基金账户为基础的支票来兑现或进行支付。这样，货币市场共同基金的基金份额实际上发挥了能获得短期证券市场利率的支票存款的作用。当然，货币市场基金账户所开支票的数额一般是有最低限额要求的。

(3) 投资成本较低

货币市场基金的认购和赎回免收手续费，管理费用也低于一般基金。一般基金年管理费率为基金资产净值的 1.00%～2.50%；而货币市场基金的年管理费率只占基金资产净值的 0.25%～1.00%，因此具有投资成本低的特点。由于货币市场工具的准入门槛很高，所以很多普通投资者借助货币基金进入货币市场。

2.8.3　中国货币市场共同基金的发展

中国货币市场基金起步于 2003 年年底。2003 年 12 月，华安现金富利投资基金正式发行，这也是中国第一支货币市场共同基金。截至 2021 年年底，散户贡献了中国货币基金的 61%，剩余规模由机构贡献，包括商业银行、保险公司等。此外，公司也是货币的重要持有者。

来自全球知名金融服务机构惠誉评级（Fitch Ratings）的报告显示，截至 2022 年 6 月底，美国占据全球货币基金市场份额的 55%，欧洲占据 17%。中国货币基金占据全球货币基金比例从 2013 年的不足 5%升至目前的 18%，中国首次超过欧洲成为全球第二大货币市场基金市场。

2022 年 5 月底，规模创历史新高达 11 万亿元，6 月货币规模小幅缩水，截至 6 月底规模降至 10.6 万亿元。

在金融危机期间，货币市场基金受到了商业票据损失的威胁，后来又因雷曼兄弟公司（2008 年 9 月破产的一家经纪交易商）发行的票据而遭受损失。2008 年金融危机之后，全球监管机构加强对货币基金的监管，而避免货币基金过于集中带来的系统风险是重点监管内容。中国货币基金一度相当集中。例如，2014 年，最大货币基金占余额宝总规模比例一度超过 30%。在监管部门连续改革之下，中国货币基金的集中度降低，前五大货币规模之和占全行业规模比例较美国、欧洲更低。中国货币的集中度逐步降低，最大货币基金余额宝规模也逐年缩水。2022 年 6 月底，余额宝规模降至 7%，略高于美国的 5%，欧洲的 6%。

【同步案例 2—2】

余额宝

2013 年天弘基金携手第三方支付平台支付宝推出了“余额宝”，它的本质是通过支付宝平台购买天弘增利宝货币市场基金（基金代码：000198，后改名为“天弘余额宝货币”），恰好在同年 6 月，债券市场发生了有史以来最严重的一次“钱荒”，所以当时余额宝的 7 日年化收益率达到了 5.9359%，这也使得余额宝在发行后短短一年内吸引了超过 5000 亿元的资金累积量。

“余额宝”自开通以来，业务增长十分迅速。截至 2017 年年底，注册用户数超过 3 亿，基金市值规模超过 1.5 万亿元人民币，成为全球单只规模最大的货币市场基金。在“余额宝”面世之前，按照监管部门要求，投资货币基金的门槛是 5 万元人民币，“余额宝”的申购门槛破天荒的降低到 1 元起步。据历史资料，“余额宝”用户主要是中青年，超过 70%的用户年龄在 21—35 岁之间。从单户余额看，超过 80%的用户余额在 1 万元以下，这部分用户户均持有基金份额 880 元。单户余额大于 50 万元的用户占比仅为 0.2%，但相应持有基金份额占比达 13.6%，户均持有超过 70 万元基金份额。从单笔交易金额看，申购和赎回金额都在 5 万元以下的超过 70%。单笔申购金额超过 50 万元的占 2.92%，可见还是存在用户大额投资“余额宝”的情况。

余额宝特点是操作简便、低门槛、零手续费、可随取随用。余额宝可直接用于购物、转账、缴费还款等消费支付，还能以基金份额去申购其他类型的基金，是移动互联网时代的现金管理工具，也是日常开销资金存放的好去处。余额宝的出现不仅给我们的生活带来了便利，也深刻影响着普通民众的理财意识。

【专栏 2—2】

国际比较视野中的中国货币市场历史演进

改革开放至今，中国货币市场在经历了 10 余年的边缘性“无序生长”之后，仅用了 20 年左右的时间就成功实现了“逆袭”，无论在微观还是宏观层面都扮演着颇为独特且重要的角色。立足全球视野，中国货币市场特殊的发展起点及环境使其在历史演进中表现出了极具特色的现象。

第一，就货币市场发展的目标而言，与成熟经济体较为明确且一致的流动性调剂功能定位不同，自中国金融体制改革伊始，政府对于包括货币市场在内的金融体系没有清晰的目标或改革路线图，而是随着改革进程的不断深入以及中国内外部环境的改变不断变化，在持续的阶段性目标调整（甚至经常反复）中最终确立了市场化的货币市场改革与发展的目标定位。

第二，就市场的发展动力而言，美欧等主要经济体的诸多货币市场子市场的出现及其后续发展尽管也与当时的管制及市场环境变化密不可分，但更多地体现了市场驱动色彩，或者说源自经济主体市场化行为选择或创新的结果。但在中国却往往并非如此，类似回购、票据以及央行票据等货币市场产品创新更多地取决于政府层面的政策性考量，而非市场演变的内生产物。

第三，就市场的发展路径而言，与全球其他经济体各个货币子市场较强的协同演进性不同，中国不同货币子市场在创设伊始往往重“替代”而轻“互补”。全球货币市场的演进大致可划分为两大类路径：一类是以美国、英国为代表的成熟市场经济国家，其货币市场大多是从票据市场发展起来的，然后才逐步出现了同业拆借市场和其他市场；另一类是以中国香港和新加坡为代表的新兴国家/地区，它们根据本国和本地区的具体情况，优先发展了银行同业拆借市场，其后才发展了票据市场，而且总体来讲商业票据市场在整个货币市场中所占份额较小。国际层面的这种路径差异主要源于经济运行对货币市场的需求不同。前者是在商业信用发展和直接融资的基础上产生的，后者则是基于自由港、区域性金融中心且融资体制以间接融资为主的基础上产生的。但尽管不同国家/地区各个子市场发展的先后顺序不同，由于各个子市场满足了不同类型主体的流动性调剂需求，更多地表现出“互补”色彩。但这一点在中国货币市场发展的相当长时期内并未凸显，相反拆借、回购、票据以及短期融资券等多个子市场一度呈现出较为明显的替代性，进而引发了极具中国特色的不同子市场间“此消彼涨”的现象。

此外，从试点到推广（或者说从局部改革到整体性改革）也是中国货币市场发展顺序极具特色的一点——改革伊始，中国在“摸着石头过河”思想的指导下选择较有把握的一些措施通过“试点—成功—推广”的路径推动了包括回购、短期融资券等产品的改革与发展。

第四，就市场组织形式看，与全球其他经济体货币市场交易主要依托场外市场进而颇为分散不同，中国的货币市场在交易所与场外市场平行发展的同时，呈现出较为独特从分散向统一转变的态势。由于货币市场交易带有极为明显的批发性（规模巨大）且主要发生于金融机构之间，全球许多国家均以依托各类经纪商的柜台交易组织形式为主，鲜有借助交易所完成交易且分布极为分散。但在中国这一点则截然不同——随着全国统一的同业拆借市场、银行间债券市场以及后续上海票据交易所的创建，中国的货币市场柜台交易呈现较为明显的从分散向统一转变的态势，同时，集中性的交易所市场交易也不容忽视。

资料来源：应展宇．中国货币市场：结构视角的经济分析［J］．经济理论与经济管理，2021（4）：12−26．

【本章小结】

货币市场共同基金以投资货币市场上高等级的证券为主，它允许持有其份额的投资者以支票形式兑现。短期政府债券市场是国库券发行及流通所形成的市场。

本章对货币市场的有关知识进行了全面阐述。货币市场是金融市场的重要组成部分，是期限在 1 年以内的短期金融工具交易所形成的供求关系及运作机制的总和。货币市场包括国库券市场、同业拆借市场、商业票据市场、银行承兑汇票市场、大额可转让定期存单市场、回购协议市场以及货币市场共同基金市场等主要子市场。国库券是由国家财政部门发行的、政府提供信用担保的短期债券。但在中国，短期政府债券至 2000

年已全部到期。同业拆借市场是金融机构（尤其是商业银行）之间进行短期资金融通的市场。回购协议是指资金需求方在出售证券的同时与证券购买者签订的、承诺在未来某一确定日期，按预先约定的价格将其购回的协议。商业票据是一种由信用评级较高的大公司在公开市场上发行的、作为其债务凭证的无担保短期票据。银行承兑汇票市场是以银行承兑汇票为媒介，通过汇票的发行、承兑、转让及贴现，实现资金融通的市场。大额可转让定期存单是由银行发行的，按照一定金额、一定期限和约定的利率计息，并可以进行转让的金融工具。回购市场上短期资金的供求者通过签订证券回购协议来进行资金的融通。货币市场基金是投资于货币市场上短期有价证券的一种投资基金。

【关键概念】

货币市场（Money market） 国库券（Treasury bills） 同业拆借市场（Interbank lending market） 商业票据（Commercial paper） 银行承兑汇票（Banker's acceptance） 大额可转让定期存单（Negotiable certificate of deposit） 回购协议市场（Repurchase agreement market） 货币市场共同基金（Money market mutual fund）

【思考与练习】

一、判断题

1. 商业票据市场虽然属于短期金融市场，但有的商业票据期限可超过 1 年。（ ）

2. 在回购市场交易中，若市场利率上升，借款人受损，而利率下跌，借款人肯定受益。（ ）

3. 银行承兑汇票是由出票人开立一张远期汇票，以银行作为付款人，命令其在确定的将来日期支付一定金额给收款人。（ ）

4. 一般情况下，同业拆借市场的拆借利率应高于中央银行的再贴现率。（ ）

5. 货币市场共同基金一般属于封闭型基金，即其基金份额不可以随时购买和赎回。（ ）

二、单项选择题

1. 下列不属于货币市场工具的是（ ）。

A. 货币市场共同基金　　B. 商业票据

C. 中长期债券　　D. 短期政府债券

2. 金融机构或大企业可以通过发行（ ）获得短期融资。

A. 国库券　　B. CDs

C. 商业票据　　D. 股票

3. 下列哪项是短期金融工具？（ ）

A. 回购协议　　B. 公司股票

C. 到期期限为 4 年的政府债券　　D. 住房抵押贷款

4. 以下叙述错误的是（ ）。

A. 欧洲美元存单是美国境外银行发行的以美元为面值的可转让定期存单

B. 欧洲美元存单市场的中心在伦敦，但发行范围不限于欧洲

C. 扬基存单期限一般较短，大多不超过 6 个月

D. 扬基存单是外国银行在美国的分支机构发行的一种可转让定期存单

5. 以下不参与同业拆借市场的机构是（　　）。

A. 商业银行　　　　B. 证券公司

C. 信托公司　　　　D. 中央银行

三、简答题

1. 同业拆借市场有哪些特点？

2. 政府为何发行短期债券？

3. 大额可转让定期存单与传统的定期存款的区别。

4. 对银行来说，利用回购协议市场作为资金来源的优势有哪些？

5. 简述银行承兑汇票的运用以及具有的特点。

四、论述题

1. 运用相关知识论述我国货币市场的发展情况。

2. 说明商业票据评级的意义。

推荐阅读材料、网站

1. 中国货币网，https://www.chinamoney.com.cn/chinese/index.html，该网站提供中国货币市场的最新动态和数据，包括央行公开市场操作情况、货币政策和货币市场利率等信息。

2. 美国财政部下属的财政局运营的一个网站，https://www.treasurydirect.gov/，该网站提供美国政府债券的购买和兑付等相关信息。

3. 中国人民银行，http://www.pbc.gov.cn/，可查询中国货币政策和金融市场的最新消息，包括央行政策、货币政策报告和金融统计数据等。

4. 中国金融新闻网，https://www.cnfin.com/，该网站提供中国金融市场的最新动态和分析报道，包括货币、股票、债券、外汇等多个市场。

5. 全国银行间同业拆借中心，https://www.shibor.org/chinese/，该网站提供中国银行间同业拆借市场的最新情况，包括银行间同业拆借利率（SHIBOR）、人民币利率互换（CNYIRS）等信息。

6. 参与国际基准利率改革和健全中国基准利率体系，中国人民银行，2020-8-31.

第3章　债券市场

【本章提要】

债券市场（Bond market）是发行和买卖债券的场所，是一国金融体系中不可或缺的部分。本章将从债券的概念和特征出发，对债券的种类、发行、交易和评级等做相应的介绍。

【学习目标】

1. 掌握债券市场的定义和主要债券种类。
2. 了解中国债券的种类。
3. 熟悉债券的发行机制和交易机制。
4. 理解影响债券转让价格的因素。
5. 理解债券信用评级的作用。

【重点难点】

本章重点：国债和公司债券的特点。
本章难点：深刻理解债券市场在金融体系中的地位和作用。

【案例链接】

央行发布2022年债券市场运行情况

2022年，债券市场平稳运行，国债收益率涨跌互现；债券市场高水平对外开放平稳有序，投资者结构进一步多元化。

一、债券市场规模稳定增长

2022年，债券市场共发行各类债券61.9万亿元，同比基本持平。其中银行间债券市场发行债券56.0万亿元，同比增长5.4%，交易所市场发行5.8万亿元。2022年，国债发行9.6万亿元，地方政府债券发行7.4万亿元，金融债券发行9.8万亿元，公司信用类债券发行13.8万亿元，信贷资产支持证券发行3345.4亿元，同业存单发行20.5万亿元。

截至2022年12月末，债券市场托管余额144.8万亿元，同比增长11.3万亿元，其中银行间债券市场托管余额125.3万亿元，交易所市场托管余额19.5万亿元。商业银行柜台债券托管余额 416.1 亿元。

二、债券收益率涨跌互现

2022 年 12 月末，1 年、3 年、5 年、7 年、10 年期国债收益率分别为 2.10%、2.40%、2.64%、2.82%、2.84%，分别较 2021 年同期下行 15 个基点、5 个基点和上行 4 个基点、4 个基点、6 个基点。2022 年末，中债国债总指数收盘价为 213.7，较 2021 年末上涨 7.1%；中债新综合全价指数收盘价为 122.1，较 2021 年年末上涨 0.6%。

2022 年 12 月，银行间同业拆借月加权平均利率为 1.26%，同比下行 76 个基点；银行间质押式回购月加权平均利率为 1.41%，同比下行 68 个基点。

三、债券市场对外开放平稳有序

截至 2022 年年末，境外机构在中国债券市场的托管余额为 3.5 万亿元，占中国债券市场托管余额的比重为 2.4%。其中，境外机构在银行间债券市场的托管余额为 3.4 万亿元。分券种看，境外机构持有国债 2.3 万亿元、占比 67.7%，政策性金融债 0.7 万亿元、占比 22.0%。

四、债券市场投资者数量进一步增加

2022 年年末，按法人机构（管理人维度）统计，非金融企业债务融资工具持有人共计 2172 家。从持债规模看，前 50 名投资者持债占比 51.9%，主要集中在公募基金、国有大型商业银行、证券公司等；前 200 名投资者持债占比 82%。单只非金融企业债务融资工具持有人数量最大值、最小值、平均值和中位值分别为 65、1、12、11，持有人 20 家以内的非金融企业债务融资工具只数占比为 91%。从交易规模看，2022 年，非金融企业债务融资工具前 50 名投资者交易占比 49.7%，主要集中在证券公司、股份制商业银行和城市商业银行；前 200 名投资者交易占比 83.1%。

那么，何为债券？债券市场的主要交易工具有哪些？债券的类型有哪些？债券市场的功能是什么？债券市场的发行机制和交易机制是什么？本章将进行相应的阐述。

3.1　债券概述

债券（Bond）是一种有价证券，是社会各类经济主体为筹集资金面向债券投资者出具的、承诺按一定利率定期支付利息并到期偿还本金的债权债务凭证。

3.1.1　债券的特征与构成要素

债券作为一种重要的融资手段和金融工具具有偿还性、流动性、安全性和收益性等特征。偿还性指债券有规定的偿还期限，债务人必须按期向债权人支付利息和偿还本金。流动性指债券持有人可按需要和市场的实际状况，灵活地转让债券，以提前收回本金和实现投资收益。安全性指债券持有人的利益相对稳定，不随发行者经营收益的变动而变动，并且可按期收回本金。收益性指债券能为投资者带来一定的收入，即债券投资的报酬。在实际经济活动中，债券收益可以表现为三种形式：一是投资债券可以给投资者定期或不定期地带来利息收入。二是投资者可以利用债券价格的变动，买卖债券赚取差额。三是投资债券所获现金流量再投资的利息收入。

债券的构成要素指发行的债券上必须载明的基本内容，这是明确债权人和债务人权利与义务的主要约定，具体包括以下方面。

（1）票面价值（Face value）

票面价值也称债券面值，是发行人承诺债券到期日应偿还给债券持有人的数额。票面价值包含币种和票面金额。债券面值与债券实际的发行价格并不一定是一致的，发行价格大于面值称为溢价发行，小于面值称为折价发行，等价发行称为平价发行。我国发行的债券，一般是每张面额为 100 元。

（2）到期期限（Maturity）

债券的到期期限指债券从发行之日起至偿清本息之日止的时间，也是债券发行人承诺履行合同义务的全部时间。发行人要结合自身资金周转状况及外部资本市场的各种影响因素来确定债券的到期期限。

（3）票面利率（Coupon rate）

债券的票面利率指债券年利息与债券面值的比率，是发行人承诺以后一定时期支付给债券持有人报酬的计算标准。债券票面利率的确定主要受到银行利率、发行者的资信状况、偿还期限和利息计算方法以及当时资金市场上资金供求情况等因素的影响。

（4）发行人名称（Issuer）

发行人名称指明债券的债务主体，为债权人到期追回本金和利息提供依据。

此外，债券还有是否可提前赎回、税收待遇、流通性、违约的可能性等方面的规定。

3.1.2 债券和股票的区别

债券和股票都是筹资人向资金筹集者直接发行的有价证券，是各国证券市场上的主要金融工具。持有债券或股票，都有可能获取一定的收益，并能行使各自的权利和流通转让。但债券和股票有明显的区别，主要表现在以下几个方面。

（1）主体不同

债券的发行主体可以是政府、金融机构或企业（公司）；股票发行主体只能是股份有限公司。

（2）收益来源不同

债券通常有规定的票面利率，可以获得固定的利息；股票的股息和红利不固定，一般视公司的经营情况而定。

（3）性质不同

债券代表的是一种债务债权的关系，股票代表的是一种股东所有权关系。债券持有者只是公司的债权人，不是所有者，无权参与公司的经营管理决策，但债券持有人有按期收取利息的权利，其收入在分配顺序上要优先于股东的分红，而当公司经营破产清理资产时，持券人可优先于股东收回本金。

（4）期限不同

债券一般有规定的偿还期，期满时债务人必须按时归还本金。股票是没有期限的有价证券，企业无须偿还，投资者只能转让不能退股。企业可能偿还股票投资者本金的情况是，如果企业发生破产，并且债务已优先得到偿还，根据资产清算的结果投资者可能得到一部分补偿。

（5）风险不同

在二级市场上，债券因其利率固定、期限固定，市场价格也较为稳定；而股票无固定期限和利率，受各种宏观因素和微观因素的影响，市场价格波动频繁，涨跌幅度较大。

（6）征税不同

公司债券的利息在税前利润中支付；股息和红利在税后利润中支付。

3.1.3 债券的种类

债券的种类繁多，根据发行主体的不同，债券可以分为：政府债券（发行主体是政府）、公司债券（发行主体是公司）、金融债券（发行主体是银行或者非银行金融机构），而各类债券根据其要素组合的不同又可细分为不同的种类。

（1）政府债券

政府债券是国家为筹措资金，按照信用的原则，向投资者出具的，承诺在一定时期支付利息和到期还本的债务凭证。政府债券一般在国内以本币币种发行，称政府本币内债；有时也在国外以外币币种发行，称政府外币债券。政府在国外发行的外币债券与国外一般借款一样，构成了一个国家的外债。依政府债券的发行主体不同，政府债券又分为中央政府债券、政府机构证券和地方政府债券。

①中央政府债券。也称国家公债券或国债（Government bond），它是中央政府为筹措财政资金而发行的一种政府债券。国债的发行往往是为了弥补国家财政赤字、筹集建设公共基础设施基金、归还旧债本息、甚至筹借战争经费等。国债以国家信用做担保，信用等级高，通常被公认为是最安全的投资工具，但是并非所有的政府都拥有相同的信用等级。

中央政府发行的债券有各种不同的期限，一般将它们分为短期、中期和长期。期限在一年以下的国债称为国库券，通常贴现发行。期限超过 1 年的债券以付息债券形式发行，期限不超过 10 年的债券称为中期国债，期限超过 10 年的债券被称为长期国债。在证券市场上，不同期限的国债的发行量和交易量都占有相当大的比重，对货币市场和资本市场的资金融通起着重要的作用。特别是短期国库券，作为货币市场的一种工具，是深受投资者青睐的金融资产。

中国的国债专指财政部代表中央政府发行的国家公债，由国家财政信誉作担保，信誉度非常高。中国国债品种繁多，在国债大类中，可以分为普通国债和特别国债。特别国债往往是在特定的时间点，针对特定的历史事件所发行的，因此主流国债为普通国债。表 3－1 对比了中国的普通国债和特别国债。

目前，中国普通国债主要有记账式国债（Book-entry treasury bond）和储蓄国债（Saving bond）两大品种。记账式国债又分为附息国债和贴现国债两类，而储蓄国债则分为电子式储蓄国债和凭证式储蓄国债两大类。记账式国债可以上市和流通转让，储蓄国债不可以上市流通。托管在交易所市场的均为记账式国债。附息国债定期支付利息，到期还本付息，期限为 1 年以上（含 1 年）。贴现国债以低于面值的价格贴现发行，到期按面值还本，期限为 1 年以下（不含 1 年）。表 3－2 对记账式国债与储蓄国债的异同进行了比较，表 3－3 对凭证式储蓄国债与电子式储蓄国债的异同进行了比较。

表 3－1　普通国债与特别国债的对比

债券品种	适用范围	管理方式	举例
普通国债	没有使用范围的限制，可以作为经常性支出和资本性开支	列入赤字并进入国债余额管理	电子式储蓄国债、凭证式储蓄国债、附息国债、贴现国债
特别国债	有特定使用范围，专款专用	不列入赤字但进行余额管理	1998 年为补充四大国有银行资本金而发行的 2700 亿元特别国债 2007 年为增强外汇投资管理能力和收紧信贷市场流动性而发行的 1.55 万亿特别国债 2020 年发行总计 1 万亿元的抗疫特别国债

资料来源：财政部，光大证券研究所。

表 3－2　记账式国债与储蓄国债的异同比较

	记账式国债	储蓄国债
相同点	以国家信用为基础，利息免税 储蓄国债、记账式国债利息均按单利计算	
不同点	通过记账式国债承销团成员招投标确定	由财政部和央行比照储蓄存款基准利率，结合金融市场情况确定
	可以上市流通，可通过上市交易、回购等方式变现	不可流通，可按规定办理提前兑取、质押贷款等业务
	发行对象主要为银行间、交易所机构投资者	发行对象主要为个人
	期限品种主要为 3 个月，6 个月，1、2、3、5、7、10、15、20、30、50 年	主要期限品种为 3、5 年

资料来源：财政部，光大证券研究所。

表 3-3　凭证式储蓄国债与电子式储蓄国债的异同比较

	凭证式储蓄国债	电子式储蓄国债
相同点	以国家信用为基础，利息免税	
	利率由财政部和央行比照储蓄存款基准利率，结合金融市场情况确定	
	相同环境下，同期限品种，到期年利率相当	
	个人实名制购买，可按规定代办	
	不可流通，可按规定办理提前兑取、质押贷款等业务	
	提前兑付需向银行支付手续费	
	主要期限品种为 3 年和 5 年	
不同点	发行对象为全社会	发行对象为个人
	使用现金或银行存款直接购买	通过个人国债账户和资金账户购买
	财政部和央行未设置购买上限，但承销团成员可自行设立单笔购买上限	不能超过个人国债账户最高购买限额
	以“中华人民共和国凭证式国债收款凭证”记录购买情况	电子记账方式记录购买情况，实行两级托管体制
	购买当日起息	发行期开始日起息
	到期一次还本付息	按年付息，到期还本并支付最后一年利息

资料来源：财政部，光大证券研究所。

②政府机构债券（Agency bond）。在美国、日本等国家，除了财政部外，一些政府机构也可以发行债券，其收支偿付不列入政府预算，由发行单位自行负责。政府机构债券的发行机构包括政府部门和直属企事业单位，也包括由政府主办但属于私营的机构。这些机构债券主要用于资助与公共政策有关的项目，如农业、小企业和对首次购房者的贷款等。由于机构债券最终由中央政府作后盾，其信誉也很高。

③地方政府债券（Local government bond）。它是中央政府以下各级地方政府为了特定的目的而发行并偿还的债券。地方政府债券是地方政府根据本地区经济发展和资金需要状况，以承担还本付息责任为前提，向社会筹集资金的债务凭证，筹集的资金一般用于弥补地方财政资金的不足，或者地方兴建大型项目。地方政府债券的发行主体是地方政府，地方政府一般又由不同的级次组成，而且在不同的国家有不同的名称。美国地方政府债券由州、市、区、县和州政府所属机关和管理局发行，又叫市政债券（Municipal bond）。日本地方政府债券则由一般地方公共团体和特殊地方公共团体发行，前者是指都、道、府、县、市、镇、村政府，后者是指特别地区、地方公共团体联合组织和开发事业团等。中国地方政府债券发行主体主要是省级政府（包括省、自治区、直辖市）及部分经批准的计划单列市，一般市、县级政府尚无自主发债权力，需由省级政府代发。

在我国，2015 年以前，在旧的《中华人民共和国预算法》管理框架下，地方政府没有被赋予举债权力。为了满足庞大的资本性支出，地方政府只能借道融资平台公司等非正规渠道为地方基础设施建设筹措资金。2015 年新《中华人民共和国预算法》实施之后，地方政府相应的拥有了自主发行地方政府债券的权力，由此中国政府债券体系步入国债和地方债并行发展阶段。

地方政府债券按用途分类，通常可以分为一般债券和专项债券。前者指地方政府为缓解其资金紧张或解决临时经费不足而发行的债券，后者指为筹集资金建设某项具体工程而发行的债券。美国市政债券中的一般责任债券、收益债券分别与中国地方政府债券中的一般债券、专项债券相类似。美国一般责任债券以州地政府税收收入偿还，中国一般债券本息以一般公共预算偿还，都以税收收入作为偿还资金来源；美国收益债券以特定项目收入偿还，中国专项债券以项目专项收入和政府性基金预算偿还，都以特殊项目收入或其他收入作为偿还资金来源。

美国市政债券投资者以个人为主，约占 2/3。中国地方政府债券则以机构投资者为主，根据万得（Wind）的数据，截至 2019 年年末，商业银行持有地方政府债券规模占全部地方政府债券的比重为 86.18%，非法人持有规模占比仅为 1.96%。两者差异的主要原因是两国税收制度安排不同。美国对个人投资市政债券有免税政策，但机构投资市政债券的税收优惠政策于 1986 年被取消了，自此市政债券的投资者结构开始发生重大转变，从以商业银行为主转变为以个人为主。中国则对商业银行和个人持有地方债都免税。

（2）金融债券

金融债券（Financial bond）指银行及非银行金融机构依照法定程序发行并约定在一定期限内还本付息的有价证券。金融机构的资金来源很大一部分靠吸收存款，但有时它们为改变资产负债结构或者用于某种特定用途，也有可能发行债券以增加资金来源。在欧美许多国家，由于商业银行和其他金融机构多属于股份公司组织，所以这些金融机构发行的债券与公司债券一样，受相同的法规管理。日本则有所不同，金融债券的管理受制于特别法规。

金融债券在到期之前一般不能提前兑换，只能在市场上转让，从而保证了所筹集资金的稳定性。金融债券的资信通常高于其他非金融机构债券，违约风险相对较小，具有较高的安全性。所以，金融债券的利率通常低于一般的企业债券，但高于风险更小的国债。中国的金融债券品种主要有政策性金融债券、商业银行债券、证券公司债券、保险公司次级债、财务公司债券和特种金融债券。目前，国家开发银行、中国进出口银行和中国农业发展银行这三家政策性银行不仅可以在国内市场发行人民币金融债券，而且可以在国际市场上发行外币金融债券。

（3）公司债券

公司债券（Corporate bond）是公司为筹措资金向社会发行的，承诺在一定时期按规定的利率支付利息并到期还本的债务凭证。企业发行公司债券，一般用于筹措长期资金、扩大经营规模，因此期限较长。在中国，不同企业作为发债主体，其发行的债券由不同政府主管部门批准，因此有企业债券和公司债券之分，其主要区别见表 3－4，但在下文中，我们统称为公司债券。

表 3-4　公司债券与企业债券的区别

比较项目	公司债券	企业债券
发行主体	是由股份有限公司或有限责任公司发行的债券	由中央政府部门所属机构、国有独资企业或国有控股企业发行的债券
发债资金用途	主要用于固定资产投资、技术更新改造、改善公司资金来源结构、调整公司资产结构、降低公司财务成本、支持公司并购和资产重组等	主要用于在固定资产投资和技术革新改造方面，并与政府部门的审批项目直接相关
信用来源	是发债公司的资产质量、经营状况、盈利水平和持续盈利能力等	不仅通过“国有”（即国有企业和国有控股企业等）机制贯彻了政府信用，而且通过行政强制落实担保机制，实际信用级别与其他政府债券大同小异
发债额度	最低限大致为 1200 万元和 2400 万元	发债数额不低于 10 亿元
管制程序	公司债监管机构往往要求严格债券的信用评级和发债主体的信息披露，特别重视发债后的市场监管工作	企业发债由国家发改委和国务院审批，要求银行予以担保；一旦债券发行，审批部门则不再对发债主体的信息披露和市场行为进行监管
市场功能	公司债是各类公司获得中长期债务性资金的一个主要方式	受到行政机制的严格控制，每年的发行额远低于国债、央行票据和金融债券，也明显低于股票的融资额
流动场所和定价	中国目前只在证券交易所流动，开放度较大，定价是发行公司和承销商通过市场询价确定的	直接按照不高于同期居民定期存款的利率的 40%来定价，流动场所主要在银行间市场流动，是目前我国唯一的可以跨市场上市交易的信用债品种

公司债券的种类很多，按照不同标准可分为不同类别，主要有以下几种。

①信用公司债券（Debenture bond），又称无抵押公司债券。它是指完全凭公司的信誉，不提供任何抵押品或任何担保人而发行的公司债券。由于无任何抵押，所以发行这种债券的企业，一般具有较好的声誉，并且必须遵守一系列的规定和限制，以提高债券的可靠性。

②不动产抵押债券（Mortgage bond）。它是指以土地、房屋等不动产作抵押而发行的有担保债券。不动产抵押公司债券的抵押品可以是公司的全部资产，也可以是公司的部分资产。若债券到期不能偿还，持券人可依法处理抵押品受偿。

③保证公司债券（Guaranteed bond）。它是指债务的偿还由第三者，通常是母公司或银行作担保而发行的债券，担保人在背面“背书”或担保全部本息，或仅担保利息。

④参加公司债券（Participating corporate bond），指除了可按预先约定获得利息收入外，还可在一定程度上参加公司利润分配的公司债券。公司发行这种债券一般是因其信誉不好、经营不佳而导致发行困难，只能以股东们放弃部分红利为条件，吸引投资者。这类债券在美国不普遍，在欧洲却被广泛利用。

⑤通知公司债券（Callable corporate bond）也称可提前偿还公司债券，是指发行公司可以在债券到期之前随时通知偿还债券的一部分或全部的公司债券。这种债券在发

行时一般应有通知偿还的约定，并在债券发行后的一段时期内，发行公司不得通知收回，过此期限后，发行公司若欲收回，则须事前通知持券者。发行公司的选择，通常取决于债券利率与市场利率的变动关系。此外，它的利率通常高于一般公司债券（特别是在市场利率很高而预期要下降的时期发售），否则，它的发行会遇到困难。

⑥可赎回公司债券（Redeemable corporate bond）也称可买回债券，是指发行人有权在特定的时间按照某个价格强制从债券持有人手中将其赎回的债券，可视为是债券与看涨期权的结合体。在市场利率跌至比可赎回债券的票面利率低得多的时候，债务人如果认为将债券赎回并且按照较低的利率重新发行债券，比按现有的债券票面利率继续支付利息要合算，就会将其赎回。

⑦可转换公司债券（Convertible bond），是指债券持有人可按照发行时约定的价格将债券转换成公司的普通股票的债券。可转换公司债是一种混合型的债券形式。由于这种公司债券具有转换权，市场价格常常随普通股行情同方向变化，因此，即使可转换债券的收益比一般债券收益低些，但在投资机会选择的权衡中，这种债券仍然受到投资者的欢迎。可转换公司债券最早出现在英国，目前美国很多公司也发行这种公司债券。中国在 1992 年发行第一只可转债——深宝安。

⑧浮动利率债券（Floating rate bond）是指息票利率随市场利率定期浮动的债券，也称浮息债（息票利率=基准利率+固定利差）。美国浮动利率债券的基准利率主要参照 3 个月期限的国债利率，欧洲则主要参照伦敦同业拆借利率。浮动利率债券依其具体发行条件可附有不同的息票，通常每 6 个月或 3 个月支付一次；浮动利率债券通常为中长期债券，期限多为 5 年至 15 年；浮动利率债券多为可转让的无记名债券。

除此以外，还有证券抵押信托公司债券、设备信托公司债券、偿债基金公司债券、分期偿还公司债券、附认股权证公司债券等。

3.1.4 我国债券的种类

美国拥有全球最大的债券市场。截至 2020 年年末，美国债券市场规模为 50.2 万亿美元，约占全球债券市场存量的 38%。中国债券市场规模约为 18 万亿美元，排名第二。中国发行的债券按发行主体不同，可以分为国债、地方政府债、金融债、公司债、央行票据（Central bank bill）、资产支持证券等几种，见表 3-5，其中同业存单、短期融资券等属于货币市场工具。中期票据和短期融资券是非金融企业债务融资工具，通常在银行间市场交易。银行票据是中央银行为调节商业银行超额准备金而向商业银行发行的债务凭证，其实质是中央银行债券，从已发行的央行票据来看，期限最短的 3 个月，最长的为 3 年。在中国实务中经常将债券划分为利率债和信用债两大类，利率债主要包括国债、地方政府债、政策性银行债和央行票据；信用债主要有企业债、公司债、中期票据、定向工具、国际机构债、政府支持机构债、可转债、可交换债、短期融资券、资产支持证券以及金融债。

表 3-5 展示了中国债券市场的余额结构。

表 3−5　中国按发行主体分类的债券规模（2021 年 12 月 31 日）

类别	发行主体	债券余额（亿元）	余额比重（%）
国债	财政部	230 141	17.65
地方政府债	财政部，试点省、市政府	302 996	23.24
央行票据	中国人民银行	150	0.01
同业存单	银行存款类金融机构	138 978	10.66
金融债	政策性银行、商业银行、非银行金融机构	305 213	23.41
企业债	具有法人资格的企业	22 356	1.71
公司债	股份有限公司	98 185	7.53
中期票据	具有法人资格的非金融企业	80 205	6.15
短期融资券	具有法人资格的非金融企业	23 559	1.81
定向工具	具有法人资格的非金融企业	23 104	1.77
国际机构债	国际机构	420	0.03
政府支持机构债	政府支持的金融机构或公司	18 595	1.43
资产支持证券	特定目的信托受托机构	51 176	3.93
可转债	上市公司	7 012	0.54
可交换债	上市公司股东	1 478	0.11
项目收益票据	项目公司	138	0.01
合计		1 303 706	100.00

数据来源：Wind 资讯。

从表 3−5 可以看出，在中国债券余额结构里面，占比第一的是地方政府债，地方政府债是从 2015 年开始发展，在 2015 年之前我国中央政府不允许地方政府进行举债，只能代发代还。2015 年之后，为了解决地方的财政问题以及隐形债务问题，开始发行了很多地方政府债，包括一般债券和专项债券。占比第二是国债，国债余额为 23 万亿元。高比例的国债余额不管是中国还是日本、欧洲都是比较普遍的。

【专栏 3−1】

熊猫债券

熊猫债券（Panda bonds）是指境外机构在华发行的以人民币计价的债券，是一种外国债券。境外发行人可根据需求，自行选择期限、规模及交易结构，可以公开或定向在中国银行间债券市场发行。熊猫债券具有低风险和回报稳定的特征，不仅为境外发行人拓宽融资、优化债务结构提供了新的渠道，也为境内外投资人合理配置资金、多元化人民币资产组合提供了更多选择。此外，对于在境内有业务基础和人民币使用需求的跨国企业集团，使用熊猫债进行融资可以降低币种错配，节约汇兑成本，减少汇率风险。

中国第一批熊猫债券于2005年10月正式发行，国际金融公司和亚洲开发银行获准在中国银行间债券市场分别发行11.3亿元和10亿元人民币债券。由于当时中国刚刚加入世界贸易组织，跨境交往能力和需求有限，且银行间债券市场处于起步阶段，尚不足以支撑熊猫债的大规模发展，熊猫债券的发展较为缓慢。

随着中国经济的持续快速发展，人民币国际化需求日益增多，在中国债券市场双向开放步伐不断加快的背景下，熊猫债发行量自2014年后呈现飞速增长态势。近年，熊猫债发行主体不断多元化，已覆盖政府类机构、国际开发机构、金融机构和非金融企业等多种类别，其中非金融企业主体最多。2019年，共有12家纯境外主体发行23支熊猫债，其中非金融企业发行主体的比例为77.5%。

熊猫债的推出，一是有利于促进人民币的跨境使用，提升人民币国际化水平；通过推动境外机构在境内人民币融资，改善中国国际收支平衡，增强人民币资本项目可兑换程度。二是有利于鼓励金融创新，丰富银行间市场产品种类，多元化发行人结构，提升金融市场对外开放水平，实现资本市场双向开放。三是有助于金融服务实体经济，助力“一带一路”建设，提升中国对外贸易与投资开放水平，进一步推进经济结构调整和转型升级。

资料来源：路透社，中国金融信息网等。

3.2 债券市场的功能和分类

债券市场是债券发行和交易的场所。根据功能划分，分为发行市场和流通市场。按组织形式划分，分为场内交易市场和场外交易市场。债券市场有以下几种功能。

（1）融资和投资功能

债券市场作为金融市场的重要组成部分，具有使资金从资金剩余者流向资金需求者，为资金不足者筹集资金的功能。而对投资者来说，债券市场提供了丰富的债券投资标的，有利于满足其多元化资产配置需要。

（2）资源配置功能

债券市场在宏观上还能优化资源的配置，效益好的企业发行的债券往往受投资者欢迎，发行时利率低，筹资成本较低；相反，那些效益差的企业发行的债券风险相对较大，不太受投资者欢迎，需要更高的风险溢价，相应筹资成本也较高。因此，通过债券市场定价，资金以合理的价格被分配到不同资质的需求者手中，从而有利于资源更加合理地得到配置。

（3）宏观调控功能

作为国家货币政策的制定与实施部门，中央银行主要依靠公开市场业务、存款准备金、再贴现和再贷款、利率政策、常备借贷便利、中期借贷便利、抵押补充贷款、定向中期借贷便利等货币政策工具进行宏观经济调控。

(4) 提供市场基准利率的功能

一般来说，在比较健全的金融市场上，只有那些信誉高、流通性强的金融产品的利率才能成为基准利率，比如国债利率，通常被视为是无风险利率，国债流动性高、开放性强、价格发现机制成熟，可作为其他资产和衍生工具进行定价的基准。

(5) 防范金融风险的功能

一个较为完备的债券市场可有效降低该国金融系统的风险。金融债的发行极大地补充了银行的附属资本，尤其是通过次级债券的发行，银行不仅获得了稳定的资金来源，而且在股东之外还增加了债权人的约束，这样有利于银行的稳健运作。而且债券市场是一个投资者的行为高度市场化的市场，如果企业债务不偿付，会导致债权人“用脚投票”，有效地遏制了企业的无度融资，还会迅速导致公司在投资者群体中的名誉大损，这种惩罚自动扩散到整个市场和社会，给公司造成重大影响。

3.2.1　债券的发行市场

债券发行市场也叫一级市场，主要由发行者、认购者和委托承销机构组成。只要具备发行资格，不管是国家、政府机构和金融机构，还是公司、企业和其他法人，都可以通过发行债券来募集资金。认购者即投资者，主要有社会公众团体、企事业法人、证券经营机构、非营利性机构、外国企事业机构和家庭或个人。委托承销机构即代发行人办理债券发行和销售业务的中介人，主要有投资银行、证券公司、商业银行和信托投资公司等。从不同的角度划分，债券的发行方式有多种。

(1) 直接发行与间接发行

直接发行是由发行人自己办理有关债券发行的一切手续，并直接向购券者发售债券的一种形式。直接发行由于没有中介人介入，因而不必向代理机构支付代理发行或承包发行的费用。但直接发行可能会导致发行成本增加甚至发行失败。直接发行适用于小规模债券或私募债券的发行。

间接发行又叫委托发行，是指发行人委托金融中介机构，如投资银行、证券公司、投资公司等代理发行事务的债券发行方式。充当债券承销的中介机构称为承销商，承销商承销债券的方式有三种，即代销方式、全额包销方式和余额包销方式。

①代销，是指债券发行人委托承销商代为向投资者推销债券，并根据债券销售额收取一定比例的手续费。这种发行方式要求承销商在发行期内按合同约定的条件销售债券，但到发行截止日期，若有未销出余额，全部退给发行主体，代销者不承担任何风险与责任，因此，代销方式也有不如人意的地方：不能保证按当时的供求情况形成合理的发行条件；推销效率难尽人意；发行期较长，因为有预约推销期的限制。

所以，代销发行仅适用于证券市场不发达、金融市场秩序不良、机构投资者缺乏承销条件和积极性的情况。另外，有些信誉卓著的大公司也采用代销发行方式，这是因为其债券不会有销售困难，采用代销，费用较低。

②全额包销也称承包发行，是由承销商向发行人支付全部债券的款项，承购发行人所发行的全部债券，然后再按市场价格向社会公众发售的承销方式。承销过程中的一切

费用和风险都由承销商承担。这种总额承购包销方式又根据不同标准分为银团承销、俱乐部承销和协议承销。银团承销是发行债券中最常见的一种承销形式，即由一个承销机构牵头，若干个承销机构参与包销活动并根据包销份额核定包销费用率，所有参加承销的机构组成银团，各负其责，对于降低发行成本和减少承销风险都有利。俱乐部承销是由若干承销机构合作包销，每个承销公司获得的包销费、包销份额和承担的包销风险都平均分摊，其声势要小于银团承销。协议承销是由一个承销机构包销发行人的全部债券，发行风险由该承销机构独立承担，采用这种承销方式时，应注意发债额度和承销人的实力。

③余额包销是承销期结束时，将售后剩余债券全部自行购入的承销方式。这种方式的发行需要有较严格的手续，合同各项条款必须明确。采用余额包销方式发行债券时，承销商只承担部分风险，发行人可以按计划筹得全部资金，因此余额包销方式在债券发行过程中采用得较多。

相比代销方式，在全额包销和余额包销中，发行人要支付较高的发行费用，但可以较快、可靠地获取资金。

（2）公募发行与私募发行

无论是私募发行（Private placement）还是公募发行，发行人都可以直接面向投资者销售或通过中介机构向投资者销售。

私募发行指面向少数特定的投资者发行债券，一般以少数关系密切的单位和个人为发行对象，不对所有的投资者公开出售，其发行和转让均有一定的局限性。具体发行对象有两类：一类是机构投资者，如大的金融机构或是与发行者有密切业务往来的企业等；另一类是个人投资者，如发行单位自己的职工，或是使用发行单位产品的用户等。私募发行一般多采取直接销售的方式，不经过证券发行中介机构，不必向证券管理机关办理发行注册手续，可以节省承销费用和注册费用，信息披露程度要求低，手续比较简便。但是私募债券（Private placement bond）不能公开上市，流动性差，利率比公募债券高，发行数额一般不大。

公募发行也称公开发行，是指公开向广泛不特定的投资者发行债券。公募债券发行者必须向证券管理机关办理发行注册手续。由于发行数额一般较大，通常要委托证券公司等中介机构承销。公募发行的发行过程比较复杂且登记核准所需要的时间较长，发行费用也比较高。公募债券信用度高，可以上市转让，因而发行利率一般比私募债券利率为低。

3.2.2 国债的发行方式

国际上国债发行通常采用拍卖的方式。拍卖又叫招标，指以竞价进行的买卖和交易方式。若财政部要发行国债，财政部需要先确定发行债券的规模（计划发行规模）以及招标规则，然后参与招标的机构根据自身情况报出投标价格和投标量，最后财政部根据此前约定好的招标规则，确定中标价格和各个机构的中标量，从而完成国债发行定价。

投标时，如果金融机构是以价格的形式报价，就是价格招标；如果是以利率的形式报价，就是利率招标。在中国，国债公开招标的标的有利率、利差、价格和数量。现在常用的招标规则有荷兰式招标（Dutch bidding）、美国式招标（American bidding）和混合式招标（Hybrid bidding）三种。不同的招标规则，得到的债券发行价格（票面利率）会有明显的差别，投资者投标的收益率也会有很大的差异。美国国债拍卖大多采用荷兰式招标。中国债券市场上，10 年期以上的国债，政策性金融债等利率债和部分信用债品种使用荷兰式招标；10 年以下国债使用混合式招标；美国式招标使用较少，2016 年之前短期国债使用美国式招标，2016 年改革后不再使用。现以价格招标为例分别说明三种招标方式的区别。

（1）荷兰式招标（单一价格招标）

在荷兰式招标规则下，发行人将投标人的报价从高到低排序，然后按价格顺序将投标数量累加，直到能够满足计划发行规模为止。在这个满足节点上的价格称为中标价格，报价高于或等于中标价格的投资者中标，所有中标的投资者均按中标价格认购相应的规模。

（2）美国式招标（多重价格招标）

美国式招标规则和荷兰式招标类似，都是按价格自高到低排列，累计投标量达到计划发行规模为止，高于或等于该节点价格的机构中标。但不同在于：第一，美国式招标要求每个中标者都按自己的报价认购债券；第二，中标价格不是某个机构的报价，而是所有中标者的加权平均价格。

（3）混合式招标（修正后的多重价格招标）

混合式招标综合考虑了荷兰式与美国式两种规则，相较前两者更复杂，目前在中国多用于 10 年期以下国债的发行。它也是按价格从高到低排列，累计投标量达到计划发行规模为止，筛选出中标机构。它的中标价格也是所有中标机构的加权值。但不同的是，如果中标机构的报价高于加权中标价格，那么就按加权价格支付，如果报价低于加权中标价格，则按自己的报价支付。

我国从 2004 年开始，财政部在记账式国债的招标中采取混合式招标的方式。目前结合承销团制度，该招标模式已经成为国债发行的主流模式。在此之前，中国采用的是行政推销和承购包销的发行模式。另外，中国国债发行还存在一些特定的模式。定向发售方式是指财政部直接向特定投资者发行国债的方式，例如向养老保险基金、失业保险基金、金融机构等特定机构发售国家建设债券、财政债券、特种国债等国债品种。另外，我国国债发行方式还有柜台发行方式。商业银行柜台债券市场债券发行通常与银行间市场同步进行，一般根据银行间债券市场招标定价结果确定发行价格，承销商成员进行承购和分销。其中关键期限记账式国债在银行间市场与柜台同时分销，由承销商使用在银行间债券市场自营中标的额度进行柜台分销；储蓄国债仅在柜台发行，由发行人单独确定发行价格。表 3—6 总结了我国普通国债各品种的发行方式。

表 3-6 中国普通国债各品种发行方式

国债品种		主要发行方式
记账式国债	贴现国债	竞争性招标
	附息国债	
储蓄国债	电子式储蓄国债	承购包销或代销
	凭证式国债	

资料来源：中国人民银行，财政部。

【例 3-1】假设财政部计划发行 100 亿的国债，有 A、B、C、D 四家机构参与招标。A 报价 105 元，投标量 20 亿；B 报价 103 元，投标量 30 亿；C 报价 102 元，投标量 60 亿；D 报价 100 元，投标量 10 亿。按照荷兰式招标、美国式招标和混合式招标三种规则，中标的价格和规模分别是多少?

【解析】按照荷兰式招标规则，价格自上而下排序，可以发现到 102 元，投标数量总和达到计划发行规模 100 亿，所以中标价格为 102 元。报价高于或等于 102 元的机构属于中标机构，即 A、B、C 三家可以以 102 元的价格认购本期发行的国债。认购规模上，由于 A 和 B 的报价更高，所以先要满足他们的投标量 50 亿，剩余的 50 亿再分给报价更低的 C 机构。

在美国式招标的规则下，依然是 A、B、C 三家机构中标，A、B、C 三家机构可以分别按照各自的报价 105 元、103 元和 102 元认购本期发行的国债。但债券的中标价格此时变成了 A、B、C 三家中标机构报价的加权平均价（105×20+103×30+102×50）/100=102.9 元。

在混合式招标的规则下，加权中标价格为 102.9 元，A 和 B 的报价分别为 105 元和 103 元，都要高于加权中标价格，所以直接按加权价格认购 20 亿和 30 亿的国债。C 的报价 102 元，要低于加权中标价格，可以直接以 102 元的报价来认购债券。

3.2.3 债券的流通市场

债券流通市场，又称债券二级市场，指已发行债券买卖转让的市场。债券一经认购，即确立了一定期限的债权债务关系，但通过债券流通市场，投资者可以转让债权或把债券变现。债券发行市场和流通市场相辅相成，是互相依存的整体。

（1）债券的交易场所

根据市场组织形式，债券流通市场可进一步分为场内交易市场（证券交易所）和场外交易市场（柜台市场）。

①场内交易市场。

在证券交易所内买卖债券所形成的市场，就是场内交易市场，如我国的上海证券交易所和深圳证券交易所，这种市场组织形式是债券流通市场的较为规范的形式，交易所作为债券交易的组织者，本身不参与债券的买卖和价格的决定，只是为债券买卖双方创造条件，提供服务，并进行监管。交易所市场的投资者既包括机构投资者，也包括个人投资者。个人投资者未成合格投资者之前，只能参与交易所的少数债券。

“场内交易”则是指在沪深证券交易所中通过“集中竞价”的方式进行的买卖报价与点击成交。“集中竞价”就是买家卖家都在一起争相出价，谁出的价格好，谁出价格的时间早，谁就优先成交。

②场外交易市场。

“场外交易”是指除了在场内以集中竞价的方式成交的交易，其特点是你得先找到潜在的交易对手，然后双方进行谈判、磋商，达成交易意向，然后再按照双方已经约定好的要素，在相应的系统之中提交报价进行成交。场外交易的另一个特点是交易数额相对较大。

许多证券经营机构都设有专门的证券柜台，通过柜台进行债券买卖。在柜台交易市场中，证券经营机构既是交易的组织者，又是交易的参与者。银行间债券市场是最典型的场外市场，该市场是在全国银行间同业拆借中心的基础上建立起来的，它的监管单位是中国人民银行。银行间债券市场的参与主体为商业银行、农村信用联社、保险公司、证券公司等金融机构，而交易所债券市场则包括机构投资者和个人投资者。大部分记账式国债、政策性金融债券都在银行间该市场发行并上市交易；交易所市场则以企业债为主，此外还有可转债以及可交债等特殊债券。

此外，有些交易仍然是在交易所平台完成的，但却也属于场外交易，具体是指“上交所固收平台”“上交所大宗交易”和“深交所大宗交易”三种方式进行的交易。

目前，中国债券流通市场由三部分组成，即沪深证券交易所市场、银行间交易市场和证券经营机构柜台交易市场。银行间市场已经成为中国债券市场的主体部分，规模占比接近 90%。

（2）债券的转让价格

债券转让价格是指已在发行市场上发行，但尚未到偿还期限的债券在二级市场上不同投资人之间买卖、转让的价格，即在市场上的交易价格。债券的交易价格又称债券行市，是波动不定的，但其波动的基础是债券的理论价格。

第一，债券的理论价格。

债券估值用于计算债券的理论价格，债券的理论价格是指债券未来现金流入量的现值，即债券各期利息收入的现值加上债券到期偿还本金的现值之和。

①零息债券的价值。

零息债券不支付利息，到期按债券面值偿还，债券发行价格与面值之间的差额就是投资者的利息收入。由于面值是投资者未来唯一的现金流，所以零息债券的价值计算公式为：

$$P = \frac{F}{(1+i)^t}$$

其中，P 为零息债券的价值，F 为面值或终值，i 为市场利率也称贴现率，t 为债券到期时间。

②固定息票债券的价值。

以固定利率的每半年支付一次利息的息票债券为例，投资者不仅可以在债券期满时收回本金（面值），而且可以定期获得固定的利息收入。所以投资者未来的现金流包括两部分：本金和利息。半年付息债券的计算公式为：

$$P=\frac{C/2}{(1+i)}+\frac{C/2}{(1+i)^2}+\frac{C/2}{(1+i)^3}+\cdots+\frac{C/2}{(1+i)^{2n}}+\frac{F}{(1+i)^{2n}}$$

其中，P 为半年付息债券的价值，C 为年息票利息（一般等于票面利率与面值的乘积），F 为面值，i 为半年市场利率，n 为距离到期日年数。

运用上述公式计算债券的价格时需要注意贴现率（市场利率）与票面利率不同。票面利率是指发行债券时规定应付的并直接在债券票面上载明的利率，而贴现率 i 是投资者按理论价格购买该债券时的最终收益率（最终收益率是投资者将债券持有到期满时的收益率）。在现实生活中，贴现率的确定有以下几种标准。

在现实生活中，贴现率的确定通常以投资者希望获得的预期最低投资报酬率为标准。有些教材也称必要收益率或要求收益率，表述有差异，但含义相同。必要收益率主要由三部分组成：实际无风险收益率、预期通货膨胀率以及债券的风险溢价。

实际无风险收益率和预期通货膨胀率是由外部因素决定的，两者大约等于无风险收益率。债券的风险溢价是由债券投资中的各种风险因素共同决定的。债券投资者一般将承担利率风险、购买力风险、流动性风险、信用风险和赎回风险等多种风险，这些风险都应最终体现在必要收益率中。未来确定债券的必要收益率，除了考虑物价水平等外部因素外，还需要考虑债券自身特性和发行人的资信情况，如债券的类型、偿还期、可赎回性和评级等。具体而言，债券的风险溢价主要体现了信用风险、流动性风险和赎回风险，而无风险收益率则考虑了利率风险和购买力风险。

此外，贴现率的确定也可以通过市场利率为准备和以企业平均资本成本率为标准等方法。

需要指出的是，通过上述公式计算出来的价格只是债券的理论价格。债券的实际转让价格要受到市场供求状况等诸多因素的影响，因而波动不定，难以确切计算。债券的实际转让价格围绕着债券的理论价格上下波动，并且由于债券的终值是固定的（浮动利率债券除外），因此实际转让价格偏离理论价格的范围也是有限的。

第二，债券的实际价格及其影响因素。

影响债券转让价格的主要因素有以下几方面。

①市场利率。许多因素会影响债券的转让价格，其中较重要的是市场利率水平。由于市场利率会不断变化，债券在市场上的转让价格将随市场利率的升降而上下波动。债券的市场价格与市场利率呈反方向变动。

②经济发展情况。经济发展情况的好坏，对债券市场行情有较大的影响。当经济发展呈上升趋势时，生产对资金的需求量较大，投资需求上升，债券发行（供给）量增加，市场利率上升，由此推动债券价格下降；当经济发展不景气，生产过剩时，生产企业对资金的需求急剧下降，债券发行减少，市场利率下降，债券价格随之上涨。

③物价水平。物价的涨跌会引起债券价格的变动。当物价上涨的速度较快时，人们出于保值的考虑，纷纷将资金投资于房地产或其他可以保值的物品，债券供过于求，从而会引起债券价格的下跌。

④财政收支状况。财政部门是债券市场上的重要投资者和发行者。当财政部门有盈余时，可能买进一些债券，而且减少债券的发行，这会促进债券价格的上升。当财政处于赤字或短暂性的收不抵支时，可以通过发行政府债券而取得收支平衡，这会使得债券价格下降。

⑤货币政策。央行在债券市场上进行公开市场操作会直接影响债券的供求状况。为调节货币供应量，中央银行于信用扩张时在市场上抛售债券，这时债券价格就会下跌；而当信用萎缩时，中央银行又从市场上买进债券，这时债券价格则会上涨。

⑥发行方信用。如果发行人出现经营风险，可能无法如期偿还债券本息时，导致债券价格出现大幅下跌。

⑦债券的市场性。债券的市场性通常用买卖金额、交易次数、价格的稳定性来表示。市场性高的债券，其投资者资金比较安全，在投资者需要现金时也容易脱手转卖，这种债券价格可能高一些。市场性低的债券价格可能低一些。

⑧汇率。当某种外汇升值时，就会吸引投资者购买以该种外汇标值的债券，使债券价格上涨；反之，当某种外汇贬值时，人们纷纷抛出以该种外汇标值的债券，债券价格就会下跌。

【专栏 3—2】

中国首次发行负利率主权债券

2020 年 11 月 18 日，中华人民共和国财政部顺利发行 40 亿欧元主权债券。其中，5 年期 7.5 亿欧元债券票息为 0%，收益率为−0.152%，首次实现负利率发行。此次债券发行得到了国际投资者的踊跃认购，订单规模达到发行量的 4.5 倍，投资者群体丰富，涵盖央行、主权基金、超主权类及养老金、资管和银行等，欧洲投资者最终投资比例高达 72%。

投资者为何会接受负利率的债券？首先，中国主权债券能够给国际投资者带来更高的收益率。此次中国主权债券虽然是负利率，但相对其他欧元主权债券来说，其实际利率水平有着比较明显的优势，比如 11 月 18 日德国 5 年期国债收益率为−0.76%，中国国债与之相比显然收益更高。近些年来，为了应对经济不断下行的压力，许多国家采取了宽松的货币政策。负利率是一种近年来才出现的、非常规的货币政策工具，目前包括欧洲在内的不少国家都已经步入了负利率时代。其次，中国的主权债券对国外投资者来说安全，投资风险比较小。标准普尔全球评级和惠誉国际评级均授予此次中国发行的欧元主权债券“A+”评级，与中国“A+”主权评级一致。国际投资者抢购中国主权债券，实际上也反映了他们看好中国经济前景、对中国经济更有信心。此外，投资者预期未来利率将进一步下行，未来债券价格将会上升。

资料来源：人民网，中国金融信息网。

3.3 债券的信用评级

3.3.1 债券信用评级的定义及作用

债券信用评级（Bond ratings），又称资信评级，是由专门的信用评估机构，根据历史数据，综合考虑发行人偿债意愿、偿债能力以及增信措施有效性之后，对某一特定债券按期还本付息的可靠程度进行评估，并标示其信用程度的等级。债券信用评级能在一定程度上解决信息不对称问题、提高透明度、用作通用的参考基准、表达信用质量，从而提高债券市场的效率。

债券信用评级的重要作用是方便投资者进行债券投资决策。如果发行者到期不能偿还本息，投资者就会蒙受损失。发行者不能偿还本息是投资债券的最大风险，称为信用风险。债券的信用风险因发行者偿还能力不同而有所差异，对广大投资者尤其是中小投资者来说，由于受时间、知识和信息的限制，无法对众多债券进行分析和选择，由此需要专业机构对发行人按时足额偿还债务之可能性的专业意见。信用评级并非一项保证或绝对的指标，但却是投资者决策过程中至关重要的工具。

债券信用评级的另一个重要作用是减少信誉高的发行人的筹资成本。一般说来，资信等级越高的债券，越容易得到投资者的信任，能够以较低的利率出售；而资信等级低的债券，风险较大，只能以较高的利率发行。

3.3.2 债券信用评级机构

债券发行中的信用评级工作专业性极强，只能由具备特殊资质的、独立的第三方机构——资信评级机构来执行。在西方国家，债券评级机构一般都是私营企业，其经营不受政府的干预，但要得到政府认可的债券评级资格。国际资本市场上的三大信用评级机构分别是穆迪（Moody's）、标准普尔（Standard & Poor's）及惠誉国际（Fitch Rating）。由于它们占有详尽的资料，采用先进科学的分析技术，又有丰富的实践经验和大量专门人才，因此它们所做出的信用评级具有很高的权威性，能得到投资者的信任并为证券发行人所接受。

从实践来看，许多国家和地区债券的发行人在发债时通常都会委托两家评级公司同时评级。从国际经验来看，在一定范围内实施双评级制度，对促进国内评级行业有序竞争，推动债券市场健康发展起到了重要作用。若发行人对信用评级结果有异议且向信用评级机构提供充分、有效的补充材料的，可以在约定时间内申请复评一次。但如果债券发行人接受该评级结果，债券评级机构将有权向投资者公布其评估结果和资料，并且在所发行的债券得到完全清偿前有责任定期或随时对债券发行人进行审查，如发行人的偿债情况发生变化，债券评级机构将对其债券降级或升级，并向投资人公布。同时，评级机构对发行人提供的资料要绝对保密。值得注意的是，债券评级只是对发行人发行该项债券还本付息能力的评定，并非直接向投资者说明这项投资是否适合，更不是对购买、销售或持有某种债券的推荐。

中国信用评级业起步较晚，目前活跃在债券市场的评级机构有中诚信、联合资信、联合信用、大公国际、上海新世纪、东方金诚、中证鹏元、远东资信、标普信用（中国）和惠誉博华等 10 家。

我国《信用评级业管理暂行办法》规定：信用评级机构从事信用评级业务应当遵循独立、客观、公正和审慎性原则，勤勉尽责，诚信经营，不得损害国家利益、社会公共利益和市场主体合法权益。信用评级机构从事评级业务，应当遵循一致性原则，对同一类对象评级，或者对同一评级对象跟踪评级，应当采用一致的评级标准和工作程序。

3.3.3 债券的评定等级

信用评级机构从偿债能力、经营能力、获利能力、履约情况、企业素质、发展前景等方面进行评估，并标示其信用程度的等级。具体来说，偿债能力包括资产负债率、流动比率、速动比率、现金流等；经营能力包括销售收入增长率、流动资产周转次数、应收账款周转率、存货周转率等；获利能力包括资本金利润率、成本费用利润率、销售利润率、总资产利润率等；履约情况包括贷款到期偿还率、贷款利息偿还率等；发展前景包括宏观经济形势、行业产业政策对企业的影响；行业特征、市场需求对企业的影响；企业成长性和抗风险能力等。

根据《证券市场资信评级业务管理暂行办法》，中国证券监督管理委员会（以下简称“证监会”）没有对资信评级机构信用等级划分及定义制定统一的标准，但是要求证券评级机构应当自取得证券评级业务许可之日起 20 日内，将其信用等级划分及定义、评级方法、评级程序报中国证券业协会备案，并通过中国证券业协会网站、证监会网站及其他公众媒体向社会公告。

不同评级机构对主体、债项信用等级的划分大致相同，但在等级的细分度、具体评级意义方面略有差异。评级机构一般将公司债券按照中长期债券来划分其信用等级，以中诚信国际信用评级有限责任公司的评级符号为例，中长期债券信用评级划分为三等九级：AAA、AA、A、BBB、BB、B、CCC、CC、C，除 AAA 级，CCC 级以下等级之外，每个级别可用“+”或“－”符号进行微调，表示略高或略低于本等级。信用等级符号及其含义如下：

AAA 级表示偿还债务的能力极强，基本不受不利经济环境的影响，违约风险极低。

AA 级表示偿还债务的能力很强，受不利经济环境的影响不大，违约风险很低。

A 级表示偿还债务能力较强，较易受不利经济环境的影响，违约风险较低。

BBB 级表示偿还债务能力一般，受不利经济环境影响较大，违约风险较高。

BB 级表示偿还债务能力较弱，受不利经济环境影响很大，违约风险很高。

B 级表示偿还债务的能力较大地依赖于良好的经济环境，违约风险极高。

CCC 级表示存在重大风险和不稳定性，偿债能力很弱。

CC 级表示在破产或重组时可获得的保护较小，基本不能保证偿还债务。

C级表示面临破产，不能偿还债务。

一般来说，在其他条件相同的情况下，信用等级越低，债券的违约风险越高。但应注意，评级只是对债券未来偿付概率的预测，信用等级会随着发债主体偿债意愿和能力、增信措施有效性的变化而动态调整，并非是一成不变的。既然评级是一种概率预测，那么也就不是100%的必然对应关系，具体到某一只债券而言，高评级的债券也有可能会发生违约，低评级的债券也有可能不发生违约。另外，中国评级行业尽管取得了长足的发展，但发展时间仍然较短，行业的声誉资本、内部约束还没有完全建立起来，评级技术和方法也还不完善，违约的历史数据对现实和将来的参考意义有待提高。因此，对于债券和发行人的信用评级，要客观、全面地看待，评级固然是标识债券风险的一把尺子，但不宜完全依赖于评级来判断债券风险。

根据穆迪的报告《1970—2018年美国市政债券违约和回收情况》，截至2018年年底，过去48年美国公司债券的违约率1.74%，市政债券违约率为0.18%。自2014年中国首只公募债券违约以来，中国违约债券数量不断增加，但相较于穆迪全球和标普全球来讲，中国违约率水平仍然较低。中国在2018—2020年违约高峰时期的违约率维持在1.1%上下，同时期全球违约率平均在2%上下。2021年以来，中国和全球违约率均有所下降，但中国仍然低于全球水平。

【专栏3—3】

债券市场信用评级新规密集出台——压实“看门人”责任

我国债券市场经过40多年的发展，取得了长足进步，自2016年起，我国债券市场绝对规模已稳居世界第二。随着中国债券市场规模快速扩张、刚性兑付打破、违约风险逐步释放、金融市场开放进程加快和防范金融风险要求提高，信用评级越来越成为金融市场平稳发展的重要基础。

据中诚信国际债券违约数据库统计，2012—2021年，累计已有约233家企业、715只债券发生违约，涉及金额6144亿元左右。随着债券违约常态化，投资者更加注重评级结果的准确性和一致性。此外，信用评级对内对外开放进程加快也对国内评级质量提出了更高要求。

在长期以来，我国信用评级主要采用发行人付费模式，信用评级机构与债券发行人之间形成了利益捆绑，付费模式存在利益冲突成为评级行业问题的根源之一，直接影响债券风险定价，造成了信用评级虚高、评级区分度不足、事前预警功能弱等问题，制约了我国债券市场的健康发展。

在此背景下，监管机构发布系列政策大力推动评级行业改革。2021年，人民银行等五部门联合发布了《关于促进债券市场信用评级行业健康发展的通知》，强调要加强评级方法体系建设，提升评级质量和区分度；鼓励开展主动评级、投资人付费评级并披露评级结果，发挥双评级、多评级以及不同模式评级的交叉验证作用。2022年以来，《关于推进社会信用体系建设高质量发展促进形成新发展格局的意见》（以下简称《社会信用体系建设意见》）等一系列重要政策文件就进一步强化系统性风险防范、健全基础设施建设等作出了重要部署。《社会信用体系建设意见》明确提出，要进一步发挥信用对提高资源配置效率、降低制度性交易成本的重要作用，以坚实的信用基础促进金融服务实体经济。近期，中国人民银行营业管理部印发《全面推动北京征信体系高质量发展促进形成新发展格局行动方案》，进一步明确了推进信用评级跨境业务发展及试点落地双评级、多评级制度。

评级新规的发布对市场主体行为的引导作用已经凸显出来。各家评级机构普遍对评级方法体系进行优化升级，级别上调大幅减少，评级机构通过调降评级揭示信用风险的频次有所增加。

资料来源：中国经济周刊。

【本章小结】

债券市场是金融市场的重要子市场之一。债券的构成要素有票面价值、到期期限、票面利率、发行人名称等，其具有偿还性、流动性、安全性和收益性等特征。

债券的种类繁多，根据发行主体的不同，债券可以分为：政府债券（发行主体是政府）、公司债券（发行主体是公司）、金融债券（发行主体是银行或者非银行金融机构），而各类债券根据其要素组合的不同又可细分为不同的种类。

债券市场包括发行市场和流通市场两个部分，其中流通市场由证券交易所市场与场外交易市场组成。在中国，债券交易市场以银行间债券市场为主。

信用评级是债券市场的重要基础性制度安排。

【关键概念】

票面价值（Face value）　到期期限（Maturity）　票面利率（Coupon rate）　国债（Government bond）　记账式国债（Book－entry treasury bond）　储蓄国债（Saving bond）　政府机构债券（Agency bond）　地方政府债券（Local government bond）　金融债券（Financial bond）　公司债券（Corporate bond）　私募债券（Private placement bond）　荷兰式招标（Dutch bidding）　美国式招标（American bidding）

【思考与练习】

一、判断题

1. 按照我国公司债券发行的相关法律规定，公司债券的公募发行可以采取直接或间接发行方式。（　）
2. 债券的票面价值包含币种、利率两个要素。（　）
3. 债券因有期限，一般流动性不如股票。（　）
4. 债券的发行利率或票面利率等于投资债券的实际收益率。（　）
5. 信用评级与债券发行人按期还本付息的可靠性程度无关。（　）

二、选择题

1. 【多选】私募发行的优点为（　　）。

A. 手续简便　　B. 筹资迅速

C. 流动性强　　D. 推销费用低

2. 【多选】我国国债公开招标的标的为（　　）。

A. 利率　　B. 利差　　C. 价格　　D. 数量

3. 【单选】债券信用评级的主要内容有（　　）。

①企业素质、经营能力、获利能力

②发展前景、履约情况、募集资金投向

③偿债能力、履约情况、发展前景

④公司治理、偿债意愿、市场估值

A. ①②　　B. ②④　　C. ①②④　　D. ①③

4. 【单选】根据发行主体不同，我国债券可分为（　　）。

①政府债券 ②金融债券 ③建设债券 ④公司债券

A. ①④　　B. ②③　　C. ①②④　　D. ②③④

5. 【单选】我国债券市场的主体是（　　）。

A. 银行间债券市场　　B. 银行柜台市场

C. 交易所市场　　D. 对外债券市场

三、简答题

1. 债券信用评级意义是什么？

2. 简述债券公募发行的优点。

四、论述题

1. 试述我国债券流通市场的交易方式。

2. 所有公司都能公开发行公司债券吗？

推荐阅读材料、网站

1. 上证债券信息网，http://bond.sse.com.cn/home/，该网站提供中国上海证券交易所市场的债券信息，包括债券品种、发行信息、行情数据等。

2. 中国债券信息网，https://www.chinabond.com.cn/，该网站是中国国债市场的官方信息平台，提供中国债券市场的最新信息，包括债券发行、交易、拍卖等。

3. 和讯债券，http://bond.hexun.com，该网站提供中国债券市场的最新情况，包括国内外债券市场的行情、债券种类和发行情况等。

4. 中国地方政府债券信息公开平台，http://www.celma.org.cn/，该网站提供中国地方政府债券信息的公开透明平台，包括债券发行、交易和持有人信息等。

5. 中国金融信息网，https://www.cnfin.com/bond/index.html，该网站提供中国债券市场的最新动态和分析报道，包括政府债券、企业债券、可转换债券等债券品种的市场信息。

6. 中华人民共和国财政部，http://www.mof.gov.cn/index.htm，该网站可查询

政府债券发行和管理方面的最新政策和信息。

7. 专项债券信息网，https://www.zhuanxiangzhaiquan.com/，该网站可查询专项债券发行计划、债券品种、发行信息等。

8. 企业信用评级研究管窥，蒋贤锋，刘斌，中国人民银行工作论文，2022 年 1 月 20 日。

第 4 章　股票市场

【本章提要】

股票是证券市场的基本工具，同时，股票市场也是衡量企业业绩和经济发展的重要指标之一。本章将会介绍股票的基本概念、特点和种类；股票的发行市场与流通市场；股票的价格种类及其影响因素等内容。

【学习目标】

1. 了解股票的定义、特点和分类，掌握股票发行和交易的基本流程和方式。

2. 理解股票市场的主要参与者，包括投资者、公司、证券交易所和监管机构等，以及它们在股票市场中的角色和职责。

3. 掌握股票价格的种类。

4. 理解影响股票价格变动的因素。

【重点难点】

本章重点：股票市场的组织结构、运行机制与实际作用。

本章难点：中国股票市场的地位、作用、存在的问题以及发展趋势。

【案例链接】

有趣的前缀

股票代码前缀是股票市场中的基本标识之一，它可以告诉投资者该股票所在的交易所或者公司特殊的情况。下面给大家介绍几种常见的股票代码前缀。

A 股是指在中国内地上市交易的股票，主要有主板、中小板、创业板和科创板 4 种不同的股票板块。在上海证券交易所上市的股票，其代码通常以“600”“601”“603”“688”开头；在深圳证券交易所上市的股票，其代码通常以“000”“001”“002”“300”等数字开头。其中，“002”是中小板，“300”是创业板，“688”是科创板，其他则为主板。

主板是中国 A 股市场上最早的板块，其股票具有较高的市值和较强的市场竞争力，一般是规模较大、盈利能力较强的企业股票。中小板成立于 2004 年，旨在为具有成长性、创新性和中等规模的企业提供融资平台，其股票规模和盈利能力相对较小。创业板成立于 2009 年，旨在为具有成长性、创新性和高风险的企业提供融资平台。创业板对企业的盈利能力、财务状况和经营业绩的要求相对较低，注重企业的创新能力和发展潜力。科创板成立于 2019 年，是中国 A 股市场上最新的板块，旨在为具有高成长性、高技术含量、高研发投入的科技企业提供融资平台。

A 股市场中还有一些有趣的前缀，比如 ST（Special Treatment，特别处理）。当一家上市公司连续两年亏损并且退市风险较大时，其股票代码前缀会被改为 ST。

B 股是指在中国境外发行、面向外资和境外人士流通的股票，也叫作外资股。B 股的股票代码前缀为“200”。

在实务中，为了区分不同地区、不同市场的股票，有时候会使用地区首字母作为前缀，以方便投资者和交易所进行识别和分类。常见的包括：H 股是指注册地在内地、上市地在香港（Hong Kong）的中资企业股票，S 股是指注册地在中国大陆、主要生产或者经营等核心业务也在中国大陆，而在新加坡（Singapore）的交易所上市挂牌的企业股票，N 股是指注册地在中国大陆，在纽约（New York）上市的外资股。此外，在我国 A 股市场中，当股票名称前出现了 N 字，表示这只股是当日新上市的股票，字母 N 是英语 New（新）的缩写。股票前存在 C 标志是指该只股票是上市第 2—5 日的股票。我国 A 股实施注册制后新股上市前 5 个交易日是没有涨跌幅限制的，从其上市第 6 个交易日开始实施涨跌幅限制，主板涨跌幅限制是 10%，创业板、科创板涨跌幅限制是 20%。

资料来源：根据网络公开资源整理。

了解股票代码的含义和规律可以帮助投资者更好地进行投资。本章将系统讲解股票的常见分类、股票发行程序及股票交易原则，可以帮助大家更好地了解和把握股票市场的运作机制。

4.1　股票概述

4.1.1　股票的概念

股票是一种有价证券，是股份有限公司（Joint stock company）为筹集资金而发行给股东作为持股凭证的证券。持有股票的投资者称为股东，股票代表着投资者在公司中的所有权利和权益，主要包括以下内容。

（1）剩余索取权

剩余索取权指的是股东有权分享公司的剩余价值，即公司经营所得的净利润或剩余资产在清算时的分配权。股东享有优先权，在公司清算或破产时，优先获得公司的剩余价值。

（2）剩余控制权

剩余控制权指的是股东有权控制公司的决策和管理，包括选举董事、审计、分配股息等。股东通过董事会、股东大会等机制行使这些权利，影响公司的战略和运营。

（3）投票权

股东有权在公司股东大会上投票表决，包括选举董事、审计、修改公司章程、制定利润分配政策等。

（4）股息权

股东有权获得公司分配的股息，股息是公司从营业收入中所支付给股东的收益，通常以每股股票的固定金额或百分比表示。

（5）财产分配权

股东有权在公司分配剩余财产时获得相应的分配，如公司进行资产清算或破产时，股东可以按照其持股比例获得相应的分配。

股东的剩余控制权和剩余索取权是相互关联的。股东可以通过掌握剩余控制权来最大化剩余索取权，例如投票选举高管团队和制定利润分配政策等，而剩余索取权的实现也依赖于公司良好的经营管理和增长前景。此外，需要注意的是，股东的权益受到公司法律和公司章程的限制，其范围和限制取决于公司的法律和章程。例如，少数股东可能无法影响公司的决策和管理，因为他们所持有的股份不足以影响投票结果。此外，公司也可能通过发行不同类别的股票，给予不同的股东不同的控制和索取权利。

【专栏 4－1】

为什么是股份有限公司发行股票？

根据《首次公开发行股票并上市管理办法》，发行人应当是依法设立且合法存续的股份有限公司（Joint stock company）。一般而言，在股份公司发行股票时，股本是划分为等额股份的，即每一股份的价值都是相同的。这样做的目的是为了确保股东在公司内部的权利和责任都是按照其持股比例来确定的，同时也方便了股票的买卖和交易。

在实际操作中，股本的等额划分可以通过发行普通股来实现。普通股的每股价值相同，它赋予股东在公司中享有普通权利和普通股息权利。股东持有的股票数量越多，其在公司中的权利和责任就越大。

但是，股本的等额划分是发行股票的一个重要前提，但不是必需的技术前提。一些公司可能会发行不等额的股票，比如优先股和非投票股票等，这些股票的价值和权利可能不同于普通股。此外，一些新型的股票发行方式，比如加密货币股票或区块链股票等，可能也不采用等额划分的方式。

与股份有限公司不同，有限责任公司（Limited Liability Company，LLC）并不是以股东的持股比例来确定权力和责任的。相反，有限责任公司中的所有股东都享有相同的责任和权利，这意味着他们对公司的债务和义务也是相同的。经国务院批准，有限责任公司在依法变更为股份有限公司时，可以采取募集设立方式公开发行股票。

此外，股份有限公司和有限责任公司可以进行非公开发行股份，这种方式也被称为“私募发行”。私募股份的发行对象通常是公司的股东、高管、核心员工等有限的特定人群，而不是广大的投资者。

发行股票是股份有限公司融资的一种常见方式。公司可以通过发行股票来向公众募集资金，这些资金可以用于扩大业务规模、开发新产品、进行市场营销等。此外，股份有限公司还可以通过发行股票来进行股权激励。公司可以向员工或管理人员发行股票或期权，作为薪酬或奖励，以激励员工更加努力地工作，增加公司的价值和利润。

通常情况下，有限责任公司并不会通过发行股票来融资或者扩大业务规模，而是通过其他方式来融资，比如向股东收取额外的资本投入或者借款等。

资料来源：《中华人民共和国公司法》《中华人民共和国证券法》和其他公开网络资源等。

4.1.2　股票的特点

股票作为一种重要的投资工具，其重要特征有以下几个方面。

（1）不可返还性

投资者一旦购买了股票，就不能直接从公司退股。股东只能通过股票交易市场出售股票或等待公司进行股票回购才能实现退出。因此，股票具有不可返还性，投资者需要在购买之前认真评估风险和回报。

（2）风险性

股票市场具有较高的风险性，因为公司的经营状况可能会发生变化，影响公司的股票价格。此外，行业和宏观经济环境、政策和法规、市场情绪和媒体报道等各种因素也会影响股票价格。这些因素相互关联，可能会产生复杂的影响，导致股票价格变化的不确定性。因此，股票价格波动较大，投资股票需要承担一定的风险。

（3）流动性

股票市场的流动性指的是，股票可以随时在二级市场上进行买卖，交易速度较快，投资者可以在短时间内变现。股票的流动性可以看作是对股票不可返还性的一种补偿。如前所述，股票一旦购买不能直接退股。如果不具备流动性，一般人就不愿意投资股票。股票市场的流动性是其吸引力之一，但也可能导致价格的波动。

（4）投机性

股票市场具有一定的投机性，即投资者可以通过市场波动赚取快速利润。投机者通常将短期的市场变化作为投资策略，这种投资行为会导致市场价格波动，增加了市场的不确定性。

（5）决策参与性

股票的决策参与性指的是股东参与公司重要决策的能力和机会。作为公司的部分所有者，股东享有参与公司决策的权利，包括在公司股东大会上投票，选举董事会成员，审批公司重大决策等。一般来说，股东的决策参与性与其所持有的股票数量成正比。持有较多股票的股东在公司的决策中会享有更大的发言权和决策权。此外，股东还可以通过提出建议或者发起股东提案来影响公司的决策。

股票的决策参与性是股东权益的重要组成部分，它使得股东能够直接参与公司治理和决策，保护股东权益，促进公司健康发展。同时，它也是公司和股东之间紧密联系的重要纽带，使得公司与股东之间的利益关系更加平衡和稳定。

4.1.3 股票的分类

根据不同的分类标准，股票可以分为不同的类型。以下是常见的几种分类方式。

（1）流通股和限售股

按照流通性分类，股票可以分为流通股和限售股。流通股是指公司已经发行的、可以自由交易、没有任何限制的股票，也称为自由流通股。流通股是上市公司中最具流动性的股票，可以在证券市场上自由买卖。

限售股是指在上市公司发行后一定期限内不能自由交易的股票，这种限制是为了保护公司和其他投资者的利益，防止大股东在短期内大量抛售股票导致股价暴跌。但是，根据不同的协议和安排，有些限售股可以在限售期内进行转让。例如，一些员工持有的限售股在限售期内可以通过二级市场或者其他方式进行转让，但是需要符合相关的规定和程序。

限售股通常分为以下两种类型。

①定向限售股：指在公司发行股票时，向特定投资者、战略投资者或股东发行的限售股。这些股票通常有特定的转让限制。

②解禁限售股：指在公司发行股票后一定时间后，股东持有的被限制流通的股票，限售期限一般为 1 年到 3 年。当这些股票限售期满后，股东可以自由转让或交易。

总之，限售股股东的基本权利和流通股股东一样，包括参加公司的股东大会，行使股东权利等。流通股和限售股的主要区别在于股票的流通性和交易限制。

（2）普通股和优先股

股份有限公司发行的股票根据股东权利的不同可以分为普通股和优先股。普通股是指公司按照比例分配给投资者的股份，持有普通股的股东享有公司分红、资产增值和决策权等权利；优先股是指公司在发行股票时，向股东提供的一种具有优先权的股票。与普通股相比，优先股在公司分红、投票、清算、权益转让等方面存在一些明显的差异。

①分红权。普通股股东享有公司利润分配的普通权利。当公司盈利时，公司可能会向股东支付现金股利，普通股股东将与其他股东平等分享这些利润。然而，如果公司亏损，普通股股东可能无法获得任何分红。与此不同，优先股股东享有优先权分配公司利润的权利。这意味着，优先股股东在公司盈利时会先于普通股股东获得分红，而且即使公司亏损，优先股股东也可能会获得分红。通常情况下，优先股的分红率是固定的，因此股东可以预测其收益。

②投票权。普通股股东可以参与公司的决策和投票，如选举董事会成员、批准重大交易等，对公司的治理和管理方面有较大的影响力。而优先股通常没有投票权或者投票

权受到限制，只能在某些情况下参与决策，例如公司发生严重违约时。

③优先清偿权。在公司解散或破产时，优先股股东享有优先清偿权，而普通股股东在对优先股分配完之后才有权参与分配。

④转让权。普通股和优先股股东在权益转让方面也有所不同。普通股股东可以自由买卖、转让其持有的股份。而优先股股东的权益转让则受到限制，通常需要得到其他股东或公司的同意。

综上所述，普通股和优先股在权益和特点上存在很大的差异。优先股具有较高的优先权、稳定的股息收入等特点，这些特点为投资者提供了相对较为稳定的收益和保护，但也意味着其回报和投资风险相对较低。

(3) 蓝筹股、周期股、价值股、投机股和垃圾股

以下是一些常见的根据股票资质的分类。

①蓝筹股（Blue chip stocks），指的是市值较大、市场影响力较强、财务稳定、分红稳定的股票，通常是大型国有企业。这些公司通常是行业领先者，具有相对稳定的经营业绩和长期稳定的盈利能力。蓝筹股一般受到宏观经济环境变化的影响较小，不太容易受到市场波动的影响。因此，蓝筹股被视为较为稳健的投资选择。

②周期股（Cyclical stocks），指受宏观经济周期波动影响较大的股票。这些公司主要从事与经济周期相关的行业，如房地产、银行、钢铁、化工等，其业绩和股价通常会随着宏观经济环境的波动而发生变化。周期股通常在经济景气期表现良好，但在经济低迷期往往会受到较大影响。

③价值股（Value stocks），指股票的价格低于公司的内在价值或者未来现金流的预期，被认为是低估的股票。这类股票通常是那些市盈率、市净率等估值指标较低的公司，具有相对稳定的财务状况和现金流。这些公司可能因为行业景气度低或者暂时性的经营问题等原因导致股价下跌，但其实际价值仍然存在，通常被长期投资者青睐。

④投机股（Speculative stocks），指具有较高风险、波动性大、投资回报率可能非常高的股票。这些股票通常属于较小的公司，行业地位较低，成长性也相对较低，但是在特定的时间段内可能会出现高涨，引起市场炒作。投机股一般是短线操作的对象，需要投资者拥有较高的风险承受能力和市场洞察力。

⑤垃圾股（Junk stocks），通常指那些市值较小、公司财务状况不稳定、业绩较差、经营风险较高、股价波动大、信息披露不充分或者存在操纵嫌疑的上市公司股票，这类股票通常面临较大的市场风险。

在我国还存在红筹股（Red chip stocks）的说法。红筹股是大陆以外的交易所对中资概念股的统称，红筹股在境外注册、经营管理，属于香港企业或海外企业。目前，在中国香港、美国、新加坡和英国等地的市场均有红筹股上市。

(4) 记名股票和无记名股票

按照是否记载股东姓名，可以将股票分为记名股票（Registered stocks）和无记名股票（Bearer stocks）两种类型。记名股票，指在股票票面和股份公司的股东名册上记载股东姓名的股票。无记名股票，指在股票票面和股份公司股东名册上均不记载股东姓

名的投票。

无记名股票的主要优点是其流通性较强，因为持有人可以在不需要经过公司批准的情况下进行转让和交易。此外，无记名股票的交易成本也相对较低，因为它们不需要注销和重新注册。然而，无记名股票存在一定的风险，因为它们可以被盗用或丢失。此外，由于股份持有人的身份未被记录，公司可能无法识别持有人的身份，从而导致投票权的问题。

相比之下，记名股票的主要优点是其较高的安全性，因为其交易需要经过公司的批准，公司可以验证股份持有人的身份。此外，记名股票还可以为公司提供更好的投票和股东关系管理，因为公司可以直接与股份持有人进行沟通。然而，记名股票的流动性较低，交易的成本也较大。

《中华人民共和国公司法》规定，股份有限公司向发起人、国家授权投资的机构、法人发行的股票，应当是记名股票，并应当记载该发起人、机构或者法人的名称，不得另立户名或者以代表人姓名记名。对社会公众发行的股票，可以是记名股票，也可以是无记名股票。发行记名股票的，应当置备股东名册，记载下列事项：股东的姓名或者名称及住所、各股东所持股份数、各股东所持股票的编号、各股东取得股份的日期。

（5）国家股、法人股和个人股

国家股、法人股和个人股是中国股份制改革的特色，也是公司股份所有制的三种基本形式。

①国家股：指由国家持有的公司股份，通常指国有企业的股份。在中国股份制改革中，国家股往往占据公司的控制地位，其持有的股份比例往往较高。

②法人股：指由其他企业或机构持有的公司股份，例如其他公司、基金、银行等。法人股通常具有较强的资金实力和风险承担能力，由于法人股通常持有较高比例的公司股份，因此在公司的决策过程中具有较大的发言权和影响力，可以对公司治理结构和战略决策产生重要影响。此外，法人股往往受到更为严格的监管和规范，需要遵守相关的法律法规和公司章程。

③个人股：指由个人（自然人）持有的公司股份，包括普通公众投资者和公司员工持股等。个人股通常对公司的控制地位影响较小，但是对公司的治理和发展也具有一定的作用。

4.1.4 股票市场的主要参与者

（1）发行人

发行人指为筹措资金而发行股票的发行主体，只有股份有限公司才能公开发行股票。

（2）投资者

投资者是股票市场的核心参与者，包括个人投资者、机构投资者和外国投资者等。他们以获取股息或资本收益为目的而买入股票。

（3）中介机构

中介机构指为股票的发行、交易提供服务的各类机构。在股票市场起中介作用的机构是证券公司和其他证券服务机构。

证券公司又称券商，是依照《中华人民共和国公司法》《中华人民共和国证券法》规定并经国务院证券监督管理机构批准经营证券业务的有限责任公司或者股份有限公司。

证券服务机构是依法设立的从事证券服务业务的法人机构，主要包括律师事务所、会计师事务所、证券投资咨询机构、资信评级机构、资产评估机构等。

（4）自律性组织

自律性组织包括证券交易所、证券业协会、证券登记结算机构、证券投资者保护基金。

证券交易所是证券买卖双方公开交易的场所，是一个高度组织化、集中进行证券交易的市场，是整个证券市场的核心，例如上海证券交易所（SHSE）、纽约证券交易所（NYSE）、纳斯达克（NASDAQ）、东京证券交易所（TSE）等。证券交易所本身并不买卖证券，也不决定证券价格，而是为证券交易提供一定的场所和设施，配备必要的管理和服务人员，为证券交易顺利进行提供一个稳定、公开、高效的市场。

证券业协会是证券业的自律性组织，是社会团体法人。中国证券业协会具有独立法人地位，采取会员制的组织形式，协会的权力机构为全体会员组成的会员大会。其自律管理体现在保护行业共同利益、促进行业共同发展方面。

证券登记结算机构是为证券交易提供集中登记、存管与结算服务，不以营利为目的的法人。证券登记结算机构实行行业自律管理。我国的证券登记结算机构为中国证券登记结算有限责任公司。

证券投资者保护基金是按照《证券投资者保护基金管理办法》筹集形成的、在防范和处置证券公司风险中用于保护证券投资者利益的资金。保护基金的主要用途是证券公司被撤销、关闭和破产或被中国证监会实施行政接管、托管经营等强制性监管措施时，按照国家有关政策规定对债权人予以偿付。

（5）监管机构

监管机构包括证监会、交易所监管机构等，负责对股票市场进行监管和管理，保护投资者利益和维护市场稳定。

一般来说，投资者向证券公司发出买入指令，证券公司把投资者的买入指令再发送给交易所，成交后将股票放在登记结算公司投资者本人的证券账户中。卖出时，投资者把卖出指令发送给证券公司，证券公司将其卖出指令发送给交易所，成交后，登记结算公司从投资者证券账户中扣除相应的证券。

4.2　股票的发行市场

股票的发行是发行公司直接或者通过中介机构向投资者出售新股票（IPO）的过

程，是资金需求者直接获得资金的市场。股票发行市场也被称为一级市场或初级市场。

4.2.1 股票的发行制度

（1）核准制

核准制是证券市场监管机构在证券发行人提交证券发行申请文件后，对证券发行人提供的材料进行实质性审查，并根据审查结果进行发行批准或者驳回。在核准制下，证券发行人需要向证券监管机构提交申请文件，包括发行申请书、招股说明书、法律意见书、财务报告等多项文件，监管机构需要对这些文件进行全面、深入地审查，以确保证券发行人的信息披露真实、准确、完整，并且符合证券法律法规的规定。此外，证券发行审核机构还会对证券发行人的资质、业绩、内部管理等进行审查，确保证券发行人的合规性和风险可控性。因此，核准制在某种程度上需要对企业价值作出判断，且审批周期长，发行效率较低。

（2）注册制

注册制是证券市场监管机构根据证券发行人提供的信息材料，对证券发行人和证券发行的合规性、真实性、完整性等进行综合评估和审查，确保发行人具有资格和符合条件。在注册制下，企业发行证券的核心问题是信息披露的真实性和准确性，而非企业的实质条件和证券质量的审查。如果申报资料没有包含任何不真实的信息，且证券主管机关对申报材料没有异议，则经过一定的法定期限后，申请自动生效。相比核准制，注册制更加强调以信息披露为核心，发行条件更加精简优化、更具包容性，发行效率高。

核准制和注册制主要有以下两点区别。

第一，审核重心上，注册制和核准制都有实质审核的内容，区别在于实质审核的渠道和方式有不同安排。核准制下，实质性信息的审核判断权多集中于证券监管部门；而注册制下，负责实质性审核的主体多元化，政府监管机构、交易所、会计师事务所、律师事务所、券商等事实上都承担了部分实质审核的任务。

第二，审核程序上，核准制依赖监管环境，注册制依赖市场环境。核准制下，证券监管机构掌握发行权，甚至涉及定价、融资额、发行时点等，自律组织和市场机构力量较弱。注册制下，股票发行由市场机制决定，能否发行成功取决于发行公司、承销商、投资者之间的博弈。

【专栏 4—2】

中国新股发行制度的演变

自中国证券市场诞生以来，新股发行制度主要经历了三大阶段：第一阶段为行政色彩浓厚的审批制（1990—1999 年）、第二阶段为向市场化过渡的核准制（2000—2018 年）、第三阶段开始试点市场机制为主导的注册制（2019 年至今）。

审批制阶段（1990—1999 年）。

在审批制早期（1990—1993 年），我国实行的是额度管理和地方审批制度，由各省级政府负责审批本地区当年上市的企业家数以及对应的股票发行数量，这一阶段的股票市场并没有全国范围内的统一监管。

1992 年中国证监会成立，这标志着我国全国范围内统一的监管体系建立。

1993 年颁布《股票发行与交易管理暂行条例》，该条例正式确立了中央确定发行总额，地方政府在额度范围内分配企业上市的额度管理制度，并一直延续到了 1995 年。

1996 年，开始推行发行制度改革，将原本的额度管理改为指标管理。在这一新模式下，中央确定并向各地区分配发行股票家数的指标，各省级政府或行业主管部门在上述指标内上报拟上市企业，证监会再在此基础上对符合条件的企业进行进一步的审查，如果通过审查，则可以发行上市。

核准制阶段（2000—2018 年）。

1999 年 7 月 1 日，《中华人民共和国证券法》正式开始实施，《中华人民共和国证券法》从法律上确立了新股发行的核准制度。

2000 年证监会发布《证监会股票发行核准程序通知》，标志着新股发行审核正式进入核准制阶段。在核准制下，由保荐机构（承销商）推荐优秀的企业，制作申报材料并报送证监会，证监会发行审核委员会对保荐机构提交的资料进行审核。

审核过程中会重点考察企业在报告期内的盈利情况，对于符合标准的公司允许公开发行股票并上市。

根据推荐权分配模式的不同，核准制还可以进一步分为核准通道制（2000—2004 年）和核准保荐制（2005—2018 年）。

核准通道制，是证监会向“综合类券商”分配可推荐发行上市的企业家数指标，再由其推荐相关优秀企业上市的制度。在核准通道制下，企业需要通过授权机构来向证监会申报发行，而证监会则对授权机构提出的申报材料进行审核，审核通过后才能发行上市。

通道制在一定程度上解决了审批制下企业质量不高的问题，但是这种主观分配指标数量、不区分融资规模的做法导致了各券商都热衷于推荐大项目，而那些真正具备发展潜力又亟须资金支持的优秀企业往往无法得到发行上市的机会，这就难以发挥一级市场遴选优秀企业的功能。

为了改进通道制的缺点，2003 年证监会发布《证券发行上市保荐制度暂行办法》，标志着中国股票发行制度正式进入核准保荐阶段。在这一新制度下，保荐机构在保荐公司上市时必须出具发行保荐书和上市保荐书，并由两位保荐代表人签字，保荐机构和保荐代表人应保证全套申报材料的真实、准确、完整，否则需承担相应的法律责任。

核准保荐制下主要存在市场监管滞后、外部机构监管不足和上市成本高昂等问题。

试点注册制阶段（2019—2022 年）。

2018 年 11 月 5 日，宣布在上海证券交易所设立科创板并试点注册制，由此拉开了中国试点注册制的序幕。

2019 年 6 月上交所设立科创板并开始试点注册制；2019 年 12 月，修订了《中华人民共和国证券法》，从法律上确定了取消发审委并逐步在全市场推行注册制的大方向。

2020 年 6 月中国开始在创业板推行注册制，注册制试点进入了进一步深化的阶段。

注册制取消了2014年以来的23倍发行市盈率的窗口指导，也不再对企业的盈利情况做过多的强制性规定，而是改为以确保信息披露的真实、完整、准确为核心。

注册制极大地加强了对违法违规行为的打击力度，特别是针对虚假陈述、欺诈发行等行为采取了远超既往的严厉惩处手段，以此来震慑和规范发行人和承销商的行为，有效保护投资者权益。

2023年2月17日，中国证监会发布全面实行股票发行注册制相关制度规则，自公布之日起施行。

资料来源：智信研究院等。

4.2.2 股票的发行方式

（1）公开发行与非公开发行

公开发行是指向广大投资者公开发售股票，发行后可以在证券交易所或其他场所上市交易。在公开发行的过程中，发行人需要提交披露文件，向投资者公开披露公司的财务状况、业务模式、管理团队、未来发展前景等信息，以供投资者参考和决策。由于公开发行对象较广，因此筹集资金能力强。此外，公开发行的股票可以在证券交易所上市交易，提高股票的流动性，提高发行者的声誉；公开发行股票还可以让更多的投资者成为公司的股东，股东结构更加分散，降低股票被少数投资者大量持有并加以操控的风险。但公开发行也有一些不可避免的缺点，例如，公开发行需要支付证券发行费、承销费等费用，因而发行成本较高。此外，公开发行股票需要披露大量的信息，这对公司的经营管理提出了更高的要求。同时，公开发行的股票交易受到市场供求关系的影响，股价可能会出现较大的波动，甚至会出现恶意操纵等市场异常行为。

非公开发行是指公司向少数特定投资者非公开募集股份的行为。非公开发行的股票不需要在证券市场上公开交易，通常只能由特定的投资者进行认购，且转让受到限制。非公开发行通常用于向机构投资者或特定的个人投资者募集资金，或者作为公司进行并购或重组时的股权融资方式。非公开发行的股票通常没有公开披露信息，投资者获取信息相对有限，风险较大。

（2）直接发行与间接发行

根据有无发行中介，可以分为直接发行和间接发行。直接发行是公司直接向投资者出售股票，通常是通过向特定的机构投资者或个人投资者出售股票，又称为自销式发行。发行人如果有较高的信誉和商业信誉度，可以选择通过直接发行股票的方式获得融资，节省了承销费用，降低了股票发行的成本；但是，发行人需要自行承担股票发行的风险。

间接发行是发行人委托中介机构，如投资银行、证券公司等发行股票，又称为代销式发行。代销商可以帮助发行人进行营销活动，提高发行效率；代销商也可以为发行人提供专业服务，帮助发行人降低股票发行的风险。同时，承销商作为发行人的代理人，会对股票的市场流通和投资者的需求进行分析和研究，有利于为发行人提供更好的市场服务和建议。

间接发行又可划分为不同的承销方式：全额包销，发行人将全部股票发行数量委托给承销商全部包销，并由承销商负责全部发售。承销商对全部股票包销，并全部自行承担发售风险。余额包销，发行人将全部股票发行数量中的一部分委托给承销商包销，而另一部分则由发行人自己直接发售，承销商只对其包销部分负责发售。发行人对剩余的部分自行负责发售。代销发行，发行人将全部股票发行数量中的一部分委托给承销商代为发售，承销商只是代理销售，收取一定的佣金。发行人自己也可以继续发售剩余的部分。余额代销，发行人将全部股票发行数量中的一部分委托给承销商代销，而另一部分则由发行人自己直接发售。承销商只对其代销部分负责发售。发行人对剩余的部分自行负责发售。

4.2.3　股票公开发行的程序

（1）首次公开发行的基本程序

①筹备阶段：发行人选择保荐机构、承销商、会计师事务所、律师事务所等专业机构组建发行团队，并开展发行前的准备工作。这个阶段包括确定发行方案、编制招股书、审核资产负债表和利润表、编制上市申请文件等。

保荐机构在注册制下主要负责审核发行人的资格条件、注册文件、信息披露等，并向证监会提交审核意见。保荐机构在注册制下的角色相较于核准制有所调整，从过去的事中监管转变为事前审核，更加强调对发行人信息披露的监督和规范。承销商职责是对发行人进行全面评估、设计合理的发行方案、确定发行价格、开展投资者教育、销售等工作。会计师事务所对财务报表进行审计，并出具审计报告。

②申报阶段：发行人向中国证券监督管理委员会申请发行股票，并提交招股书、注册申请文件和其他必要文件。证监会对申请文件进行审查，审查内容包括公司财务状况、股份结构、业务情况、法律风险等。

③发行阶段：发行人按照批准的发行方案开始发行股票。发行阶段包括招股、缴款、配号、上市等环节。在招股阶段，发行人向公众发行股票，并收取认购款。在缴款阶段，投资者缴纳认购款。在配号阶段，发行人按照发行方案确定股票配号结果。在上市阶段，股票正式在证券交易所上市交易。

④后续阶段：股票发行完成后，发行人需要进行股票持续督导、信息披露、财务报告等工作，以满足证券市场的要求。同时，证券监管机构对发行人的信息披露、业绩变动等情况进行监管，并对发现的违规行为进行处罚。

（2）增发股票的基本程序

增发股票是上市公司在原有股本基础上，通过向现有股东或社会公众公开募集的方式增加股份，以筹集资金或进行股权激励等目的的行为。增发股票的具体程序如下。

①公司决定发行增发股票，制订增发计划并报批：公司决定发行增发股票，需制订增发计划，包括增发数量、价格、发行方式等，并由董事会或股东大会审议批准。

②公司公告：公司应当在指定媒体上发布增发公告，公告内容应包括增发计划、认购条件、发行时间、发行方式等。

③增发对象认购：根据公司增发计划，增发对象可以是现有股东、特定对象、合格投资者等，认购方式可以是公开认购、定向认购等。认购者需在认购期内按规定认购股票，并缴纳认购款。

④确定认购结果：认购期结束后，公司根据认购情况和增发计划确定认购结果，包括认购数量、认购价格等。

⑤完成注册：公司应当根据认购结果向证券登记结算机构申报注册，完成股份登记和股份转移手续。

⑥交易上市：完成注册后，公司将新增发的股份纳入证券交易所上市交易，增发股票交易也可在场外交易系统中进行。

此外，公司进行增发股票也需要遵守《中华人民共和国证券法》、《中华人民共和国公司法》等相关法律法规的规定，如股份限制、股东优先权、信息披露等。在实际操作中，公司也需要考虑增发股票对公司股价、市场信心等方面的影响，以及与现有股东的利益协调等问题。

在中国，上市公司公开增发需要具备的一般条件有：组织机构健全、运行良好，盈利能力应具有可持续性，财务状况良好，财务会计文件无虚假记载，募集资金的数额和使用符合规定，上市公司最近12个月内未受到过证券交易所的公开谴责等。

4.3 股票的流通市场

与发行市场相对应的是流通市场，也称为二级市场，是指股票可以在该市场上进行自由买卖和交易的市场。二级市场的存在保证了股票的流动性、也为股票的定价提供了参考。在流通市场中，股票交易既可以在证券交易所，也可以在场外交易市场（OTC市场）进行，本节主要介绍交易所交易。

4.3.1 股票交易所概述

股票交易所是股票买卖双方公开交易的有形场所，是一个高度组织化、集中进行交易的市场。股票交易所本身并不参与股票交易，也不参与制定价格，它只提供交易所所需的基础设施、规则和监管，并监督交易行为的合法性和公正性。

在股票交易所中，只有上市公司的股票才可以进行交易。股票交易所的交易是间接交易，投资者需委托自己的股票经纪人或证券交易商进行交易，不能自行和其他投资者直接进行交易。这些经纪人或交易商在股票交易所内扮演着买卖双方的中介人角色，他们会按照客户的指示，在股票交易所内进行股票买卖交易。

股票交易所是依据国家有关法律、经政府证券主管机关批准设立的，其组织形式有两种，一种是会员制，一种是公司制。

会员制股票交易所是不以营利为目的的法人。股票交易所的会员由证券公司等证券商组成，只有取得股票交易所会员资格之后，证券商才能在股票交易所参加交易。会员制股票交易所通常要求会员遵守一定的规则和标准，以确保市场的公正、透明和稳定。这些规则可能包括对交易行为的限制、监管和制裁机制等。会员制股票交易所强调自治自律，自我管理，会员向股票交易所承担的责任仅以缴纳会费为限。由于会员制股票交易所不以营利为目的，因此收取的费用较低，证券商和投资者的负担相应也较轻。在发生交易纠纷时，股票交易所不负赔偿责任，由会员和买卖双方自己解决。我国的上海证券交易所和深圳证券交易所均采用会员制组织形式。

公司制股票交易所是以营利为目的，主要由银行、证券公司及其他各类出资人共同投资入股建立，其对本所内的股票交易负有限责任。公司制股票交易所一般是根据一国的公司法及证券法设立的，其组织结构类似于股份公司，设有股东大会、董事会、监事会，日常运作由经理人负责。公司制股票交易所首先是一个独立的法律主体，一经建立便有独立运作与经营的权利。其次又是一个独立的经济实体，股票交易所组织形式通过为股票交易提供条件和服务获得收入，收入来源主要有证券发行公司的上市费及证券商的交易费等。公司制股票交易所规定，其职员不参与具体的股票交易活动，股东不得担任股票交易所的高级职员，以保证交易的公正性。公司制股票交易所对在本所内的股票交易负担保责任，股票交易所设有赔偿基金。北京证券交易所于 2021 年 9 月 3 日注册成立，是经国务院批准设立的我国第一家公司制证券交易所。此外，纽约证券交易所、香港证券交易所、澳大利亚证券交易所等也是公司制。

4.3.2　股票交易所的职责和作用

股票交易所的职责主要有以下几方面。

①提供股票交易的场所和设施。股票交易所为投资者提供了一个公开透明的交易平台，使得股票的买卖可以在一个统一的市场上进行。

②制定证券交易所的业务规则。如交易时间、交易方式、交易费用、交易品种、清算、交割、过户、信息披露等方面的规定。

③审核批准股票的上市申请。接受、审核和筛选企业的上市申请，具体的审核、筛选标准和要求可能因不同交易所而有所不同，但通常包括财务状况、经营情况、法律合规、透明度等几个方面。

④组织、监督股票交易活动。对上市公司和交易会员等进行监管，防止市场出现操纵、欺诈等不正当行为，保护市场的稳定和投资者的利益。

⑤提供和管理证券交易所的股票市场信息。股票交易所收集、整理、公布与股票市场有关的信息，包括行情数据、交易信息、公司财务数据等，为投资者提供参考和决策依据。

⑤促进股票市场发展。股票交易所作为股票市场的核心机构，积极推动股票市场的发展，促进市场创新和产品多样化，完善市场规则和制度，提升市场的透明度和效率，以满足不同投资者的需求。

通过执行上述基本职能，股票交易所发挥了如下重要作用。

①创造了连续性和集中性的股票交易市场。连续性是市场参与者在指定的开盘时间和收盘时间内可以不断地提交买入和卖出的订单，集中性指的是股票交易所提供了一个

统一的交易场所。股票交易所内的股票具有成交量大、买卖频繁、进出报价差距小、价格波动小、交易完成迅速的特点，这提高了股票的流动性，并促进更高的市场效率。

②提供价格发现机制。股票交易所和其会员都无权决定交易价格。股票交易所内的股票交易价格是在充分竞争的条件下，由买卖双方集中公开竞价形成的，能够反映市场需求和供应的变化，也能体现股票的真实投资价值，是市场产生的均衡价格。

③信息传递。股票交易所及时提供市场丰富的信息，使得投资者可以更好地了解市场情况和公司经营、财务状况，这有助于提高市场透明度，增强投资者的信心。交易所对信息披露进行监管和处罚违反信息披露规定的上市公司和投资者，进一步提高市场的透明度和可信度。

④促进社会资金的合理流动和资源的合理分配。股票交易的价格和成交量实际上是市场对某一股票的评价。股票价格反映了市场对该股票的估值，成交量则反映了市场对该股票的交易活跃程度和市场情绪。如果市场对该公司未来发展充满信心，那么股票价格通常会上涨。交易所每天公布其行情变化，反映了上市公司的获利能力和发展潜力，使投资者可以选择投资方向。证券价格的变动，可以自动调节社会资金流向，促使社会资金向需要和有利的方向流动。

⑤反映和预测经济动态。股票价格的变动受企业的利润、前景、宏观经济等多种因素的影响，而交易行情的好坏又从侧面反映了这些因素的变化。由于股价循环一般先于商业循环而发生，因而股票价格波动往往成为经济周期变化的先兆，成为社会经济活动的晴雨表。通过股票价格的变动，可以预测企业、生产部门的经济动态和整个社会经济的发展状况。

4.3.3 股票交易程序

股票交易指买卖股票的过程，其程序包括以下几个步骤。

(1) 股票开户

由于普通投资者不能直接参与股票交易，投资者需要选择一家证券公司作为自己的经纪人，与其签订“委托买卖证券受托契约”，完成开户手续。投资者在股票开户时可以选择开设现金账户或保证金账户。

①现金账户是投资者将自己的资金存入证券公司的账户，用于股票买卖等交易操作。当投资者进行股票买入时，证券公司会从现金账户中扣除相应的资金，当投资者卖出时，证券公司会将相应的资金划入现金账户。在现金账户中，投资者的交易受到资金余额的限制，不可使用超过账户余额的资金进行股票交易。

②保证金账户是投资者通过保证金账户将股票作为抵押品，并根据账户资产总市值的比例使用证券公司的资金进行投资，如果股市下跌，股票的市值未达到抵押贷款的最低标准，投资者必须提高保证金或出售股票。在保证金账户中，投资者需要缴纳一定的保证金，可以使用超过账户余额的资金进行股票交易，但也要承担更高的风险。在股指期货交易中，为了维护双方的合法权益，实行保证金交易制度。所有股指期货交易参与者，无论是买方还是卖方，都必须按照规定缴纳保证金，保证金是交易者履行合同的财务保证。

无论是现金账户还是保证金账户，投资者都需要向证券公司提供身份证明文件和资产状况等相关信息，并签署相关协议和文件。

（2）委托

投资者根据市场情况和个人判断，确定买入或卖出的股票代码、交易价格、数量、委托类型等信息，向证券公司发出委托买卖指令。证券公司在收到投资者的委托买卖指令后，会将其输入交易系统，并在交易所中挂出买入或卖出的委托单。委托买卖指令成功后，证券公司会根据投资者的交易意愿，以相应的价格和数量与其他交易者进行撮合交易。当买入或卖出委托单被成交时，证券公司会通知投资者委托买卖成功，并将成交结果反馈给投资者。

委托分为限价委托、市价委托和停止损失委托三种。

限价委托是投资者在买入或卖出时指定一个最高/最低价格，并在该价格范围内成交。限价委托保证了交易价格的确定性，如果市场上没有达到投资者指定的价格，委托单将会挂起，直到价格达到或超过指定价格时才会成交。限价委托通常有时间限制，超过限定的时间仍不能成交的，指令自动作废。限价委托的优点是可以控制交易的成本和风险，避免在价格波动较大的市场中出现较大的买入或卖出价格波动。

市价委托是指投资者在买入或卖出时不设定价格，而是按照市场最优价格进行成交。市价委托的优点是可以快速成交，但是也存在价格波动较大时成交价格高于预期的风险。

停止损失委托（Stop order）是指投资者在委托买入或卖出时，同时设定一个触发价格。当市场价格达到或超过触发价格时，委托单将转变为市价委托单，按照市场最优价格进行成交。停止损失委托一般用于投资者希望控制风险的情况下，当市场价格出现不利变化时，自动出售或购买股票以减小损失。停止损失委托与一般限价委托的区别在于，停止损失委托是在达到指定触发价后变为市价单，以确保投资者在价格下跌时能够及时卖出，而一般限价委托则是在投资者指定的价格或更好的价格成交。

我国证券交易所目前只允许发出限价委托和市价委托。

（3）竞价成交

竞价成交的时间分为开盘集合竞价、连续竞价和收盘集合竞价三个阶段。其中，开盘集合竞价和收盘集合竞价是在交易时间段的开始和结束时分别进行，主要是为了确定开盘价和收盘价。而连续竞价则是在交易时间段内进行的主要交易环节，买卖双方可以在此期间随时提交委托，并在交易所的撮合下完成交易。

集中竞价交易按照价格优先和时间优先原则进行。参与股票买卖的各方当事人公开报价，其中所有买入的有效委托按照报价由高到低顺序排列，报价相同的，按照委托的时间顺序排列；而所有卖出的有效委托，其报价按照由低到高的顺序排列，报价相同的，也按照委托的先后时间顺序排列。依顺序将排在前面的买入委托与卖出委托配对成交，即按“价格优先”原则对买方最高报价与卖方最低报价优先配对；在同等出价条件下，按“时间优先”原则对顺序在先的委托进行配对成交。如果所有买入委托的报价均低于卖出委托的报价，则上述委托继续排队，等待新的委托报价，以此形成连续性的竞价撮合成交的交易活动。

（4）清算交割

股票清算是股票交易在被撮合成交后，对买卖双方应收应付的股票和价款进行核定计算，并完成股票由卖方向买方的转移和相对应的资金由买方向卖方的转移的全过程。在证券实行无纸化交易方式以后，结算在事实上只需要通过证券交易所将各证券公司买卖证券的数量和金额分别予以抵销，计算应收、应付股票和应收、应付股款的差额。

交割是清算过程中，投资者与证券公司之间的资金结算。交易成功后，证券公司会将买入的股票划转到投资者的证券账户中，同时扣除相应的交易费用；如果是卖出股票，则相应数量的股票会从账户中划转出来，同时相应的资金也会进入账户中。

在我国，深交所、上交所、北交所上市的 A 股均实行 T+1 交割制度。T+1 制度是指当日买入的股票不能在当日卖出，资金收付与股票交割只能在成交日的下一个营业日进行，不能在当日从账户中提取现金。T+1 制度当日买入的股票当日不能卖出，但当日卖出的股票是可以买入的。在深交所和上交所上市的 B 股实行 T+3 交割制度。

（5）过户

证券交易所的股票已实行“无纸化交易”，结算的完成即实现了过户，所有的过户手续都由交易所的电脑自动过户系统一次完成，无须投资者另外办理过户手续。但对于记名股票，成交后还要办理变更股东名册登记手续。

4.3.4 股票交易的主要参与者——证券公司

证券公司是股票市场的重要参与者之一，投资者利用证券公司提供的交易通道才能在交易所进行股票交易。证券公司也称“券商”，是指依法在证券监管机构注册登记并获得经营许可的金融机构。在中国，证券公司是由中国证监会监管的金融机构，其主要业务包括证券承销与发行、证券交易、投资咨询、资产管理、自营交易、资产托管、融资融券、场外期权等。

截至 2022 年年底，中国证券公司总数为 138 家。中国证券业协会将其分为 A（AAA、AA、A）、B（BBB、BB、B）、C（CCC、CC、C）、D、E 五大类 11 个级别。A、B、C 三大类中各级别公司均为正常经营公司，其类别、级别的划分仅反映公司在行业内风险管理能力的相对水平。D 类、E 类公司分别为潜在风险可能超过公司可承受范围及被依法采取风险处置措施的公司。

以 2021 年为例，AA 级券商 15 家，A 级券商 35 家，BBB 级券商 18 家，BB 级券商 16 家，B 级券商 5 家，CCC 级券商 11 家，CC、C、D 级各 1 家，我国目前没有 AAA 级和 E 等级的券商。

股票交易所一般只允许会员证券商进入进行交易。会员券商是指被股票交易所认可并授权的证券公司，具有在股票交易所进行交易和结算的资格和权限。维持市场流动性和维持股票市场的稳定运行是证券商在交易所上的重要角色。证券公司通过提供委托撮合、交易结算等服务，为投资者提供流动性支持。

此外，证券商还扮演着做市商的角色。做市是指证券商在交易所为某些股票提供连续的报价和交易服务，即提供双向报价（买入价和卖出价），并且愿意接受对手方的交易委托。做市商通过自己的交易策略和风险控制，维持该股票的市场流动性，促进市场价格的形成和股票价格的稳定，使得投资者可以在市场上买卖该股票，同时也获得一定的交易收益。

4.4 股票的价格

4.4.1 股票价格的种类

股票价格的种类包括票面价格、发行价格、账面价格、清算价格、理论价格、市场价格等。

（1）票面价格（Face value）

票面价格又称票面价值，是股份公司在所发行的股票票面上标明的每股股票的面值，它以元/股为单位，其作用是用来表明每一张股票所包含的资本数额。在我国上海和深圳证券交易所流通的股票的面值基本均为每股 1 元，例外的是紫金矿业的股票面值为 0.1 元和洛阳钼业的股票面值为 0.2 元。

（2）发行价格（Issue price）

发行价格是公司在发行股票时向公众出售的价格。在确定股票发行价格时，可以按票面价格确定，也可以超过票面价格确定，但不得以低于票面价格的价格发行。公司在决定发行价格时，需要考虑公司的财务状况和业绩、行业前景和市场环境、投资者需求和市场预期等多种因素。发行价格越高，公司的发行收入就越高，发行成本也相应降低。但发行价格定得太高，可能会使投资人望而生畏，导致发行失败。

（3）账面价格（Book price）

账面价格又称股票净值或每股净资产，是每股股票所代表的实际资产的价值。每股账面价值是以公司净资产减去优先股账面价值后，除以发行在外的普通股票的股数求得。需要注意的是，账面价格只是一种会计概念，不一定反映公司实际价值，因为它不能反映公司的未来盈利能力和潜在价值等因素。

（4）清算价格（Liquidation price）

清算价格是指在一旦股份公司破产或倒闭后进行清算时，每股股票所代表的实际价值。从理论上讲，股票的每股清算价格应与股票的账面价值相一致，但企业在破产清算时，其财产价值是以实际的销售价格来计算的，而在进行财产处置时，其售价一般都会低于实际价值。所以，股票的清算价格就会与股票的净值不相一致。

（5）理论价格（Theoretical price）

理论价格是股票的内在价值，一般是根据公司基本面和市场情况等因素综合考虑后得出的一个估计值。股票的理论价格不等于股票的市场价格，但是，股票的理论价格为预测股票市场价格的变动趋势提供了重要的依据，也是股票市场价格形成的一个基础性因素。

股票的理论价格可以使用多种估值方法进行计算，例如市盈率定价法、可比公司竞价法、现金流量贴现法等。

①市盈率定价法。市盈率定价法是指依据注册会计师审核后的发行人的盈利情况计算发行人的每股收益，然后参照拟发新股的所在行业平均市盈率结合拟发新股的收益、净资产、成长性、发行数量、市场状况以及可比上市企业二级市场表现来确定其市盈率，是新股发行定价方式的一种。计算公式如下：

$$发行价格=每股收益\times发行市盈率$$

在每股收益不变的前提下，市盈率越高，其发行价格越高，反之，市盈率越低，其发行价格越低。

②可比公司竞价法。可比公司竞价法是一种比较股票价格的方法，它是主承销商通过比较同行业或同类型公司的估值水平来计算股票的价格。该方法会根据同行业或同类型公司的财务数据、市值、业务模式等多个指标来对比，从而得出一个相对准确的股票估值。

③现金流量贴现法。现金流量贴现法是通过将未来的现金流量贴现回现在来计算股票的价值，该方法会考虑公司的未来收益、成长潜力、风险等因素，通过计算出未来现金流量的净现值来确定股票的估价。但在现实生活中，很难做到准确预测公司未来的现金流。

(6) 市场价格 (Market price)

市场价格指某一时刻该股票在证券市场上的交易价格。市场价格由买卖双方的供求关系所决定，会随着市场变化而波动。

4.4.2 股票价格的影响因素

影响股票价格波动的因素可分为宏观因素、微观因素、人为操纵因素和心理因素。

(1) 宏观因素

宏观因素主要是指整个经济环境和市场环境对股票价格变动的影响，主要包括以下几个方面。

①经济形势。经济的增长速度、通货膨胀率、利率水平、就业率等宏观经济数据会影响市场情绪和投资者的信心，从而影响股票价格的波动。

②政策环境。政府制定的相关政策、法律法规、财政政策、货币政策等对市场的影响也是不容忽视的，例如税收政策、对某些产业的扶持政策等。再比如，扩张性货币政策通过提高货币供应量的增长率来刺激总需求，从而达到扩张经济的目的。行使扩张性货币政策时相对容易获得信贷，货币利率较低，从而带动股票市场价格上扬。美国的量化宽松政策，是美国资本市场经历长达 10 多年牛市的重要因素之一。

③国际环境。全球经济和政治环境也会对国内股票市场产生影响，例如贸易摩擦、

国际政治形势等都会导致市场情绪波动。

（2）微观因素

对股价波动产生影响的微观经济因素主要有以下几方面。

①公司财务和盈利状况。公司的营业收入、利润、现金流等财务指标是投资者考虑是否投资该公司的关键因素之一，对公司的股票价格产生直接影响。

②行业和市场竞争。行业和市场竞争情况也会影响公司股票价格的变动，当行业竞争激烈时，公司的股票价格可能会受到影响。

③公司治理。公司治理状况也会影响股票价格的变动，例如公司内部管理是否规范、董事会决策是否明晰等。

④产业生命周期。上市公司的股价跟随所属行业发展周期变动。产业生命周期包括起始阶段、成长阶段、成熟阶段和衰退阶段。在不同的阶段，产业的增长速度、竞争力、利润率和市场规模等因素会发生变化，从而影响股价的表现。

（3）人为操纵因素

人为操纵是指通过非法或欺诈手段来影响股票价格的行为，常见的手段有以下几种。

①垄断。公司或个人可能会利用其在某个行业或市场上的垄断地位，通过操纵供应或需求来影响股票价格。

②财务造假。公司可能会故意虚假披露其财务状况，来影响股票价格。例如，恶意虚增收入或减少成本，来使公司的盈利表现更好，从而推高股票价格。

③内幕交易。内幕交易是指利用未公开的信息进行交易，从而获得非法利润的行为。例如，公司高管或其他内部人士在知道公司即将发布重要消息之前，通过购买或抛售公司股票来获得巨大利润。这种行为不仅违法，还可能导致投资者对市场的信任降低，影响市场的公正性。

（4）心理因素

心理因素是指投资者的心理预期对股票价格的影响，以下是一些可能影响股票价格的心理因素。

①过度乐观。当投资者过度乐观时，他们可能会高估某些股票的价值，从而推高股票价格。这种现象通常发生在市场处于牛市时期，投资者对市场前景过于乐观，导致投资者对股票的需求增加，价格也随之上涨。

②厌恶损失。投资者通常对损失的心理反应比对收益的反应更强烈。当投资者看到他们持有的某只股票价格下跌时，他们可能会感到焦虑和恐慌，并倾向于出售股票，从而导致价格进一步下跌。

③羊群效应。当投资者看到其他投资者正在购买某只股票时，他们可能会跟随他们的行为，从而引起市场需求增加，推高股票价格。这种现象通常发生在市场处于牛市时期，投资者倾向于跟随市场趋势而不是做出自己的独立决策。

4.4.3 股票价格指数

股票价格指数（Stock price index）即股票指数，是由证券交易所或金融服务机构为度量和反映股票市场总体价格水平及其变动趋势而编制的股价统计相对数。

当股票价格指数上升时，表明股票的平均价格水平上涨；当股票价格指数下降时，表明股票的平均价格水平下降；是反映市场所在国（或地区）社会、政治、经济变化状况的晴雨表。

下面列举了国内外主要股票指数及其相关说明。

(1) 上证指数（SEE Composite Index），其样本股是在上海证券交易所全部上市股票，包括A股和B股，反映了上海证券交易所上市股票价格的变动情况。

(2) 沪深300指数（CSI 300），由沪深市场中规模大、流动性好的最具代表性的300只证券组成，于2005年4月8日正式发布，以反映沪深市场上市公司证券的整体表现。

(3) 中证500指数，又称中证小盘500指数（CSI 500 Index），是中证指数有限公司所开发的指数中的一种，其样本空间内股票是由全部A股中剔除沪深300指数成分股及总市值排名前300名的股票后，总市值排名靠前的500只股票组成，综合反映中国A股市场中一批中小市值公司的股票价格表现。

(4) 标普500指数（S&P 500 Index），由标准普尔金融服务公司编制，是一个涵盖500家美国大型上市公司的市值加权指数。它是美国股票市场最广泛使用的指数之一。

(5) 道琼斯工业平均指数（Dow Jones Industrial Average Index），由道琼斯公司编制，是由30家美国蓝筹股公司组成的价格加权指数。它是美国股票市场最古老和最著名的指数之一。

(6) 纳斯达克综合指数（Nasdaq Composite Index），由纳斯达克股票市场公司编制，是一个包含纳斯达克股票市场上所有股票的指数，它主要反映了科技、互联网和生物技术行业的股票表现。

(7) 日经225指数（Nikkei 225 Index）：由日本经济新闻社编制，是日本证券交易所最重要的股票市场指数。它由225家日本公司的股票组成。

(8) 恒生指数（Hang Seng Index）：由香港交易所编制，是香港股票市场的主要指数。它包含了香港市场上的50家最大公司的股票。

(9) 纽约证券交易所指数（NYSE Composite Index），该指数由纽约证券交易所编制，包括在纽交所上市的所有普通股和ADR（美国存托凭证），涵盖了美国股票市场的广泛范围。它主要由美国的大型公司组成，包括蓝筹股、成长股和价值股。该指数是全球最古老和最大的股票交易所之一，反映了美国经济和全球市场的表现。

(10) 伦敦金融时报指数（FTSE），该指数由伦敦证券交易所和金融时报联合编制，包括了英国主要公司的股票，是英国股票市场的主要指数。除英国外，它还包括欧洲、亚洲、非洲和美洲等地区的公司股票。FTSE 100是该指数的主要组成部分，包含了英国市场上最大的100家公司的股票。

这些指数在全球范围内被广泛使用，被视为衡量股票市场表现的重要指标。投资者可以利用它们来了解特定市场或行业的整体表现，并根据这些信息做出投资决策。

【专栏 4—3】

中国A股十年蝶变

2013 年至 2022 年，中国资本市场在十年里发生了非常积极的变化，中国资本市场在不断发展、不断进步。

第一，市场规模扩大。

上市公司数量大幅增加。2013 年，中国上市公司有 2489 家，到 2022 年达到 5067 家。中国上市公司数量在全球排第二位。此外，市值大幅增长。2013 年，中国股票市场市值约 24 万亿元，到 2022 年，市值已达 79 万亿元，见表 4—1。

表 4—1　A 股市场 2013—2022 年每年首发 IPO 家数、首发募集资金、上市公司总数量和股票总市值

年份	首发 IPO 家数	首发募集资金（亿元）	上市公司数量	股票市价总值（亿元）
2013	2	365.11	2489	237403
2014	125	668.89	2613	370823
2015	223	1576.39	2827	529093
2016	227	1496.08	3052	505773
2017	438	2301.09	3485	565255
2018	105	1378.15	3584	433548
2019	203	2489.81	3777	591623
2020	395	4847.93	4154	796024
2021	524	5426.68	4689	917393
2022	425	5868.28	5067	791822

数据来源：WIND 咨询。

第二，市场结构多元化。

总市值增加的同时，市场结构更是发生了重要变化，涵盖主板、科创板、创业板、北交所、新三板、区域性交易所等，这些市场逐步规范并得到相应发展。市场整体的包容性、适应性、覆盖面大幅提升，服务企业的种类、数量显著增加。

第三，发行、上市、交易、持续监管、退市机制等基础制度得到体系化改善。

十年来，中国资本市场实现了从核准制向注册制的跨越，以信息披露为核心的注册制架构基本建立并得到市场检验，配套制度和法治供给不断完善，已具备全面实行股票发行注册制的条件。

自 2019 年科创板正式开闸，注册制开始实施，A 股 IPO 数量也显著增加。此外，自2019年A股“只进不退”的局面打破以来，退市上市公司的数量连年增长，截至2022年12月14日，2022年退市数量已达50家，是我国证券市场有史以来退市数量最多的一年。但是，相比全球主要市场6%的退市率，A股市场退市率仍然偏低。据Wind数据，A股整体退市率长期不足1%。

资料来源：金融时报，中国金融新闻网等。

【本章小结】

股票是证券市场的基本工具之一，它搭建了投资者和融资者之间直接融资的桥梁。股票市场的发展不仅促进了企业的发展和经济的繁荣，也带动了金融市场和证券市场的发展。股票市场作为现代经济体系中的重要组成部分，具有不可替代的作用和重要地位。

股票具有不可返还性、风险性、流动性、投机性和决策参与性等特点。按照不同的分类方法，股票可以有多种不同的分类。例如，按照流通性分类，股票可以分为流通股和限售股；根据股东权利的不同可以分为普通股和优先股；按照是否记载股东姓名，可以将股票分为记名股票和无记名股票等。

股票发行制度可以分为注册制和核准制两大类。

股票市场由发行市场和流通市场两部分组成，具有融通资金、优化资源配置、价格发现、信息传递、宏观调控等多种功能。

【关键概念】

股票（Stock） 流通股（Outstanding Shares） 限售股（Restricted Shares） 普通股（Common Shares） 优先股（Preferred Shares） 记名股票（Registered Stocks） 无记名股票（Bearer Stocks） 国家股（State-Owned Shares） 法人股（Corporate Shares） 证券交易所（Securities Exchange） 核准制（Approval System） 注册制（Registration System） 票面价格（Face Value） 发行价格（Issue Price） 账面价格（Book Price） 清算价格（Liquidation Price） 理论价格（Theoretical Price） 市场价格（Market Price）

【思考与练习】

一、判断题

1. 任何券商都能成为会员制证券交易所的会员。（ ）

2. 股票市场价格的涨跌受多种因素影响，包括宏观经济因素、公司内部因素和投资者心理因素等。（ ）

3. 股票市场是一种集中化的市场，只有通过证券交易所才能进行交易。（ ）

4. 股票市场中的行情是指股票价格的变化情况，由于股票价格波动的复杂性，行情预测很难做到准确。（ ）

二、选择题

1. 【单选】香港证券交易所的组织形式属于（ ）。

A. 公司制　　B. 会员制　　C. 合作制　　D. 契约制

2.【单选】证券交易所是依据国家有关法律，经政府证券主管机关批准设立的集中进行证券交易的有形场所，证券交易所的组织形式有(　　)种。

A. 1　　B. 2　　C. 3　　D. 4

3.【单选】《中华人民共和国公司法》规定有面额股票发行价格的最低界限是股票的(　　)。

A. 账面价值　　B. 票面金额　　C. 清算价值　　D. 内在价值

4.【单选】在股票市场中，以下哪项是订单匹配原则的基本原则（　　)?

A. 先到先得原则　　B. 价格优先原则

C. 量优先原则　　D. 按时间优先原则

5.【多选】我国现行的委托买卖指令有（　　)。

A. 市价委托　　B. 限价委托　　C. 停止损失委托　　D. 停止损失限价委托

三、简答题

1. 简述证券交易所的性质与职能。

2. 比较分析注册制和核准制的优缺点。

四、论述题

1. 影响股票市场价格波动的因素有哪些?

2. 分析为什么良好的信息披露制度是实施注册制的基础。

推荐阅读材料、网站

1. 上交所，http://www.sse.com.cn/，上海证券交易所官方网站，提供股票市场的实时行情、公告、交易信息和相关数据。

2. 深交所，http://www.szse.cn/，深圳证券交易所官方网站，提供股票市场的实时行情、公告、交易信息和相关数据。

3. 中国证券监督管理委员会，http://www.csrc.gov.cn/，监督管理全国证券期货市场，其网站提供了丰富的股票市场监管信息和数据。

4. 证券时报网，http://www.stcn.com/，提供全面的股票市场信息、数据、新闻和分析。

5. 金融界，finance.jrj.com.cn，提供股票、基金、债券、期货等各类资讯和行情分析，还有实用的投资工具和研究报告。

6. 新浪财经，https://finance.sina.com.cn/，提供 7×24 小时财经资讯及全球金融市场报价，覆盖股票、债券、基金、期货、信托、理财、管理等多种面向个人和企业的服务。

7. CNBC，https://www.cnbc.com/，一个全球性的财经新闻频道，提供股票市场实时新闻、分析和评论。

8. MarketWatch，https://www.marketwatch.com/，一个提供实时股票行情、新闻和分析的综合性财经网站，覆盖全球股市。

9. Seeking Alpha，https://seekingalpha.com/，是一家总部位于美国的股票市场

资讯网站，其提供了丰富的股票市场相关的新闻、分析、评论和数据等内容，是国际投资者和股民关注的重要平台之一。

10. The Motley Fool，https://www.fool.com/，一个提供股票分析、评论和投资建议的平台，注重长期投资策略和价值投资理念。

11.《证券分析》(Security Analysis)，本杰明·格雷厄姆（Benjamin Graham）和大卫·杜松（David Dodd）合著，是价值投资的经典著作，强调基本面分析和安全边际的重要性。

第5章　外汇市场

【本章提要】

大多数国家的国际贸易及其他国际经济往来是以外汇进行结算的，一国的国际收支上反映的是该国在一定时期内外汇的持有及变动状况。在国际金融市场上，汇率的变动有时会被对汇价的套利投机行为所加剧，造成了一国外汇市场的动荡。汇率的变动有时表现为脱离实体经济的独立运动，由此产生了一系列对汇价确定和汇率变动进行研究和总结的理论。通过本章的学习，将带你了解汇率的三种标价法及其分类；汇率分类；外汇市场的概念、构成、特征和种类；即期外汇交易、远期外汇交易、掉期交易和套汇交易相关概念及计算。

【学习目标】

1. 学会并熟记外汇与汇率的基本概念。
2. 学会计算远期汇率及套算汇率。
3. 具备初步分析一国汇率变动走势的能力。
4. 了解人民币国际化进程。

【重点与难点】

本章重点：外汇市场概念及划分种类、即期汇率概念及交易实务、远期汇率概念及交易实务。

本章难点：掉期交易和套汇交易相关概念及交易实务。

【案例链接】

2021年年底至2022年9月9日，人民币兑美元汇率中间价由6.37下降至6.91，贬值了8.4%。近期人民币兑美元汇率中间价是否会破7.00，引发了国内外金融市场高度关注。例如，今年9月初人民币兑CFETS货币篮的汇率指数，基本上与去年年底相当。相比之下，刻画美元相对于其他主要发达国家货币强弱的美元指数，在去年年底至今年9月上旬则上升了13.7%。

2022年是美元狂飙突进的一年。在新冠疫情暴发后，美国政府实施了有史以来最为激进的财政货币刺激方案，且财政刺激主要投放在消费端。从2021年下半年起，随着美国经济的反弹、失业率的下降，以及生产复苏滞后于消费复苏，美国的通货膨胀率急剧攀升。截至 2022 年 7 月，美国 CPI 以及核心 CPI 同比增速分别达到 8.5%与 5.9%，显著超出美联储的货币政策目标。国内通胀率的飙升倒逼美联储不得不加快缩减 QE、加息与缩表的进度。2022 年 3、5、6、7 月，美联储分别宣布加息 25、50、75 与 75 个基点，短短五个月内累计加息 225 个基点，相当于美联储在 2015 年至 2018 年加息幅度的总和。

国家外汇管理局日前发布的国际收支平衡表初步数据显示，2022 年，我国经常账户顺差 28210 亿元，其中，货物贸易顺差 46240 亿元，服务贸易逆差 6405 亿元，初次收入逆差 12992 亿元，二次收入顺差 1367 亿元。资本和金融账户中，直接投资顺差 1838 亿元，储备资产增加 6838 亿元。

业内专家分析认为，2022 年，我国国际收支保持基本平衡，经常账户维持合理规模顺差，直接投资总体保持净流入，经常账户、直接投资等基础性国际收支顺差发挥了稳定跨境资金流动的主导作用，体现了较强的发展韧性。

资料来源：根据网络公开资源整理。

什么是外汇？人民币兑美元汇率变动对我国进出口贸易的影响有哪些？本章从外汇定义出发，进一步介绍外汇交易与人民币汇率制度等内容，以便能够更好地理解和应用外汇市场的相关知识。

5.1 外汇与汇率概述

5.1.1 外汇的概念及特点

(1) 外汇的概念

通常，一般人在被问到“什么是外汇”这样的问题时，首先的反应就是“外国的货币”或是“外国的钱”，这个回答能够在一定程度上解释什么是外汇，但还不够准确和全面。外汇的英文“Foreign exchange”，其本意就是“国际汇兑”的意思。从这个意义上讲，动态的外汇概念基本等同于“国际结算”。静态的外汇，又有狭义外汇和广义外汇之分。

第一，狭义的外汇。

众所周知，随着国际信用制度的发展，大量的国际支付是通过银行运用各种金融工具来进行的。因为通过运送现金来完成结算，不但要付出较高的运费和经历一段运送实践，还可能遭受种种风险损失，其中包括利息损失。所以在大多数情况下，人们通过银行来完成货币结算和支付，其过程如图 5-1 所示。

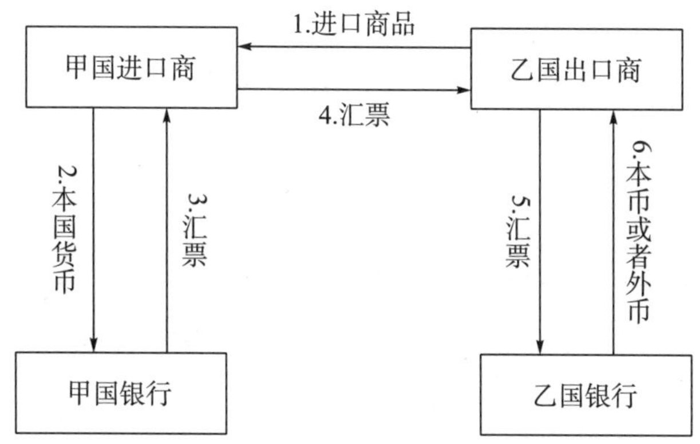

图 5－1　国际结算的基本过程

从这个过程中我们可以看出，凡是能够在国际计算中被普遍接受的各种金融工具都可视为外汇资产，如银行存款凭证、支票和汇票等。

我们通常所说的外汇是指以外币表示的用于国际结算的支付手段，这是狭义的外汇概念，它强调的是国际结算体系能够被普遍接受。

第二，广义的外汇。

各国外汇管理法令中所称的外汇一般是广义的外汇。例如，按照 2008 年 8 月修订的《中华人民共和国外汇管理条例》的规定，外汇由以下几类构成。

①外币现钞，包括纸币、铸币。

②外币支付凭证或者支付工具，包括票据、银行存款凭证、银行卡等。

③外币有价证券，包括债券、股票等。

④特别提款权。

⑤其他外汇资产。

从这个广义的外汇构成中，我们可以发现，第①项中的外币现钞严格来说不能算作外汇，因为外币在其发行国虽然是法定货币，但是一旦流入他国，便立即失去法定货币的身份和地位，外币的持有者需将这些外币向本国银行兑换成本国货币才能使用。即使是银行，也须将这些外币向其发行国或境外的外币市场出售，变为在国外银行的存款，才能用于国际结算。第③项中的外币有价证券也不能直接用于结算。第④项中的特别提款权只能用于官方结算，不能用于民间贸易。因此，广义的外汇包括狭义外汇以及不能用于国际结算的其他外汇资产。各国外汇管理法令中的外汇之所以范围较为广泛，是出于监管的需要。

（2）外汇的特点

一般来说，外汇主要有以下三个特点。

①必须是以外国货币表示的资产，即强调一个“外”字。比如，在中国以人民币表示的资产就不能称为外汇。

②必须是在国外能够得到补偿的债权。比如你手中的美元如果是假钞的话，当然不可能得到补偿，也就不能视为外汇资产。

③必须是以可兑换货币表示的支付手段。世界各国都有自己的货币，但不是所有国

家和地区的货币都可以自由兑换和流通。

目前，在国际上普遍流通和接受的货币主要有美元、欧元、英镑、日元、瑞士法郎等。自 2009 年推行人民币跨境贸易结算以来，人民币在漫长的国际化征程中迈出了坚实的第一步。目前尽管所占份额较少，但在结算货币篇名中已位列美元、欧元之后，排名第三。

主要国家和地区的货币名称及字符代码见表 5-1。

表 5-1　主要国家和地区的货币名称及字符代码

国家和地区名称	ISO 国际标准国家和地区名称		货币名称	ISO 国际标准三字符货币代码
	字符代码	数字代码		
中国	CN	156	人民币元	CNY
美国	US	840	美元	USD
中国香港	HK	344	港元	HKD
英国	GB	826	英镑	GBP
瑞士	CH	756	瑞士法郎	CHF
瑞典	SE	752	瑞典克朗	SEK
丹麦	DK	208	丹麦克朗	DKK
挪威	ND	578	挪威克朗	NOK
欧元区国家	/	/	欧元	EUR
澳大利亚	AU	036	澳大利亚元	AUD
新西兰	NZ	554	新西兰元	NZD
加拿大	CA	124	加拿大元	CAD
新加坡	SG	702	新加坡元	SGD
日本	JP	392	日元	JPY
泰国	TH	764	泰铢	THB
马来西亚	MY	458	林吉特	MYP
巴基斯坦	PK	586	卢比	PKR

5.1.2　汇率及其标价方法

(1) 汇率的概念

汇率 (Exchange rate) 是一个国家的货币折算成另一个国家的货币的比率、比价或价格，也可以说是以本国货币表示的外国货币的“价格”。外汇是可以在国际上自由兑换、自由买卖的资产，也是一种特殊的商品，汇率就是这种特殊商品的“特殊价格”。在国际汇兑中，不同的货币之间可以相互表示对方的价格。因此，外汇汇率具有双向表示的特点，既可以用本币表示外币的价格，也可以用外币表示本币的价格。至于是用本币表示外币，还是用外币表示本币，取决于一国所采用的汇率标价方法。

一般地，在实践中，汇率通常表示到小数点的后 4 位数。如 6.1331。小数点后的第四位数，称为“个数点”，“点”（Point）就是汇价点，相当于万分之一，1 点＝0.0001，以此类推。汇率的写法习惯上有两种：一种是将两种货币用斜杠表示，具体数值在旁边写出，如美元兑港币的汇率为 USD/HKD：7.8010～7.8020（或简写为 7.8010/20）；

另一种是将两种货币的汇率用斜杠直接表示出来，如瑞士法郎兑美元的汇率为＄1.6630/SF，即 SF1＝＄1.6630.

（2）汇率的标价方法

①直接标价法。

直接标价法是将一定单位（1 个或 100、10000 个单位）的外国货币折算为一定数额的本国货币的汇率表示方法。大多数国家采用直接标价法。在直接标价法下，单位外币所能换取的本国货币数量越多，说明外币币值越高，本币币值越低。如：中国外汇市场：

100 美元＝ 613.15～613.35 人民币元

此时，汇率的变动是以本币数额的变动来直观地表现的：如汇率数值升高，意味着需要比原来更多的本币才能兑换到单位外币，说明外币升值；反之，如汇率数值下跌，意味着仅需要比原来更少的本币就能兑换到单位外币，说明外币贬值。因此，将这一标价方法称为“直接标价法”。

②间接标价法。

间接标价法是将一定单位的本国货币折算为一定数额的外国货币的汇率表示方法。即以本币为基准，用外币数量的增减来表示本币价格的升降。在间接标价法下，单位本币所能换取的外国货币数量越多，说明本币币值越高，外币比值越低。目前，世界上采用间接标价法的主要是英镑、美元以及欧元等。英国是资本主义国家，英镑曾经充当世界货币，因此长期以来伦敦外汇市场上英镑就采用间接标价法。第二次世界大战后，美国经济实力迅速扩张，美元逐渐成为国际结算、国际储备的主要货币，为了便于计价结算，从 1978 年 9 月 1 日开始，纽约外汇市场也改用间接标价法，以美元为基准公布美元与其他货币之间的汇率。如：纽约外汇市场：

1 美元＝0.7559～0.7599 欧元

如果汇率数字变大，外汇贬值，本币升值；如果汇率数字变小，则外汇升值，本币贬值。这表明，汇率数值的升降只能间接地反映出外币价值的升降，从这一角度讲，这一标价法称为“间接标价法”。

③美元标价法。

美元标价法是指以一定单位的美元为标准来计算能兑换多少其他货币。通常在银行间外汇交易时采用。第二次世界大战以后，由于美元是世界货币体系的中心货币，各国外汇市场上市公司的外汇牌价均以美元为基准，这就是美元标价法。银行汇价挂牌时，标出美元与其他各种货币之间的比价，如果需要计算美元以外的两种货币之间的比价，就必须通过美元进行套算，因此产生了套算汇率，又称交叉汇率（Cross exchange rate）。

例如，假定1美元=0.9894瑞士法郎，1美元=8.2886瑞典克朗，则1瑞士法郎=8.2886×1/0.9894=8.3774瑞典克朗。由于美元是国际外汇市场上最主要的货币，美元标价法有利于比较不同外汇市场的汇率行情，便于交易的进行。

表5-2为中国银行2023年1月2日的人民币即期外汇牌价。

表5-2　中国银行人民币即期外汇牌价（2023.01.02）100元外币/人民币元

币种	现汇买入价	现钞买入价	现汇卖出价	现钞卖出价	中行折算价
美元	690.2	684.59	693.1	696.4	
澳大利亚元	469.16	454.58	472.61	474.7	471.38
加拿大元	508.78	492.71	512.53	514.79	513.85
瑞士法郎	745.19	7222	750.43	753.64	754.32
丹麦克朗	99.04	95.98	99.84	100.32	99.83
欧元	737.13	714.23	742.57	744.96	742.29
英镑	832.25	806.39	838.38	842.09	839.41
港币	88.43	87.73	88.79	88.79	89.33
印度卢比	0.0442	0.0429	0.0446	0.0463	0.0445
日元	5.2637	5.1001	5.3024	5.3106	5.2358
韩国元	0.5416	0.5226	0.546	0.566	0.5523
新西兰元	436.6	423.12	439.66	445.71	441.62
菲律宾比索	12.34	11.91	12.48	13.04	12.5
瑞典克朗	66.02	63.99	66.56	66.87	66.59
新加坡元	514.5	498.63	518.12	520.7	518.31
泰国铢	19.89	19.28	20.05	20.68	20.14
土耳其里拉	36.81	35.01	37.11	42.61	37.23
南非兰特	40.53	37.43	40.82	44	41.13

资料来源：https://www.boc.cn/sourcedb/whpj/

（3）买入汇率、卖出汇率与中间汇率

商业银行等金融机构买进外币时所依据的汇率就是买入汇率，也称买价；卖出外币时所依据的汇率就是卖出汇率，也称卖价。买入汇率与卖出汇率相差的幅度一般在1‰~5‰，各国不尽相同，两者之间的差额即商业银行买卖外汇的利润。买卖差价的大小反映了银行业务竞争的激烈程度，有时也表示银行对某种货币的买卖意图。

买入汇率与卖出汇率相加除以2，则为中间汇率。中间汇率适用于银行同业之间买卖外汇，对一般顾客不适用。通常，在汇率分析中常用中间汇率，报刊刊登的汇率也大多是中间汇率，银行以及涉外企业年终决算、制作报表时也使用中间汇率。

从表 5-2 中我们可以看出，银行在买进外汇时有两个价格。一个是现钞买入价（卖出价）；一个是现汇买入价（卖出价）。例如，100 美元的现汇买入价是 690.20 元人民币，现钞买入价是 684.59 元人民币，中间相差 5.61 元。这是因为商业银行等金融机构在收进外币现钞以后，由于外币现钞不能在本国境内流通和使用，必须运送到国外变成国外银行的存款后才能用于支付，这其中将有一定的利息损失以及运输、保管等费用。因此，外币现钞的价格就比现汇的价格低。但是，卖出外币现钞的价格并不会因此降低。

按照惯例，各国外汇银行公布的外汇牌价分为买入汇率和卖出汇率，并且前面的数字小，后面的数字大。买入、卖出汇率的判断依据是报价银行贱买贵卖，买入外汇的价格要低于卖出外汇的价格。需要指出的是，在直接标价法下，前者是买入汇率，后者是卖出汇率；在间接标价法下，前者是卖出汇率，后者是买入汇率。例如，纽约某银行挂出的英镑和加拿大元的汇价如下：

GBP1＝USD1.6283/1.6307

USD1＝CAD1.3547/1.3571

在上面的报价中，英镑兑美元的汇率采用的直接标价法，前面较小的数字 1.6283 是买入价，表示银行买入 1 英镑要付出 1.6283 美元，后面较大的数字 1.6307 是卖出价，表示银行卖出 1 英镑要收入 1.6307 美元。而美元兑加拿大元的汇率采用的是间接标价法，前面较小的数字 1.3547 是卖出价，表示银行卖出 1 加拿大元要收入 1/1.3547 美元，后面较大的数字是买入价，表示银行买入 1 加拿大元要支付 1/1.3571 美元。

5.1.3　汇率的种类

我们可以从不同的分析角度对汇率进行分类和划分。

（1）按外汇管制的宽严程度不同，划分为官方汇率和市场汇率

官方汇率（Official rate）又称官定汇率或法定汇率，是指由一国货币当局确定公布的汇率。市场汇率（Market rate）是指由外汇市场供求状况自由决定的汇率。

（2）按外汇买卖交割的期限不同，划分为即期汇率和远期汇率

外汇交割（Delivery）是指外汇买卖双方履行交易契约，进行钱汇两清的行为。

即期汇率（Spot rate）又称现汇汇率，是买卖双方成交后，在两个营业日内办理外汇交割时所使用的汇率。它反映现时外汇汇率的水平。

远期汇率（Forward rate）又称期汇汇率，是买卖双方事先约定的，据以在未来一定日期进行交割的汇率。它是在现行汇率基础上的约定，往往与现行汇率不一致。

（3）按外汇交易的支付工具不同，划分为电汇汇率、信汇汇率和票汇汇率

电汇汇率（Telegraphic Transfer Rate，T/T Rate）也称电汇价，是指银行以电信方式买卖外汇时所使用的汇率。所谓电汇，是银行在买卖外汇时，用电信方式通知国外

分支机构或代理行付款。

信汇汇率（Mail Transfer Rate，M/T Rate）也称信汇价，是指银行以信函方式买卖外汇时所使用的汇率。所谓信汇，是银行买卖外汇时，用信函方式通知国外分支机构或代理行付款。

票汇汇率（Demand Draft Rate，D/D Rate）也称票汇价，是银行买卖外汇汇票、支票和其他票据时所使用的汇率。所谓票汇，是银行在买卖外汇时，开立一张由其国外分支机构或代理行付款的票据交给汇款人，由汇款人自带或寄往国外取款。

（4）按汇率制度不同，划分为固定汇率和浮动汇率

固定汇率（Fixed exchange rate）是指政府用行政或法律手段选择一个基本参照物，并确定、公布和维持本国货币与该参照物的固定比价。

浮动汇率（Floating exchange rate）是指政府不确定本国货币与某一参照物的固定比价，也不规定汇率上下波动的界限，汇率水平完全由外汇市场上的供求状况决定。

（5）按汇率是否统一，划分为单一汇率和复汇率

单一汇率（Single exchange rate）是指一国货币对某一外币只有一种汇率，该国不同性质与用途的外汇收付均按此汇率计算。

复汇率（Multiple exchange rates）也称多种汇率，是指一国货币对某一外币因性质与用途不同而规定两种或两种以上的汇率。双重汇率是复汇率的一种形式，如用于进出口贸易及其从属费用收付结算的贸易汇率（Commercial exchange rate）和用于资金转移、旅游等非贸易收付结算的金融汇率（Financial exchange rate）。

复汇率是外汇管制的产物，官方制定两种或两种以上的汇率主要是为了进出口，限制进口，改善本国的贸易状况，或是为了增加非贸易外汇收入以及限制资本出入，达到政府在特定时期的经济政策目标。由于复汇率是一种歧视性汇率，因此国际货币基金组织要求其会员国采用单一汇率，实行复汇率的会员国应在一定时期内过渡为单一汇率。

（6）从国际金融研究和决策的角度，可以划分为名义汇率、实际汇率和有效汇率

名义汇率（Nominal exchange rate）是指一国对外公布的、未经调整的汇率。实际汇率和有效汇率是相对于名义汇率而言的。

各国政府为了达到增加出口和限制进口的目的，经常对各类出口商品进行财政补贴或减免税收，对进口商品征收各种类型的附加税。从名义汇率中剔除这些因素，才能真实地反映影响一国进出口的汇率水平。实际汇率（Real exchange rate）是指名义汇率与政府财政补贴和税收减免之和或之差，用公式表示为：

$$实际汇率=名义汇率\pm财政补贴和税收减免$$

这一概念的实际汇率主要用于研究汇率调整、倾销调查与制定反倾销措施、考察货币实际购买力。

实际汇率的另外一个含义是名义汇率减去通货膨胀率，这一概念的实际汇率旨在剔除通货膨胀对名义汇率的影响，在货币实际购买力的研究中经常被用到。用公式表

示为：

$$实际汇率=名义汇率-通货膨胀率$$

有效汇率（Effective exchange rate）是指某种加权平均汇率，又分为名义有效汇率和实际有效汇率。

名义有效汇率是各种双边汇率的加权平均，所以又称为名义有效汇率指数。从 20 世纪 70 年代末起，人们开始使用名义有效汇率来观察某种货币的总体波动幅度及在国际经贸和金融领域中的总体地位。以贸易比重为权数的有效汇率的公式如下：

$$A\ 币的有效汇率 = \sum A\ 国货币对\ i\ 国货币的汇率 \times \frac{A\ 国对\ i\ 国的贸易值}{A\ 国的全部对外贸易值}$$

实际有效汇率是剔除通货膨胀对各国货币购买力的影响，一国货币与主要贸易伙伴国货币双板名义汇率的加权平均数。

5.2　外汇交易

外汇交易实质上就是国际上货币的兑换行为，汇率就是外汇交易的价格。在浮动汇率的条件下，汇率的频繁波动对相关经济主体和宏观经济发展产生了极大的影响。在国际经贸往来的推动下，外汇交易发展迅速，创新活跃，目前已经出现了很多方式，交易量也非常巨大，本节讲述外汇市场上的主要交易形式。

5.2.1　外汇市场的概念及类型

外汇市场（Foreign exchange market）是经营外汇买卖，调剂外汇供求的交易场所。外汇市场是由外汇需求者、供应者和中介机构组成的买卖外汇的交易场所或网络，是国际金融市场的重要组成部分。

发达国家的外汇市场，由于各自长期的传统习惯，形成两种交易方式：第一种是指定具体交易场所、规定营业时间的有形市场，也称为大陆式市场。目前，欧洲大陆除瑞士外，多数采用有形市场内交易的形式。不过，其交易项目仅限于对客户的交易或调整各自即期外汇交易（Spot foreign exchange transaction）的头寸，实际上银行间的交易大部分还是在有形市场之外进行的。第二种是无具体交易场所，直接通过连接银行与外汇经纪人、银行与银行的电话、电传以及其他通信工具组成的网络进行交易的无形市场，通常称为英美式外汇市场。现在世界上绝大多数的外汇交易是通过这种无形市场进行的。

国际外汇市场从地理上可分为远东及中东、西欧和北美三大金融中心区域，全球各地区外汇市场随地球自转，能够按照世界时区的差异相互衔接，从星期一到星期五，出现全球性的 24 小时不间断的连续市场。从格林尼治国际标准时间（GMT）22：00（北京时间凌晨 6 时）开始，新西兰的惠灵顿、澳大利亚的悉尼相继开市；随后东京开市；

中国香港地区、新加坡开市；GMT 6：00 中东地区的巴林开市；GMT 10：00 巴黎、法兰克福、苏黎世、伦敦相继开市；GMT 13：30（北京时间晚 9：30）纽约开市；随后芝加哥、旧金山开市；GMT 22：00 美国收市而惠灵顿、悉尼相继开市。

北京时间 20：30—24：00 是伦敦市场和美国市场的重叠交易时间段，是外汇交易的密集区，也是大宗交易最多的时段，此时市场波动较大，是外汇市场交易的黄金时间段。另外，本地货币在本地市场的交易时间段内比较活跃，比如亚洲市场开放时的澳元、日元比较活跃，欧洲市场开放时的欧元、英镑、瑞士法郎比较活跃；美洲市场开市时的美元、加元比较活跃。

尽管外汇市场在节假日照常交易，但交易量小，流动性不足，投资者在此时交易可能会产生较大的滑点和冲击成本，应尽量避免。滑点是指交易者下单的价格和最后成交的价格有差距。

5.2.2 外汇市场的参与者

外汇市场参与者主要有外汇银行、外汇经纪人、中央银行和一般客户（工商企业、投机商等）。

（1）外汇银行

外汇银行是由各国中央银行指定或授权经营外汇业务的银行，是外汇市场的主体。外汇银行在外汇零售市场为客户提供服务，进行外汇买卖，以赚取买卖汇率的价差为主，原则上不承担汇率风险。外汇银行在外汇批发市场上进行两方面的活动：一是代其大客户在市场上进行买卖，主要目的在于从中获得适当的手续费；二是以自己的账户直接进行自营买卖，即为达到自身盈利或避免风险的目的，进入外汇市场参与交易。

（2）外汇经纪人

外汇经纪人（Foreign exchange broker）是外汇市场上专门为交易双方介绍外汇买卖的中间人，一般都以收取佣金为目的。外汇经纪人须经所在国家或地区有关金融当局批准才能取得经营业务的资格，同外汇银行有密切联系，熟悉外汇行市和外汇供求情况，了解各方面的信用情况。外汇经纪人从各个银行取得外汇买卖报价，然后从中将某一货币的最佳市场价格以及可能的交易额传递至其他有意的银行。外汇经纪人代客买卖完全是代理性质，按照惯例，外汇经纪人不得同私人进行交易，不得以自己名义买卖外汇，不得从中图谋价差。成交后，外汇经纪人用书面通知买卖银行，买卖双方这时才知道与自己交易的对方是谁，由买入行向卖出行发出成交书，然后据此结算。

现在，银行与银行之间的直接报价交易已经很方便，为什么交易员还要支付一定的佣金通过外汇经纪人交易呢？至少有两个好处：第一，交易员可了解最佳市场行情，获得外汇经纪人提供的服务；第二，可以隐瞒自己买卖的企图。

（3）中央银行

一些国家的中央银行为防止国际短期资金冲击外汇市场，稳定本币汇率，管理与控制本国货币供应量及其他政策目标，往往在必要时通过外汇银行进行大额外汇买卖，干预外汇市场。当市场上外汇供大于求时，中央银行利用专门基金来收购外汇；相反，当市场上外汇求大于供时，中央银行抛售外汇，以促使汇率稳定。因此，中央银行实际是外汇市场上举足轻重的参加者。

（4）一般客户

一般客户包括进出口商及其他外汇供求者，他们是外汇交易中最初的供应者和最终的需求者。此外，还包括外汇市场的投机者。

5.2.3　外汇市场的功能

在外汇市场上，参加者之间进行着各种类型的外汇交易。通过这些活动，外汇市场在便利国际债权和债务清算、提供信贷、消除汇率风险等方面起到重要作用。具体而言，包括如下几个方面。

（1）为国际经济贸易往来提供货币兑换和结算的便利

通过外汇市场兑换和汇付，国际债权和债务关系得以结清，实现了不同国家间购买力的转移，这是外汇市场存在的最基本理由。

（2）生成外汇价格（汇率）

银行接受顾客买卖外汇后，需在银行间市场进行调节，因此自然产生外汇的供需。加上银行本身自发性的供需，在市场上通过竞价过程，便会产生汇率。银行对顾客交易的汇率再以银行间的成交汇率为基准按照一定的方式加以确定。

（3）提供国际贸易信用

在国际贸易中，许多交易由于各种原因无法或无须立即结清，所以外汇市场也可提供各种形式的信贷和资金的融通。

（4）为投机活动或套期保值提供便利

一方面，由于各种货币汇率频繁波动，进出口商或外汇银行可运用外汇市场的各种交易工具，转移或避免汇率变动风险，使外汇风险最小化，以保证国际贸易和国际投资的顺利进行；另一方面，外汇投机者可以利用各种交易工具在外汇市场上进行投机活动，或遭受严重损失。

（5）外汇市场是国际金融活动的枢纽，推动了经济金融全球化

欧洲货币市场的蓬勃发展大大地扩展了国际外汇市场的活动范围，一个国家国际收支所有项目的外汇收支活动，都是直接或间接地通过国际外汇市场来进行的；国际外汇市场的交易活动和汇率的变化，直接反映了货币资本在国际范围内的运动，同时综合反映了一国在一定时期的国际收支盈亏、政治经济变化和经济实力消长的基本情况。

外汇市场的发展在全球一体化的过程中起着十分重要的作用。随着科学技术的进步，外汇市场的交易速度大大提高，各市场之间的汇率差距能迅速得到调整，价格趋于一致。此外，外汇市场间全球性发展，各地的营业时间互相衔接，一天 24 小时内可以不间断地在世界各个外汇市场进行交易，促进了全球范围内的货币支付和资本转移。

5.2.4　外汇交易实务

外汇交易的类型有很多种，其中，即期外汇交易（Spot foreign exchange

transaction)、远期外汇交易(Forward foreign exchange transaction)和掉期外汇交易(Foreign exchange swap transaction)是外汇市场上的基本交易形式，被称为传统外汇交易形式。随着国际金融创新的发展，20 世纪 70 年代以后出现了许多交易形式，如外汇期货、外汇期权、货币互换与利率协议等。然而，传统的外汇交易形式无论是在交易的平均额上，都远远超过外汇交易创新形式。

(1) 即期外汇交易概念

即期外汇交易，又称现汇交易，指买卖双方约定于成交后的 2 个营业日内交割的外汇交易。即期交易是外汇市场上最常见、最普遍的交易形式，其基本作用在于：满足临时性的付款需求、实现货币购买力的转移、调整货币头寸、进行外汇投机等。即期交易的汇率构成整个外汇市场汇率的基础。一般而言，在国际外汇市场上进行外汇交易时，除非特殊指定日期，一般都视为即期交易。

双方达成外汇交易协议的这一天称为成交日。达成交易后双方履行资金划拨、实际收付义务的行为称为交割，这一天称为交割日，也成为起息日。一般来说，外汇买卖"零售"业务都在当日成交和收付，而银行同业间外汇"批发"即期交易的交割日包括以下三种类型。

①标准交割(T+2)，指在交易成交后第二个营业日交割，如果遇上非营业日，则向后推迟到下一个营业日。例如，在香港外汇市场上港元兑大多数货币的即期交易就属于标准交割。

②当日交割(T+0)，又称现金交割，指成交与交割同日进行。例如，在香港外汇市场上，港元兑美元的即期交易就属于当日交割。

③次日交割(T+1)，指在成交后第一个营业日交割，一般是在成交日的次日。例如，在香港外汇市场上，港元兑日元、新加坡元、马来西亚林吉特、澳大利亚元的即期就属于次日交割。

(2) 即期外汇交易实务

在即期交易中经常遇到各种货币之间汇率的套算，下面介绍套算方法。

第一，倒数汇率(Reciprocal rate)。

倒数汇率指已知 A 币兑 B 币汇率，求 B 币兑 A 币的汇率。

【例 5-1】已知报价方报出 USD/CNY 即期汇率是 6.1685/95。报价方应如何报出 CNY/USD 的即期汇率?

解：按报价惯例可知，USD/CNY 报价的实际含义是：报价方买入 1 美元时付出 6.1685 元人民币(买入价)，卖出 1 美元时收入 6.1695 元人民币(卖出价)，中间有 10 点的买卖利润。由此可知：报价方 CNY/USD 即期汇率买价为 1/6.1695=0.16209；卖价为 1/6.1685=0.16211。按惯例写出报价即 0.16209/0.16211。

第二，交叉汇率(Cross rate)。

交叉汇率指通过第三种中介货币推算出两种货币的汇率。即已知 A 币与 C 币之间的汇率，C 币与 B 币之间的汇率，求 A 币兑 B 币汇率。

①当银行报出两个汇率，若中介货币在一个汇率中是基准货币，在另一个汇率中是

计价货币[①]，则交叉汇率的双向报价按“同边相乘”原则计算。

【例 5－2】已知银行即期汇率报价 GBP/USD ＝1. 6096/05，USD/CNY ＝6. 1485/93，求该银行 GBP/CNY 的即期汇率。

解：USD 在 GBP/USD 中是报价货币，在 USD/CNY 中是基准货币，因此，交叉汇率 GBP/CNY 采用“同边相乘”。

原则计算得出：

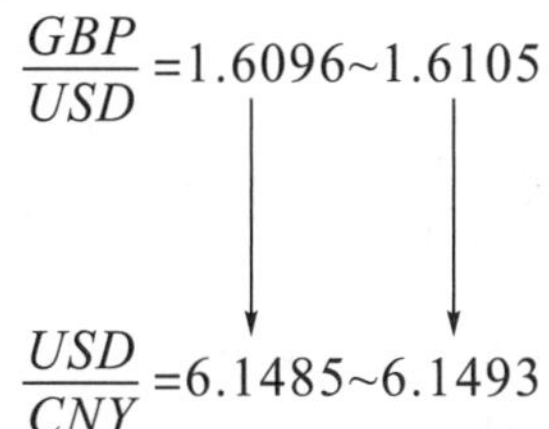

GBP/CNY 即期汇率买价为 1. 6096×6. 1485，卖价为 1. 6105×6. 1493，按惯例写出报价即 9. 8966/9. 9034。

可以按如下思路来理解以上的计算：

银行报 GBP/CNY 买价，此时该行的客户是卖出 1 英镑，买入若干人民币，客户必须先向银行卖出 1 英镑，获得 1. 6096 美元，然后客户将得到的 1. 6096 美元再卖出，最终，客户卖出 1 英镑可得到 1. 6096×6. 1485 元人民币。显然，交叉汇率的计算考虑了两次交易费用，因而买卖价差较大。银行报 GBP/CNY 卖价，也可按类似思路来考虑。

②当银行报出两个汇率时，若中介货币在两个汇率中都是基准货币或都是报价货币，则交叉汇率按“交叉相除”原则计算。

【例 5－3】已知银行即期汇率报价为 USD/JPY ＝97. 60/70，USD/CNY ＝6. 1485/93，求该银行 CNY/JPY 的即期汇率。

解：由于在银行的两个汇率报价中 USD 都是基准货币，而交叉汇率的基准货币为 CNY ，因此，用“交叉相除”的方法得出 CNY/JPY 的双向报价；

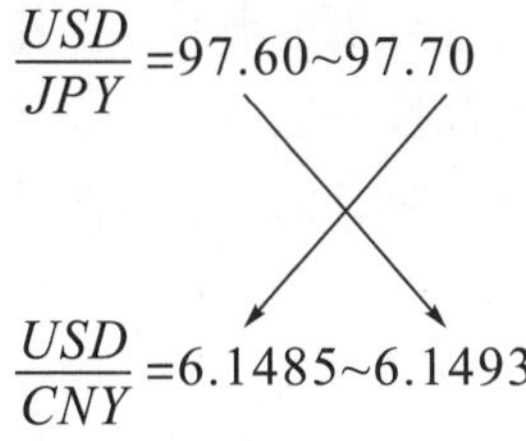

CNY/JPY 即期汇率买价为 97. 60÷6. 1493＝15. 872，卖价为 97. 70÷6. 1485＝15. 890，按惯例写出报价为 15. 872/890。

---

① 基准货币（Base currency）是指一组货币对中作为被计价的货币。非基准货币，也称计价货币（Quoted currency），是指一组货币对中用于计量 1 单位基准货币价格的货币。通常，基准货币在前，非基准货币在后，中间以“/”分隔。例如 USD/CNY ＝6. 1576，式中 USD 就是基准货币，CNY 是计价货币，表示的是 1 美元等于 6. 1576 元人民币。

【例 5－4】已知银行即期汇率报价为 AUD/USD＝0.6240/60，EUR/USD＝1.1020/40，求该银行 EUR/AUD 的即期汇率。

解：由于在银行的两个汇率报价中 USD 都是报价货币，用“交叉相除”方法可得息 EUR/AUD 的双向报价：

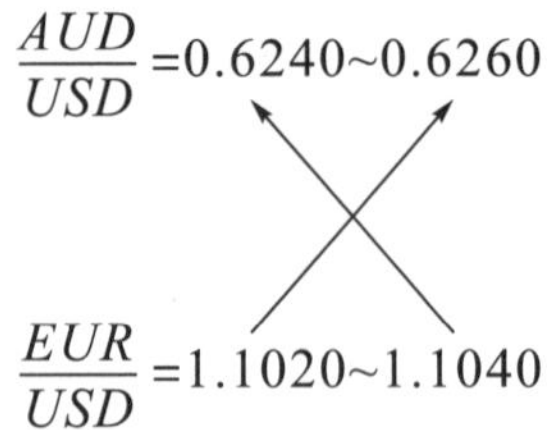

EUR/AUD 即期汇率买价为 1.1020÷0.6260＝1.7604，卖价为 1.1040÷0.6240＝1.7692，按惯例写出报价即 1.7604/92。

所谓双向报价（同时报出买价和卖价），就是考虑了交易费用的报价。因此，无论是用乘法还是用除法，每一次将中介货币抵消时，交易费用就增加一次。这个原则可以用来验算计算结果。

（3）远期外汇交易概念

第一，远期外汇交易。

远期外汇交易（Forward exchange transaction）是由外汇买卖双方签订合同，交易双方无须立即收付对应货币，而是约定在将来一定时期内，按照预先约定的汇率、币种、金额、日期、地点进行交割的外汇业务活动。

第二，远期外汇交易的种类。

远期外汇交易的期限一般有 30 天，60 天，90 天，180 天和 1 年。其中，最常见的是 90 天。也有远期合同期限超过 1 年的，但实务中比较少见。当然，除了整月期限的远期外汇交易外，银行还可应客户要求做一些特殊期限的远期交易，如零头天数交易、择期交易等，不过这种特殊期限的远期价格通常对客户不太有利。择期远期外汇交易（Optional forward）是指买卖双方在成交时只是事先确定交易数量外，银行还可应客户要求做一些特殊期限的远期交易，如零头天数交易、择期交易等，对汇率及交割日期不规定具体的时间，而是规定一个时间段（通常是一个半月内），客户可以要求银行在此时间段内任何一天进行交割。选择交割日的方法有两种：第一，事先把交割期限固定在两个具体日期之间；第二，事先把交割期限固定在不同月份之间。

择期远期外汇交易主要是为企业提供买卖外汇的灵活性，从而避免远期外汇买卖交割日期确定不变的缺点。例如，某进出口商在签订贸易合同后，一时还不能确定将来收付款择期远期外汇交易主要是为企业提供买卖外汇的灵活性，从而避免远期外汇买卖交割的确切日期，大致定为某年 3 月份左右。为了稳定进口成本，进口商可以同银行做一笔择期远期外汇交易，把交割日期定在 3 月 1 日—31 日。择期买卖合约签订后，进口商就可以按照约定的汇率在 3 月 1 日—31 日的任何一天，根据付款的要求，随时要求银行交割。由于主动权在客户，银行处于被动地位，承担的汇率风险较大，所以银行一般选择从择期开始到结束这段时间里最不利于客户的汇率作为择期交易的汇率。

第三，远期汇率的升贴水。

买卖远期外汇的汇率称为远期汇率，为了反映外汇市场远期与即期价格之间的关系，引入远期升贴水概念。远期汇率和即期汇率的差价称为远期汇水，如果一种货币远期汇率低于即期汇率，其差价称为远期贴水（Forward discount）；如果一种货币远期汇率高于即期汇率，其差价称为远期升水（Forward premium）如果两者相等，则称为远期平价（Forward par）。根据定义：

$$A\text{ 币兑 }B\text{ 币 }n\text{ 个月远期升贴水 }=F_n\left(\frac{A}{B}\right)-S(\frac{A}{B})$$

式中：$F_n\left(\frac{A}{B}\right)$ 表示 A 币兑 B 币 n 个月期的远期汇率。

一般来说，当我们求 A 币兑 B 币的远期升贴水时，实际上是将以 A 币作基准货币的远期汇价和即期汇价代入上式而求得。

为了更清晰地反映每种货币升水或贴水的程度并便于比较，通常用年率百分比的形式表示升贴水幅度。A 币兑 B 币 n 个月远期升贴水幅度的一般定义式为：

$$A\text{ 币兑 }B\text{ 币升贴水率 }=\frac{F_n\left(\frac{A}{B}\right)-S(\frac{A}{B})}{S(\frac{A}{B})\times N/12}\times 100\%$$

【例 5－5】外汇市场行情。

GBP/USD 即期汇率£ 1＝＄1.6100，90 天远期汇率£ 1＝＄1.6084。

要求：(1) 根据定义计算外汇市场 GBP/USD 的升贴水；(2) 根据定义分别计算外汇市场 GBP/USD 升贴水率和 USD/GBP 升贴水率。

解：(1) 从外汇市场行情可知，3 个月到期时，1 英镑所能换到的美元数额要比现在少，因此，90 天远期英镑兑美元贴水，每 1 英镑的贴水额＝0.0016 美元，即 16 个基本点。

(2) GBP/USD 升贴水率＝$\frac{1.6084-1.6100}{1.6100\times 3/12}\times 100\%=-0.3975\%$ 计算结果为负值，表示 GBP/USD 90 天远期时贴水，贴水年率为 0.3975%。

在同样数据的情况下，USD/GBP 是升水还是贴水？升贴水率为多少呢？

90 天美元的升水额＝1/1/6084—1/1.6100＝0.6217－0.6211＝0.0006

$$\text{USD/GBP 升贴水率}=\frac{\frac{1}{1.6084}-\frac{1}{1.6100}}{(\frac{1}{1.6100})\times 3/12}\times 100\%=0.3979\%$$

计算结果是正数，说明 USD/GBP 3 个月远期是升水，升水幅度为年率 0.3979%。从这里看到，美元升水幅度比英镑贴水幅度大一点。

由此可知：在讲升贴水时，一定要指明哪种货币的升贴水。就两种货币而言，A 币兑 B 币为远期升水，则 B 币兑 A 币必然时远期贴水，但升、贴水率略有不同。

(4) 掉期交易

第一，掉期交易的含义。

掉期交易（Swap transaction）又称外汇换汇交易或调期交易，是指将币种相同，但交易方向相反、金额相等、交割日不同的两笔或两笔以上的外汇交易结合起来进行的交易。简言之，就是以A货币兑换成B货币，并于未来某一特定时间，再以B货币换回A货币的交易。

掉期交易的主要目的是轧平各货币因到期日不同所造成的资金缺口（Cash－flow gap）。在掉期交易中，一种货币在被买入的同时即被卖出，并且所买入的货币与所卖出的货币，在数额上总是相等，因此，掉期交易并不改变交易者的外汇净头寸，而只是由于所买卖的货币在期限上有所不同，交易的结果是导致交易者所持有的货币期限发生变化，从而达到规避汇率风险的目的。

但是，掉期交易又与一般套期保值或抵补有所不同：①掉期交易改变的是交易者手中持有外币的期限，而非其数额，因而外汇净头寸不变，不存在汇率波动风险。②掉期交易强调买入和卖出的同时性。③掉期交易绝大部分是针对同一交易对手进行的。可见，掉期交易的主要功能是保值，适应于有返回性的外汇交易。

第二，掉期交易的基本形式。

掉期交易按交割日期的不同，可划分为三种类型。

一是即期对远期的掉期交易（Spot－forward swap）。

这种掉期交易是最常见的形态。即指买进（或卖出）一种货币的现汇时，卖出（或买进）该种货币的期汇，这种形态可分为：买入即期外汇/卖出远期外汇，卖出即期外汇/买入远期外汇。

在国际外汇市场，常见的即期对远期的掉期交易的有以下几种。

①即期对次日（Spot－Next，S/N）：即在即期交割日买进（或卖出），至下一个营业日做相反交易，卖出（或买进）。这种掉期一般用于外汇银行间的资金调度。

②即期对一周（Spot－Week，S/W）：即在即期交割日买进（或卖出），过一星期后做相反交割。

③即期对整数月（Spot－n Month，S/n M）即在即期交割日买进（或卖出），过几个月后做相反交割。n Months表示1个月、2个月、3个月等。

二是即期对即期的掉期交易（Spot－spot swap）。

这是一种即期交割日以前的掉期交易。在即期交易中，标准交割日之前有交易日（Cash）和第一营业日（Tom）。在外汇交易中，有的交易者要求将交割日提前，例如，客户要求在交易日的当日交割或次日交割。此类型的掉期交易常见的有以下几种。

①隔夜交易（Over－Night，O/N），即在交易日做一笔当日交割的买入（或卖出）交易，同时做一笔第一个营业日交割的卖出（或买入）的交易。②隔日交易（Tom－Next，T/N），在交易日后的第一个营业日做买入（或卖出）的交割，第二个营业日做相反的交割。

三是远期对远期的掉期交易（Forward－forward swap）。

所谓远期对远期的掉期交易，指在即期交割日后某一较近日期作买入（或卖出）交割，在另一较远的日期做相反交割的外汇交易。这类交易可以理解为两笔即期对远期的掉期交易。

(5) 套汇交易

第一，套汇交易的概念及特点。

套汇交易（Arbitrage transaction）指利用不同市场的汇率差异，在汇率低的市场大量买进，同时在汇率高的市场卖出，利用贱买贵卖套取投机利润。

①套汇交易会使不同外汇市场的汇率很快接近平衡。这是因为该项业务具有很强的投机性。当市场上出现大量套汇活动后，会很快导致贱的货币上涨，贵的货币下跌。

②套汇交易的手段和工具十分先进、快捷。不同市场上汇率较大的差异是很短暂的，所以套汇业务必须在瞬间进行。通常，机构投资者会采用一些量化模型跟踪相关市场价格变化，一旦出现套汇的机会，则由计算机自动下单经由高速交易通道迅速成交。因此，个人投资者很难捕捉到这样的机会，即使捕捉到了，也会由于订单不能快速成交而错失机会。

第二，套汇交易的类型。

①两角套汇。

两角套汇（Two points arbitrage）或称两国或两地套汇，或称直接套汇（Direct arbitrage）。

例如：同一时间内香港市场电汇汇率为 USD 100= HKD 778.07，纽约市场上电汇汇率为 USD 100= HKD 775.07，相差 3 港元。此时，香港某银行可在当地卖出电汇纽约的美元 100 万，指示纽约分行办理支付，同时在纽约市场卖出电汇香港的港元 775.07 万，收进美元 100 万，即刻便获利 3 万港元。

②三角套汇。

三角套汇（Triangular arbitrage）指利用三国或三地汇率差异进行的套汇活动。

【例 5-6】同一时间内有关汇率信息如下，试分析投资者能否套汇以及如何套汇。
伦敦外汇市场：£1=€1.4763～1.4775，法兰克福外汇市场：\$1=€0.8024～0.8040
纽约外汇市场：£1=\$1.8090～1.8122。

分析：判断三个市场之间是否存在套汇的空间，可以采用比较法。只要直接汇率不等于套算的间接汇率就可以套汇获利。在本例中，根据伦敦市场和法兰克福市场的汇率可套算出£/\$=1.4763/0.8040～1.4775/0.8024=1.8362～1.8414。套算汇率中的英镑价格高于纽约外汇市场上的英镑报价，换而言之，纽约市场上的英镑便宜，因此在纽约市场上买进英镑。

解：套汇者可以做如下操作：在纽约市场上卖出 100 万美元买入英镑（100 万/1.8122），再在伦敦市场上将英镑卖出换成欧元（1.4763 × 100 万/1.8122），同时在法兰克福市场卖出欧元得到美元（$\frac{1.4763 \times 100\text{万}}{1.8122 \times 0.8040} = 1{,}013{,}240$），套汇者可获得利润 1013240-1,000,000=13,240 美元。

(6) 套利交易

套利（Interest arbitrage transaction）又称时间套汇或利息套汇，指在两国或地区短期利率出现差异的情况下，将资金从低利率的国家或地区调到高利率的国家或地区，赚取利息差额的行为。而能否通过此种行为获利，取决于两地的利差以及两种货币汇率未来的走向。

【例5－7】伦敦市场3个月短期利率为9.5%，同期纽约市场的利率为7%，英镑兑美元的即期汇率为GBP1＝USD1.9600，3个月远期点数为0.01美元。如果投资者手中有100万美元，应如何进行套利?

解：(1) 英镑3个月远期贴水年率为：$\frac{0.01 \times 12}{1.96 \times 3} \times 100\% = 2\%$

由于英镑贴水率为2%，小于英镑和美元利差2.5%，美国的投资者可以在纽约市场上以美元购入英镑现汇，存入伦敦银行，获得较高的利息。

(2) 100万美元，期限3个月，利率7%，到期的本息总额为：

$$100 + 100 \times 7\% \times \frac{3}{12} = 101.75(\text{万美元})$$

(3) 用100万美元按即期汇率购入英镑存入伦敦银行3个月，到期本息收入为：

$$\frac{100}{1.96} \times \left(1 + 9.5\% \times \frac{3}{12}\right) = 52.23(\text{万英镑})$$

(4) 在远期外汇市场用英镑存款的本息购入美元，与在美国存放3个月的本息收入相比，获利：

$$52.33 \times 1.95 - 101.75 = 0.1(\text{万美元})$$

此项套利活动，为投资者带来0.1万美元的收益。由于投资者要承受英镑汇率波动的风险，因此在美国购入英镑现汇时，应同时出售这笔英镑远期外汇（本金加上利息收入），这样就可以避免英镑汇率波动的风险，此种套利又称为抛补的套利。由这个例题我们可以看到，套利的前提条件是两地的利差大于货币的升贴水率。

(7) 外汇期货

第一，外汇期货。

外汇期货（Foreign currency futures）也称货币期货，是买卖双方通过期货交易所，按约定的价格，在约定的未来时间买卖某种外汇合约的交易方式。外汇期货是产生最早且最重要的一种金融期货。1972年5月，美国芝加哥商品交易所（Chicago Mercantile Exchange）成立“国际货币市场”（International Monetary Market，IMM），首次开办了外汇期货交易业务，其主要目的是运用商品期货交易技巧，为外汇市场参与者提供一种套期保值或转移风险的工具。从此世界上许多国际金融中心相继开设了此类交易。1982年9月，英国伦敦国际金融期货交易所（London International Financial Future Exchange，LIFFE）成立并正式营业，至今已开办了英镑、欧元、瑞士法郎、日元等主要国际货币期货。目前，IMM外汇期货的成交量占全球成交量的99%以上。绝大多数外汇期货交易的目的不是为了获得货币在未来某日的实际交割，而是为了对汇率变动进行套期保值和投机。

第二，外汇期货的特点。

外汇期货是在有组织的交易所市场上，采用公开叫价方式，竞争性地进行交易；交易者并不是直接买卖外汇，而是买卖外汇期货合约。

虽然，外汇期货交易和远期外汇交易具有许多相同或相似之处：交易客体相同，都是外汇；交易原理相同；交易目的都是为了防范风险或转移风险，实现套期保值和投机获利的目的；交易的经济功能相似，都有利于国际贸易的发展，为客户提供风险转移或价格发现的机制。

但是，外汇期货与远期外汇交易亦存在多个方面的不同。

①交易的标的物不同。外汇期货交易的是标准化的合约，这种合约除价格外，在交易币种、交易时间、交易结算日期等方面都有明确、具体的规定。交易数量用合约来表示，买卖的最小单位是一份合约，每份合约的金额交易所都有规定。在芝加哥“国际货币市场”上，主要西方货币期货币合约的标准买卖单位为 6.25 万英镑、10 万加元、12.5 万欧元、1250 万日元，交易的金额是标准化合约额的整数倍数。而远期外汇交易的金额没有严格的规定，由交易者之间根据需要而定。

②交易方式不同。外汇期货交易是由场内经纪人或场内交易商在交易所内、并按规定的时间内以公开叫价方式进行的；这种场内交易只限于交易所会员之间进行，且交易双方不直接接触，买卖的具体执行都由经纪商代理。而远期外汇交易则通常是场外交易，没有固定的交易场所，交易时间也没有限制；交易者通过电报、电传、电话等电信网络进行；尽管远期外汇交易有银行之间和银行与客户之间的交易两种，有时也可能出现中介，但仍通常由买卖双方直接联系，进行交易。

③保证金和手续费制度不同。外汇期货合约的买卖双方需交纳一定金额的保证金，而且需向中介机构交纳一定手续费；远期外汇交易一般是交易双方凭信用交易，不需存入保证金和缴纳手续费。

④交易清算方式不同。外汇期货与一般商品期货一样，实行每日清算，获利的部分(即超过预交保证金部分）可提取，亏损时从保证金中扣除，并要及时追加保证金，在当日营业终结时以现金结算；远期外汇交易的盈亏由双方在约定的结算日结算。

⑤交割方式不同。外汇期货合约一般有两种交割方式：一是等到到期日交割；二是不实行实际交割，通过随时做一笔相反方向但相同合约数和交割期的期货交易实现“对冲”。外汇期货交易实际交割率很低（一般只有 2%～3%），绝大多数合约通过对冲方式予以了结；而远期外汇合约一般要按双方约定的汇率实行实际交割。

(8) 外汇期权

第一，外汇期权的定义。

期权（Options）是一种以一定费用（期权费）获得在一定的时刻或时期内拥有买入或卖出某种货币（或股票）的权利的合约。外汇期权（Foreign currency option），也称货币期权，指期权合约买方在有效期内能按约定汇率买入或卖出一定数额外汇的不包括相应义务在内的单纯权利，即没有必须买入或卖出外汇的义务。外汇期权交易以外汇期权合约为交易对象，合约买方拥有权利，其视汇率变动来决定是否行使权力，而合约卖方仅有义务。

在商品交易中，期权交易方式有较长的历史，早在古希腊与罗马时期，就有隐含选择权概念的使用权的运用。18—19 世纪，欧美相继出现有组织的选择权交易，交易标的物以农产品为主。1973 年 4 月，芝加哥期货交易所成立了世界上第一个选择权交易所（Chicago Board of Options Exchange，CBOE)。在 CBOE 成立初期，仅进行股票选择权的交易。自 1973 年以来，选择权以相当快的速度成长，不但各主要工业国纷纷建立选择权交易市场，而且各期货交易所陆续推出各种交易标的物的选择权交易，其中包括外汇选择权交易。1982 年 12 月，美国费城股票交易所率先推出了标准化的货币期权交易合同，随后芝加哥等交易所立即效仿，不久标准化的交易方式又传到其他西方国家。标准化货币期权交易的发展推动了外汇交易的空前活跃。

第二，外汇期权的特点。

外汇期权的基本功能在于套期保值，与具有相同功能的远期外汇交易相比，外汇期权交易有其独特之处。

①外汇期权具有更大的灵活性。外汇期权合约的买方购买的是一种权利即选择权。在外汇期权合约的有效期内，或约定的到期日，如果汇率对合约买方有利，他即可行使期权，按约定汇率买进或卖出外汇。如果汇率对合约买方不利，他则可放弃期权。因此，外汇期权弥补了远期外汇交易的某些弱点，更具灵活性。

②期权费不能收回，且费率不固定。期权费亦称权利金、保险费，即外汇期权的价格。期权交易的买方获取选择权，意味着卖方出售了这种权利，所以卖方要收取一定金额作为补偿。期权费在期权交易成效时由合约买方支付给合约卖方，无论买方在有效期内是否行使期权，期权费均不能收回。

③外汇期权交易的对象是标准化合约。通常，期权交易中期权合约的内容实现标准化，如货币数量、到期日等。在费城股票交易所，每个期权合约的金额分别为 62500 瑞士法郎、50000 加元、31250 英镑、50000 澳元、6250000 日元。期权合约的到期日分别为每年的 3，6，9，12 月份。

④对期权的购买方而言，其最大的损失就是支付的期权费；而对期权的出售方而言，其最大的收益就是期权费。

⑤期权合约的期限较短，一般合约的有效期都在半年之内。

(a) 看涨期权购买方的收益/损失。

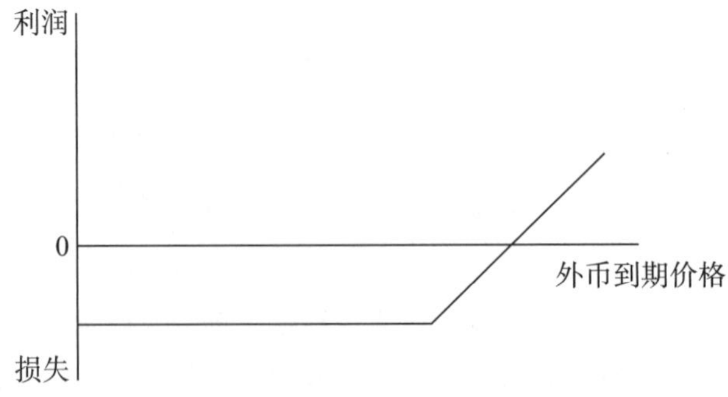

（b）看涨期权出售方的收益/损失。

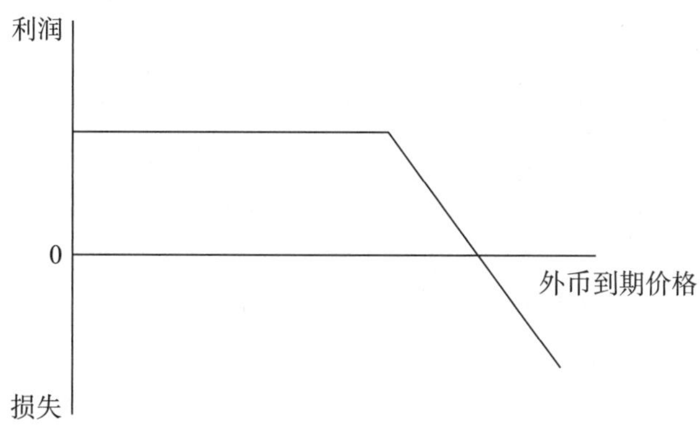

5.3　人民币汇率制度及其改革

人民币汇率是人民币同外币的比价，是其对外价值的体现。1994 年、2005 年、2015 年，中国对人民币汇率的形成机制进行重大改革。目前的人民币汇率制度是以市场供求为基础、参考“一篮子货币”进行调节、有管理的浮动汇率制度。人民币汇率制度仍然处在改革与完善的进程中

5.3.1　人民币汇率的演变过程

新中国成立以来，人民币汇率的变动可分为以下七个时期。

第一个时期是 1949—1952 年。人民币汇率经历了对外不断贬值到逐步升值的过程。当时外汇收入主要靠私营企业和海外汇进的侨汇（约占外汇收入的一半）。故制定人民币汇率的方针是“奖励出口，兼顾进口，照顾侨汇”，国内外物价水平和侨眷生活是当时人民币汇率调整的主要依据。

第二个时期是 1953—1972 年。这个时期，人民币汇率的主要特点是盯住英镑和卢布的双重汇率制，人民币汇率始终稳定在 1 美元兑换 2.46 人民币元的水平上，直至 1971 年美元贬值前，基本上没有变动。

第三个时期是 1973—1980 年。这时期，人民币直线升值。以年平均汇价为例，1972 年为 1 美元兑换 2.25 人民币元，1975 年为 1 美元兑换 1.86 人民币元，到 1980 年为 1 美元兑换 1.50 人民币元。人民币的汇价不断升值，使出口亏损，进口盈利，在客观上起到了鼓励进口和限制出口的作用。

第四个时期是 1981—1984 年。从 1981 年 1 月起，中国对贸易和非贸易实行两种不同的汇率即复汇率制度。贸易外汇内部结算价，1 美元=2.80 人民币元；非贸易外汇按银行公布的外汇牌价结算为 1 美元=1.50 人民币元。实行汇价水平较低的贸易外汇结算价，目的在于有意识地运用人民币汇率来调节我国的进出口贸易，以达到奖出限入的

目标。但实行的效果并不理想。

第五个时期是1985—1993年年底。1985年元旦，中国银行外汇牌价从1美元=1.50人民币元，下调到1美元=2.80人民币元，同时，取消了贸易外汇内部结算价格。从1985年下半年开始，人民币汇价不断下调，下调的幅度一次比一次大。1985年10月30日下调为1美元=3.20人民币元，1986年7月5日继续下调为1美元=4.70人民币元，1993年12月31日人民币外汇牌价为1美元兑换5.80人民币元。但在1993年年底以前，外汇调剂市场的汇率一般是1美元兑换8.70人民币元，甚至一度突破1美元=12人民币元的水平。原人民币汇率高估的现象开始得到纠正，但汇率“双轨制”的问题凸现出来了。

第六个时期是1994年1月1日至2005年7月。中国对外汇管理体制进行了重大改革，确立了实现人民币完全可兑换的最终目标。1994年起，实现汇率并轨，实行有管理的浮动汇率制度。人民币汇率保持在合理均衡水平上的基本稳定。

第七个时期，即2005年7月21日开始，推出了完善人民币汇率形成机制的改革。改革的内容是，人民币汇率不再盯住单一美元，实行以市场供求为基础的、参考“一篮子货币”进行调节、有管理的浮动汇率制度。自此之后，人民币汇率稳中有升，浮动幅度也有所扩大。

5.3.2 制定人民币汇率的依据

具体如何制定人民币汇率是一个比较复杂的问题。一种较有代表性的意见认为，人民币汇率应以它所代表的商品价值量为基础，即以货币的综合购买力为基础，同时结合中国的对外政策和国际货币市场变化趋势等因素来加以确定。这是因为，在黄金非货币化的条件下，决定不同货币汇率的基础是不同货币所代表的价值。货币汇率代表的是一个国家进出口商品的国内价值与国际价值的交换比例，它的升降应该反映这两种价值之间比例的变动。而各国货币所代表的价值量，又大体上可以用该种货币的综合购买力来表现。

在实际工作中，人民币汇率制定采用“一篮子货币”的计值方法。具体来说，这个“一篮子货币”选用与中国外贸有关的若干种货币，包括人民币汇率对美元、欧元、日元、韩元、英镑和加拿大元等多种主要货币的汇率。这个“一篮子货币”是一个相对稳定的组合，可以较好地反映人民币的综合汇率水平，减少汇率波动的风险。通过“一篮子货币”的计值方法，中国人民银行能够更好地衡量人民币的汇率水平和汇率变动趋势。同时，这个方法也符合国际惯例，使中国的汇率制度更加透明、稳定和可预测。

需要注意的是，虽然“一篮子货币”在中国的汇率制定中扮演了重要的角色，但是这并不是唯一的参考因素，还会综合考虑以下因素。

①市场供求。中国人民银行通过市场化的汇率形成机制，根据市场供求的变化来调整人民币汇率。具体来说，中国人民银行通过对外汇市场的干预，调节汇率的供求关系，使得汇率在合理的区间内波动。

②国际货币体系的变化。国际货币体系的变化对人民币汇率也产生了影响。例如，美元汇率的变化、国际大宗商品价格波动、国际贸易形势等都可能对人民币汇率产生

影响。

③维护国家经济安全。人民币汇率的稳定对维护国家经济安全具有重要意义。保持人民币汇率的稳定有助于提高市场信心和稳定外部经济环境，使得外商投资更加可预期，同时也有利于维护国际贸易的平衡。此外，稳定的汇率也有助于降低通货膨胀和金融风险，促进经济的可持续发展。因此，政府和中国人民银行会考虑外汇储备水平、国际收支状况、经济增长和通货膨胀等因素来制定人民币汇率。

总的来说，人民币的汇率应保持相对的稳定。在此前提下，应当作有升有降的调整，使人民币汇率始终保持在一个合理的水平上。

5.3.3　人民币汇率制度

不同的汇率制度有不同的调节机制，从而对国际收支起着不同的作用。中国汇率制度改革，主要是人民币汇率形成机制的改革。

2005 年 7 月 21 日，中国人民银行宣布，自即日起，中国开始实行以市场供求为基础、参考“一篮子货币”进行调节、有管理的浮动汇率制度。此次改革主要包括两个内容：一是人民币汇率不再盯住单一美元，而是根据中国对外贸易的实际情况，选择若干种主要货币，赋予相应权重，组成一个货币篮子；二是以市场供求为基础，参考“一篮子货币”计算人民币多边汇率指数的变化，对人民币汇率进行管理和调节，维护人民币汇率在合理均衡水平上的基本稳定。

从长远看，市场经济运行机制要求中国建立自由的、开放的外汇市场，以实现外汇资源的有效配置。而最终的目标是，取消外汇管制，放开汇率，实现人民币的自由兑换。货币可兑换性即自由兑换，指任何一个货币持有者可以按照市场汇率自由地把该种货币兑换成一种主要的国际储备货币。货币的自由兑换一般有经常项目下的自由兑换和充分的自由兑换两种形式。充分的自由兑换意味着完全放开汇率，取消外汇管制。这种形式的自由兑换仅在少数发达国家通行。人们通常所说的自由兑换，实际上指经常项目下的自由兑换，即对经常项目下的对外支付不加以限制。中国目前对境外资金的借用和偿还，仍实行计划管理、严格审批和外债登记制度：不允许一般企业和非营利团体开设外汇账户与持有外汇；对于经常项目下非经营性支付的购汇或购提外钞，仍加以管制。因此，中国目前的人民币只能说是一种经常项目下有条件可兑换的货币。

人民币自由兑换的目标应分作两步来实现：第一步是实现经常项目下的自由兑换。1996 年 12 月 1 日，中国政府宣布，人民币实现了经常项目下的可兑换，达到了《国际货币基金组织协定》第八款的要求。第二步是实现资本项目可兑换，从而达到人民币完全的自由兑换。据国际经验分析，一国实现货币自由兑换，至少应具备以下几个条件。

①有强盛的国力和较高的开放程度。②政府有充足的外汇储备和国际清偿能力。③合理的汇率决定机制和恰当的汇率水平。④有完善的发育成熟的金融市场。⑤稳健的宏观经济政策。对于金融体系相对脆弱、金融法规不够健全、金融监管比较滞后的发展中国家来说，把握好资本项目可兑换的时机和进程，是十分必要的。

【专栏 5-1】

人民币加入 SDR 的重要意义

2016 年 10 月 1 日起，人民币以 10.92%的权重正式纳入特别提款权（SDR），成为美元、欧元、日元和英镑以外的第五个篮子构成货币，也是自欧元 1999 年取代法国法郎和德国马克以来首次加入的新货币。这标志着人民币跻身国际权威机构认可的主要货币和“可自由使用”货币行列，有利于促进人民币国际化发展以及我国金融改革开放进程。

在国际结算方面，人民币使用量稳步增长。加入 SDR 以来，人民币国际化经历了汇率贬值、离岸市场低迷、中美贸易摩擦、疫情冲击等诸多挑战，国际结算使用总体保持稳步发展态势。2020 年，我国跨境人民币收付金额合计 28.4 万亿元，同比增长 44%，较加入 SDR 前（2015 年）增长 134.6%。特别是，全球资金主动或被动增持人民币资产，我国金融市场加速开放，并被纳入国际主流指数。截至 2021 年 3 月末，境外机构和个人持有境内人民币金融资产规模达 9.39 万亿元，较加入 SDR 前增长逾 1.5 倍。

在国际储备方面，人民币夯实全球第五大货币地位。加入 SDR 以来，人民币从不列入 COFER 统计的小币种逐步发展成为全球外汇储备的重要选项。据不完全统计，全球超过 70 个国家和地区的货币当局将人民币纳入外汇储备。截至 2020 年年末，共有 71 家境外央行类机构进入我国银行间债券市场，人民币储备持有意愿显著上升。根据 IMF 最新统计，截至 2021 年第一季度，全球人民币外汇储备规模达 2874.6 亿美元，在全球可识别外汇储备总额中的占比为 2.45%，较加入 SDR 之初（2016 年第四季度）的 1.08%增长超过 1 倍。

在计价职能方面，人民币市场认可度不断提升。随着我国综合竞争力提升，人民币加入 SDR 后国际信心进一步增强，越来越多的境内外企业选择以人民币计价签约。根据中国银行 2020 年《人民币国际化白皮书》，受访境内企业中以人民币报价的企业占比较 2016 年提升了 4 个百分点。近年来，我国成功推出了原油、铁矿石、黄金、白银、PTA、20 号胶、棕榈油等 8 个特定品种国际板交易期货或期权，实现大宗商品人民币国际计价的突破。

在软硬件方面，人民币国际化政策体系与基础设施更加完善。加入 SDR 以来，我国汇率、利率市场化改革有序推进，资本项目开放水平提升，跨境人民币使用政策不断完善。人民币国际化基础设施加快建设，资金清算效率显著提高，清算网络进一步夯实。当前，人民币清算行已覆盖全球 25 个国家和地区，人民币跨境支付系统（CIPS）连接 42 家直接参与者、1050 家间接参与者，覆盖全球六大洲 94 个国家和地区，提供高效、便捷、安全的人民币支付结算服务。

人民币加入 SDR，对于提升 SDR 代表性、完善国际货币体系具有积极意义。

人民币入篮，有效增强 SDR 代表性。近年来，全球经济格局发生深刻变化，新兴市场经济体的重要性不断加强，国际力量对比“东升西降”。当前，新兴市场在全球经济、贸易、直接投资中的比重已达 57%、37%和 44%，要求在更广领域、更深层次上参与全球经济治理。2008 年全球金融危机表明，国际货币体系过度依赖单一主权货币，单纯以发达国家的货币作为储备货币，成为全球经济金融动荡的根源之一。人民币加入SDR，客观反映世界经济格局变化，提升新兴市场经济体话语权，推动国际货币金融体系向更加合理、均衡和公平的方向发展。

人民币入篮，避免 SDR 落入负利率。SDR 利率根据货币发行国金融市场上高等级短期金融工具的市场收益率加权平均计算得到。为应对 2008 年全球金融危机，主要国家推行量化宽松货币政策，导致短期金融工具收益率大幅下降。根据 IMF 统计，欧元利率自 2012 年开始出现负值，日元利率自 2014 年迈入负值区间，2009 年后美国利率低至 0.01%，英国利率水平徘徊在 0.5%左右。在此背景下，2014 年 10 月 IMF 对 SDR 利率设置了 0.05%的下限。随着人民币入篮以及美联储货币政策正常化，2016 年以来 SDR 利率显著走强。2020 年，面对疫情冲击，主要国家推行超宽松货币政策，美欧日英四大经济体加权平均政策性利率降至零以下。相较而言，中国保持正利率水平，对于 SDR 利率断崖式下落起到一定的支撑作用。

人民币入篮，SDR 汇率稳定性显著提升。创设 SDR 的根本目的之一是平衡国际收支，补充国际流动性，SDR 汇率稳定有助于其更好地发挥国际职能。人民币加入 SDR 以来，SDR 对主要货币汇率波动性显著下降。过去五年，黑天鹅事件频发，SDR 对美元汇率均在合理区间波动，汇率波动率较前五年降低了 7.96%；SDR 对欧元、英镑、日元的汇率波动率也分别下降了 16.35%、13.15%和 76.30%。

人民币入篮，SDR 债券市场进一步扩大。SDR 计价债券最早出现于 1975 年。20 世纪七八十年代，SDR 债券发行 13 只，累计发行规模为 5.63 亿 SDR，发行主体以小型政府为主，流动性较低。1981 年以后，全球 SDR 债券再无发行。随着人民币入篮，扩大 SDR 使用再度受到关注。2016 年 8 月，世界银行在中国银行间市场成功发行 SDR 债券，总规模为 20 亿 SDR，首期发行 5 亿，期限三年，以人民币认购和结算，这是自 20 世纪 80 年代以来全球首次发行 SDR 债券。相比此前，世界银行具有高信用评级，对于 SDR 债券投资的收益性、流动性和安全性具有积极意义。此次 SDR 债券发行吸引了银行、证券、保险等境内投资者以及海外央行、国际开发机构等约 50 家机构的积极认购，认购倍数达到 2.47，SDR 债券市场重新引起全球投资兴趣。

资料来源：中银研究《人民币加入 SDR 的重要意义与 2022 年 SDR 定值审查前瞻》。

【专栏 5—2】

人民币结算货币功能持续巩固，计价货币功能有所提升

2021 年，中国银行对境内外工商企业使用人民币的情况进行了市场调查，调查样本逾 3300 家，其中，境内企业约 2400 家，境外企业约 900 家。调查显示：一是人民币结算货币功能持续巩固。约有 78.8%的受访境内外工商企业考虑在跨境交易中使用人民币或提升人民币的使用比例，这一比例与 2020 年度调查情况基本持平，如图 5—2

所示。

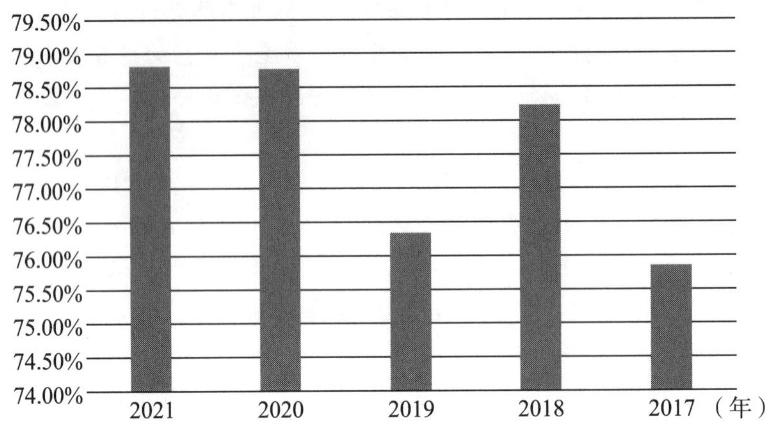

图 5-2　受访境内外工商企业中考虑提升人民使用比例的企业占比

数据来源：中国银行。

二是人民币计价货币功能有所提升。调查结果显示，有 20.9%的受访境内工商企业表示在跨境交易中使用人民币报价，这一比例较 2020 年有小幅上升，如图 5-3 所示。

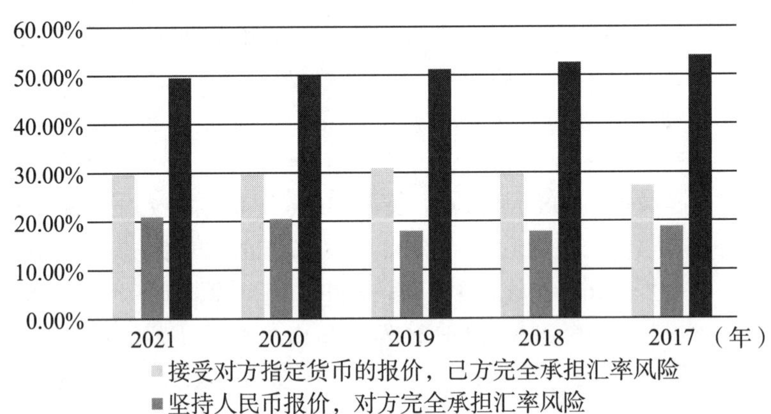

图 5-3　汇率波动时使用人民币计价的境内企业占比

数据来源：中国银行。

三是人民币融资货币功能基本平稳。调查结果显示，约有 71.2%的受访境外工商企业表示，当美元、欧元等国际货币流动性较为紧张时，会考虑将人民币作为融资货币，如图 5-4 所示。2021 年和 2020 年的调查结果均显示，在考虑是否使用人民币开展贸易融资时，境外工商企业最关注人民币兑本国货币汇率及汇率避险成本、人民币利率水平两大因素，如图 5-5 所示。

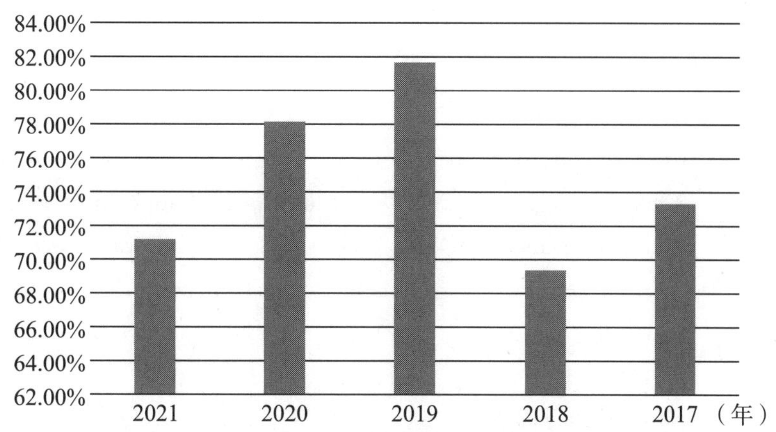

图 5-4　国际货币流动性紧张时使用人民币计价的境内企业占比

数据来源：中国银行。

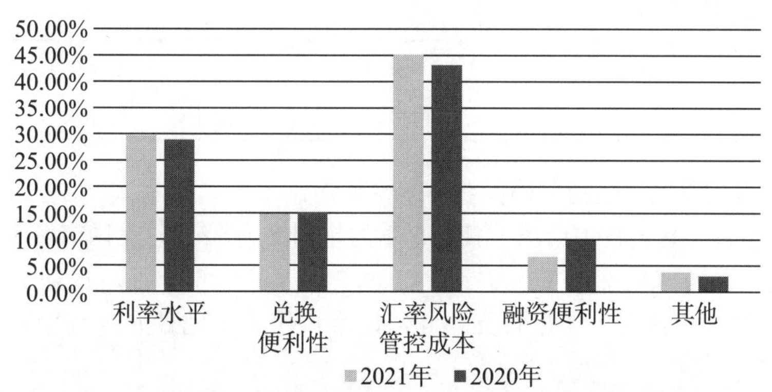

图 5-5　境外工商企业最关注人民币开展贸易融资的因素

数据来源：中国银行。

资料来源：《2022 年人民币国际化报告》。

【本章小结】

外汇市场指国际间各国货币的兑换市场，是世界上最大的金融市场之一。在外汇市场上，参与者可以通过即期外汇交易、远期外汇交易等方式进行货币买卖。

在外汇交易中，交叉汇率指两种货币之间（通常都不是美元）通过第三种货币联系起来的汇率。升水和贴水是指远期外汇价格与即期外汇价格之间的差价，反映了市场对于未来汇率走势的预期。掉期是指将即期交易和远期交易相结合的一种交易方式，可以用来规避外汇风险。

人民币汇率的制定基于市场供求和国家政策的考虑，一般应保持相对稳定。人民币汇率的计算采用“一篮子货币”计算方法，即根据人民币对多种货币的汇率加权平均值来确定汇率。人民币加入 SDR 表明其在国际金融体系中的地位得到提升，将有助于推动人民币国际化进程，同时也可以增加其在国际储备中的份额，提升其作为储备货币的地位。

【关键概念】

外汇（Foreign exchange） 汇率（Exchange rate） 直接标价法（Direct quotation） 间接标价法（Indirect quotation） 交叉汇率（Cross exchange rate） 固定汇率（Fixed exchange rate） 浮动汇率（Floating exchange rate） 即期外汇交易（Spot foreign exchange transaction） 远期外汇交易（Forward foreign exchange transaction） 掉期外汇交易（Foreign exchange swap transaction）

【思考与练习】

1. 试述外汇市场的类型与构成。

2. 假设英国某公司对美国出口一批商品，价款为 235,600 美元，3 个月后收款。该英国公司运用远期外汇业务防止美元汇率下跌，即预约卖出美元以确保其英镑收入。如按英国银行的外汇牌价：

美国	即期汇率	3 个月远期汇率
	1.3048～1.3074	贴水 1.3～1.4 美分

问：3 个月后英国某公司可确保获得多少英镑？

3. 某年某月某日，日本市场上日元存款的年利率为 12%，美国市场美元存款的年利率为 16%，市场即期汇率 USD1＝JPY139.9～140.0，6 个月后远期汇率贴水值为 1.90～1.80，其客户持有 1.4 亿日元，问：该客户用 1.4 亿日元进行套利可获取多少收益？

4. 纽约外汇市场上，英镑兑美元的 3 个月远期汇率时 GBP/USD＝1.6010/20，某商人预测英镑会进一步贬值，于是卖出 3 个月的远期英镑 10 万磅。如果 3 个月后市场的即期汇率为 GBP/USD＝1.4980/00，问：该商人投机结果如何？

推荐阅读材料、网站

1. DailyFX，https://www.dailyfx.com/，该网站提供外汇市场新闻、外汇市场分析、交易策略、技术指标、图表和交易工具等。

2. 外汇工厂财经日历，https://www.forexfactory.com/forums，提供外汇市场新闻、行情、分析、交易日历、交易工具和交易论坛等信息。

3. 汇通财经，https://www.fx678.com/，该网站提供外汇市场的实时行情、新闻、分析和数据等信息。

参考资料

1. 王国刚，林楠. 中国外汇市场 70 年：发展历程与主要经验［J］. 经济学动态，2019（10）：3－10.

2. 曹凤岐. 人民币汇率形成机制研究［J］. 金融研究，2005（01）：43－51.

3. 刘震. 国际金融（数字教材版）［M］. 北京：中国人民大学出版社，2018.

4. 蒋先玲. 国际金融［M］. 2 版. 北京：中国人民大学出版社，2021.

5. 人民币国际化报告（2022 年），中国人民银行。

6. 孙立行. 基于人民币国际化视角的人民币汇率形成机制改革问题研究［J］. 世界经济研究，2010（12）：37－42.

7. 白晓燕. 人民币汇率制度改革历程及逻辑［J］. 世界经济研究，2008（12）：29－34＋84－85.

第 6 章　互联网金融

【本章提要】

20 世纪 90 年代，互联网技术迅速发展，基于互联网的应用也快速普及，金融机构利用互联网信息技术开辟出一种新的运营模式，即互联网金融。具体而言，互联网是基于互联网和移动通信等一系列现代信息科学技术，为客户实现资金融通和提供各项金融服务的一种新型金融经营模式。互联网金融是一个动态、系统、广义的概念，包括但不限于互联网银行、互联网证券、互联网保险、互联网货币、第三方支付、P2P、众筹、金融电子服务等。互联网金融具有普惠性、服务方便、快捷、高效、数字化、低成本等特征。互联网金融是现代金融业态的提升，可推进利率市场化的进程，缓解中小企业融资难的困境。

互联网金融本质是金融，既有互联网的“效率”和“亲民”特征，也具有金融“稳健”和“安全”的内在要求。这使得互联网金融业务暴露出了许多风险隐患，主要表现在四个方面：信用风险、法律风险、技术风险和业务运营风险。

【学习目标】

1. 掌握互联网金融的定义。
2. 了解互联网金融的特点。
3. 掌握拓展互联网金融的作用。
4. 了解互联网金融乱象及其风险监管。

【重点与难点】

本章重点：互联网金融的概念和特点。
本章难点：互联网金融的风险管理。

【案例链接】

“非诚勿贷”因内幕曝光而引发挤兑

“非诚勿贷”是绍兴一家 P2P 网络借贷平台公司。创始人蔡某为应付以往的 P2P 巨额负债建立了该平台，偿还欠款之后，他继续运营该平台，通过高息吸引新一批投资人借入资金，用以偿还前一批投资人的本息。“非诚勿贷”为吸引人气放出高息“秒标”。

为解决短借长贷期限错位进行“拆标”。同时，平台上借贷双方财务记账非常混乱，也缺乏历史操作记录，这严重增加了操作风险。平台为维持流动性，只有不断以高利率来吸引新的投资者。随着时间的推移和资金规模的不断扩大，市场风险和操作风险逐渐累积。2013 年 5 月 9 日，网上一名自称曾任某 P2P 平台客服人员的网友发帖，曝光了其所任职的 P2P 平台的多项内幕，其中涉及网络借贷的工作流程和高息拉款的实质。网友根据其 IP 地址将这一 P2P 平台锁定为“非诚勿贷”。事件曝光后，投资人纷纷从平台抽离资金，引发了挤兑狂潮。

从表面上看，这是因一个未经证实的网络帖子而遭到挤兑的偶然性事件，但事实上，这一案例很清楚地说明了 P2P 行业经营的不规范。由于缺乏监管和制度约束，加之信息透明程度较低，投资者无法对其出资的使用进行约束，从而使 P2P 平台的控制人可以轻而易举地制造“庞氏陷阱”，进而带来极大的流动性风险，甚至造成系统性风险；平台的控制人也可能挪动借款去从事风险系数更大的投资，从而引发道德风险。因此，监管当局要高度重视 P2P 行业的“庞氏骗局”，尽快立法规范、覆盖监管，着重加强对平台资金使用的监管，防止资金被非法占用。

资料来源：根据网络资料整理。

什么是互联网金融？互联网金融产生了哪些新的金融产品和服务？互联网金融的产生与兴起，对我们的生活产生了哪些影响？如何提高互联网金融的风险监控？本章将重点阐述互联网金融的特点和作用，互联网金融的业务模式、风险与监管。

6.1　互联网金融的概念、特征及其作用

6.1.1　互联网金融的概念

互联网金融（Internet finance）指传统金融机构与互联网企业利用互联网技术和信息通信技术实现资金融通、支付、投资和信息中介服务的新型金融业务模式。

互联网金融最早可以追溯到 1998 年 12 月在美国成立的 PayPal 公司，它代表着第三方支付的出现。之后，随着互联网技术的不断发展以及电子商务的普及，P2P 网络贷款、众筹融资等创新模式不断涌现，逐步完善了互联网金融谱系。中国互联网金融的起步稍晚于国外，1999 年 12 月，首信易支付在北京成立，标志着互联网金融企业在我国的落地。

在互联网金融兴起阶段，相关人员对互联网金融都有各自的理解。阿里巴巴创始人马云认为，互联网金融并不单纯指金融行业利用互联网手段实现业务，而是两种行业的结合，同时，互联网的融入也给金融行业带来了巨大的变革力量。北京市软件和信息服务交易所认为，互联网金融与传统金融并列，都可视为金融行业的不同服务形式。2012 年 8 月，时任中国投资有限责任公司副总经理的谢平在其参与的“互联网金融模式研

究”课题中提道：“互联网金融是在互联网金融模式下，支付便捷；市场信息不对称程度非常低；资金供需双方在资金期限匹配、风险分担等上的成本非常低，可以直接交易；金融中介都不起作用，贷款、股票、债券等的发行和交易以及券款支付直接在网上进行；市场充分有效，大幅减少交易成本”。课题组认为：“互联网与金融相互融合，产生了互联网金融市场。在这种模式下，金融业的分工和专业化被大大淡化了，而互联网企业及其相关技术的融入，也在一定程度上降低了互联网金融行业的门槛，金融不再由少数精英控制，金融市场也涌入了更多的平民参与者。”广义上来说，现有的互联网金融模式根据施行主体的不同可分为两大类：一是金融互联网模式，如银行、证券、保险等实体金融机构以互联网为媒介开展的线上服务（如网上银行、网上证券等）；二是基于互联网的新金融形式（即互联网金融模式），如各类互联网在线服务平台直接或间接向客户提供第三方金融服务。

6.1.2　互联网金融的特点

（1）互联网金融具有普惠性

普惠金融，指能有效、全方位地为社会所有阶层和群体提供服务的金融体系。传统银行业所提供的金融服务较多地偏向“二八定律”里20%的客户，互联网金融却更多地向80%的小微客户提供服务。由于这些小微企业、部分个人客户等有效的信用记录较少，缺乏有效抵押品，银行在提供服务时信息不对称风险较高，较难形成规模经济。因此，传统金融机构无法快速有效地满足这部分客户的金融需求，导致金融排斥。

2014年数据显示，中小企业数量占我国企业总数的90%以上，对全国GDP贡献达到65%，税收贡献超过50%，出口额占比超过68%，解决了75%以上人口的城镇就业。中小企业拥有旺盛的金融需求，但却受制于企业规模与资信水平，较难从银行获得金融服务。互联网金融公司为中小企业融资提供了新的平台。这些中小客户的金融需求通常具有规模小、个性化、多样化等特点，他们通过传统的金融体系很难满足资金融通的需要，而互联网金融在服务此类客户方面有着先天的优势。

比如，阿里巴巴集团为小微企业和网商个人创业者提供互联网化、批量化、数据化的金融服务。蚂蚁微贷通过互联网数据化运营模式，为阿里巴巴、淘宝、天猫等电子商务平台上的小微企业、个人创业者提供可持续性的、普惠性的电子商务金融服务，向这些无法在传统金融渠道获得贷款的弱势群体提供“金额小、期限短、随借随还”的纯信用小额贷款服务。根据中国电子商务研究中心监测数据显示，截至2014年上半年，阿里小贷累计发放的贷款突破2000亿，服务的小微企业达80万家。

又如，在众筹方面，从“点名时间”2011年7月上线，成为我国上线最早的众筹平台，到众筹网、中国梦网、天使汇等众多众筹平台的成立，互联网为众多项目筹集到了运行所需要的资金和支持。根据中国电子商务研究中心检测数据显示，2014年中国权益众筹市场融资总规模达到4.4亿元，融资项目数量达到4494个，项目支持用户规模达到790825人，投放项目以智能硬件为最大热点，音乐、影视、农业、公益和房产等品类也备受关注。

（2）互联网金融的服务方便、快捷、高效

互联网金融带来了全新的投融资渠道，为客户提供方便、快捷、高效的金融服务，极大地提高了现有金融体系服务的效率。在互联网金融环境下，可以通过便捷的超级集中支付系统和个体移动支付系统随时随地进行支付和转账；信息处理和风险评估以大数据（Big data）分析和高速算法为基础，并通过网络化方式进行，可减少信息不对称造成的影响；资金供需双方在资金期限匹配、风险分担等方面的成本较低，不需要通过银行、证券公司和交易所等传统金融中介或场所，直接通过互联网进行股票、债券、基金等金融产品的发行与交易，实现资金融通等。

在互联网金融模式下，客户能够突破时间与地域的约束，通过互联网平台方便快捷地寻找金融资源，金融服务更直接，客户基础更广泛。互联网金融以小微企业为主，覆盖了部分传统金融业的服务盲区，优化金融资源配置流程，提高资源配置效率。与银行相比，互联网金融的融资申请过程简化，大多数互联网金融公司贷款申请、贷前审核、贷款发放、贷后还款等环节都是基于互联网完成的，整个过程实现网络化、无纸化操作。

在互联网金融环境下，现在的金融业分工和专业化将被互联网及其相关软件技术替代，企业、居民等参与者都可以通过互联网进行各种金融交易、风险定价、期限匹配等，很多复杂的过程被极大程度的简化而易于操作。

（3）互联网金融是数字化金融

数据，是信息时代的象征。互联网金融服务基于大数据的运用，数据成为互联网金融的核心资产，将撼动传统客户关系及抵质押品在金融业务中的地位。互联网金融企业平台等形成强大的数据库，运用云计算和行为分析理论进行数据挖掘，较大限度地提高了信息使用效率。

互联网金融企业常常具有强大的数据挖掘能力。由于互联网金融业务以线上交易为主，因此可以大量积累用户交易数据、行为数据、风险数据等多维度数据，通过数据挖掘和分析，可以更好地理解客户需求、行为特征和风险趋势，从而优化产品设计、提高风险控制水平，进一步提高企业的竞争力和盈利能力。在数据挖掘方面，互联网金融企业通常运用各种算法和技术，如机器学习、数据挖掘、人工智能等，通过分析数据，发掘潜在的用户需求和行为规律，提高市场营销和客户服务的精准性和效率。同时，互联网金融企业还会运用大数据分析技术，将数据可视化、互动化，帮助业务管理者快速了解业务运营情况，及时调整战略，提高业务决策的准确性和效果。

大数据可以促进高频交易、社交情绪分析和信贷风险分析三大金融创新，互联网金融领域的每一个业务模式与产品设计都体现着大数据的合理运用。以阿里巴巴为例，作为一家拥有大数据的企业，阿里金融通过分析客户在淘宝上的购买情况，就能够判断出客户可能处于怎样的生活阶段，可能存在哪些方面的潜在消费需求。此外，阿里金融还可通过客户缴纳水、电、气费，信用卡还款，转账支付等情况的数据，作为提供金融服务的依据和标准。

（4）互联网金融的低成本化

互联网金融降低了交易成本。首先，通过互联网的应用，金融服务实现了去网点化，互联网金融公司无须像银行那样开设密布全国的分支机构和营业网点，无须雇佣众多的营业员工和销售人员。成熟的互联网技术为客户提供了虚拟网点，大幅降低投资成本，营管费用，节约大量的人力物力。互联网技术缩短了融资方和投资方的距离，无须中介费、手续费，办理业务无须排号等待。比如，阿里金融在单笔贷款的审批速度、办公成本、信息获取等方面，因为利用了大数据和信息流，依托电子商务公开、透明、数据完整等优势，与阿里巴巴、淘宝、天猫数据贯通、信息共享，实现金融信贷审批、运作与管理，与传统金融机构相比，成本更低、速度更快。

互联网金融降低了融资成本。通过互联网进行资金融通，在融资期限、资金来源、融资规模等方面有了更多选择，因此参与者以更多的产品和更灵活的方式进行投融资，从而降低融资成本。比如，2012 年，阿里金融累计给 20 万户小微企业进行放贷，这些企业全年平均占用资金市场 123 天，实际付出的融资成本年化利率为 6.7%。以日息为万分之五的订单贷款产品为例，2012 年所有客户平均全年使用订单贷款 30 次，平均每次使用 4 天，以此计算客户全年的实际融资成本年化利率为 6%，仅相当于一年期贷款的基准利率。

此外，第三方支付的使用，为客户的投资、融资、支付、转账等极大地降低了结算成本；众筹模式的兴起，为很多原本融资无门的小项目提供了低成本的全新融资渠道；互联网金融门户网站的建立，让客户以更低成本、更快速度进行搜索比价，从而获得更多的优质金融产品和服务。

【专栏 6—1】

互联网金融首次写入两会政府工作报告

2014 年 3 月 5 日上午，第十二届全国人民代表大会第二次会议在人民大会堂开幕，国务院总理李克强在做政府工作报告时提出，要促进互联网金融健康发展，完善金融监管协调机制，这也是互联网金融首次写入两会政府工作报告。在报告中，李克强总理特别强调互联网金融在整个国民经济中的积极作用。在谈到 2014 年政府工作规划时，他指出要促进互联网金融健康发展，完善金融监管协调机制，密切监测跨境资本流动，守住不发生系统性和区域性金融风险的底线。让金融成为一池活水，更好地浇灌小微企业、“三农”等实体经济之树。

在两会之前，对包括余额宝在内的互联网金融产品曾一度引发舆论争议，认为其推高资金成本，不利于经济发展。不过，随着互联网金融的发展势头愈发火热，互联网金融的监管呼声更加高涨。2014 年两会上，互联网金融成为当年的热点话题。全国政协委员、中国人民银行行长周小川就表态说，近期国内汇率变化属于正常波动，“余额宝等金融产品肯定不会取缔”。央行副行长易纲、潘功胜也公开表态，对互联网金融行业予以肯定。

全国政协委员、银监会前副主席蔡鄂生提出，互联网金融的发展需要经历一个过程，但其快速发展至今需要有规则来监管。全国政协委员、财政部财政科学研究所所长贾康也提出，对于互联网金融，存在不可回避的创新因素，要挑毛病肯定也能挑出来。

总体来说，要不断在发展和规范中权衡，特别注意在大的走势上要看发展创新。

资料来源：根据网络资料整理。

6.1.3　互联网金融的作用

互联网金融运作模式多元化，电商企业开展的互联网金融服务模式对社会经济造成重大变革和影响引起全社会的高度关注。金融业和互联网相互融合渗透，是近年来金融市场的新亮点。互联网企业凭借移动支付、社交网络等新型网络平台和工具，相继推出金融产品和金融服务。互联网金融与商业银行间接融资和资本市场直接融资都存在一定区别，正在对人类社会发展至今形成的金融模式产生颠覆性影响。

（1）互联网金融可加速经济的发展

互联网金融最突出的特点是高效化和不受时空限制。互联网金融与经济活动相结合，可以使经济发展速度加快，具体表现在以下方面。

第一，投融资决策时间缩短，效率提高。在网络金融的条件下，相关投融资决策的宏观和微观信息的收集、选择、比较、反馈等环节的运作速度大大加快。

第二，资金流通速度提高。任何经济运行都离不开物资流、资金流和信息流，互联网金融能将经济活动中的资金调拨、划转、交割、清算等业务在瞬间完成。

第三，活跃和繁荣了商业。对于商家来说，随着网络金融，特别是电子货币系统（信用卡、智能卡、POS 、ATM 等）在日常生活中使用范围的不断扩大，促使衣、食、住、行、玩的商机和业务量大大增加，市场更加繁荣。

第四，便利消费，刺激和扩大了社会需求。对于广大消费者来说，由于互联网金融创造了非常便利的购物结算手段，消费者可用点“鼠标”或“手机”等的结算方式消费购物，刺激了人们的消费欲望，增加了商品的销售和流通量。

第五，推动了电子商务等新行业的快速发展。随着互联网金融的推广和上网企业、商家和个人数量的不断增加，以网上采购、销售或消费为主要形式的电子商务也快速增长。

第六，加速了经济活动的国际化进程。互联网金融的“无国界性”，使得“经济全球化”或“市场国际化”得以真正地实现。有互联网金融的支撑，任何商家足不出户就可以在全世界范围做生意、谈项目、搞合作，网络加速了经济全球化的进程。

（2）互联网金融可促进经济结构的优化

互联网金融不但是新经济的一部分，也是整个经济发展的一个新元素。网络金融对经济结构产生了积极的作用，主要体现在以下方面：一是从产业结构看，网络金融大大促进了商业、服务业等第三产业的发展，使第一产业在整个国民经济总量中的比重越来越大。二是从技术结构看，网络金融及其相关的电子商务和信息产业都是高新技术密集的行业，而且这些高新技术还在不断发展、创新和扩张，由此使得经济系统技术结构中的高新技术的比例持续增大，即越来越高新技术化、越来越优化。三是从产品结构看，网络金融促进了各产业产品向智力型、知识型和服务型方面发展。四是从就业结构看，网络金融及其相关产业的发展，大大增加了新的知识型和服务型的就业岗位，包括研发工作岗位等。

(3) 互联网金融可推动传统金融业的创新

网络金融作为现代金融与网络信息技术结合的产物，存在着成本低、效率高、服务面广等优点，互联网金融的发展是对传统金融的一种冲击，不断推动着传统金融业进行创新改革。

第一，产品创新。为满足客户的需求、扩大市场份额和增强竞争实力，金融机构必须进行业务创新。在信贷业务领域，银行利用互联网上的引擎软件，为客户提供适合其个人需要的消费信贷、房屋抵押信贷、信用卡信贷、汽车消费信贷服务；在支付业务领域，新出现的电子账单呈递支付业务通过整合信息系统来管理各式账单（如保险单据、账单、抵押单据、信用卡单据等）。

第二，服务创新。在资本市场上，互联网技术为市场参与提供了一个可通过计算机网络直接交换信息和进行金融交易的平台，买方和卖方可以通过计算机通信来寻找交易的对象，从而有效地消除经纪人和交易商等传统的金融中介，大大降低了交易费用。

第三，市场创新。由于网络技术的迅猛发展，金融市场本身也开始创新。互联网技术使得金融机构能够快速地处理和传递大规模信息，同时，互联网技术使得非金融机构同样具备提供高效、便捷金融服务的能力，复杂的金融混业经营模式快速发展。因此，金融行业内部和外部的市场界限日益模糊，各参与者可以参与其他市场的创新，同时市场竞争加剧。

第四，监管创新。由于信息技术的发展，网络金融监管呈现自由化和国际合作两方面的特点。一方面，过去的企业经营和传统金融保护监管政策被市场开放、业务融合和机构集团化的新模式所取代，金融行业的混业经营日渐增多；另一方面，金融行业外和国外的企业也在逐步参与金融市场，提供相关产品和服务，因此，监管方面也会面临前所未有的创新与挑战。

(4) 互联网金融可推进利率市场化进程

在过去若干年里，国内银行由于政策和市场等因素，主要通过存贷利差实现营业利润，创新意识和竞争意识较弱，利率市场化进程缓慢。互联网金融与市场经济互相渗透结合，使资金的供给和需求更客观地被市场接纳，融资者和投资者偏好更清晰地被反映出来。互联网金融市场上的资金价格，如利率、汇率等更好地反映了市场真实的资金需求状况。互联网金融为资金的盈余者和需求者提供了一个更透明的平台，减少了交易过程中的摩擦，加速了利率市场化时代的到来。

2013 年以来，以“余额宝”为首的互联网金融产品，以“T +0”及高利率竞争存款资金，挤压传统银行的存款业务。类似“余额宝”的互联网金融产品，实现了用户存取方便、高收益率的投资要求，也满足了市场上对资金需求旺盛的企业。互联网金融是推进中国金融行业的根本及利率市场化的重要战略力量。

(5) 互联网金融可缓解我国中小企业融资困境

在传统银行放贷模式下，一家企业想要获得银行贷款，需要经过较长时期的贷款审核，在对中小企业贷款审批的过程中，由于中小企业起步时间晚、发展进程慢等原因，银行能够获得的有效信息较少，或者银行需要花费较高的成本去获得相关资信信息。在互联网金融贷款模式下，银行通过了解企业在互联网上的经营状况、信用记录，能够实现信息的更新、追踪，降低信息不对称。

互联网金融为中小企业抵押担保困境提供了新的解决方案，如阿里小贷、众筹、P2P 网络借贷等。传统银行贷款需要抵押物来降低风险，中小企业在银行申请贷款时抵押物常常成为阻碍企业顺利获得贷款的门槛。互联网金融公司依托大数据和信息技术，主要依靠网络信用作为客户评价授信的重要依据。互联网金融为中小企业贷款成本高提供了新的突破口。中小企业在办理传统银行信贷时，由于其本身的规模较小、经营不稳定等问题，商业银行提出的贷款利率较高，造成中小企业资金成本增加。互联网金融服务平台具有自动化生产的特征，能够较大程度地分摊投入成本，从而降低中小企业融资成本。

6.2　传统金融与互联网金融对比

6.2.1　互联网金融与传统金融的区别

互联网金融相对于传统金融来说，它的优势是通过互联网实现资金信息的对接和交易，大大降低了交易成本，且手续简单，收益比较高，周期短，风险相对较低；而且解决了风险控制的问题，大量的客户通过互联网交易，在网上留下交易记录和交易痕迹，这些客户的信息资料，对于银行信息风险控制是非常重要的。互联网金融的客户以分散的个人客户和中小企业为主，而传统的商业银行并不十分重视这部分客户，互联网金融正好填补了这个空白，自然快速发展。

不仅如此，互联网金融业务交易量大，但是单笔量小。互联网金融产品涉及范围广，相比于传统产业和传统金融行业，产品众多，几乎每个行业、每家企业都能在互联网金融领域找到自己的位置。互联网金融与传统金融的区别主要体现在服务对象、服务产品、销售渠道、运营成本及效率、金融监管等方面。

(1) 服务对象

传统的金融行业在发展的过程当中，面对的都是一些比较高端的客户。而资质相对较差的客户就无法去满足相关服务的资质，不能成为传统金融行业的客户。传统金融行业的贷款一般情况下在 1000 万元以上，这样的门槛使一些中小型的企业根本无法达到相关的标准。互联网金融聚焦于传统金融业服务不到或不够重视的“长尾”客户，利用信息技术革命带来的规模效应和较低的边际成本，使“长尾”客户在小额交易、细分市场等领域能够获得有效的金融服务。

(2) 服务产品

相较于传统的金融服务，互联网金融更加便利，产品更加多样化。从金融产品和服务方面来看，传统的金融产品和金融服务非常固定，也比较单一，用户可以根据自身对于资金的需求，选择不同的金融单位定制金融服务，满足其个性化需求。而互联网金融采取批量化服务模式，缺乏一定的针对性。

（3）销售渠道

传统的金融行业在发展的过程中拥有了大量的银行网点，发展了固定的客户，而整个运营成本也会随着运营规模的扩大而不断增加。互联网金融在发展的过程当中，则采取线上形式来开展服务，主要通过网络客户端来与客户进行沟通和交流，客户可以更便利地获取信息，从而扩宽了产品销售渠道，有效提高了金融产品的经济效益。

（4）运营成本及效率

传统金融的线下个性化服务模式所需要的资金较多，成本比较大，运营起来比较困难，而通过互联网不仅能够有效地降低运营成本，还可以提高工作效率。互联网可以批量销售标准化的金融产品及金融服务，从而节约用户办理相关业务的时间，提高整个金融服务的经济效益。

（5）金融监管

传统金融行业面临过多次危机，其相应法律法规及监管制度相对于互联网金融来说更为完善，准入门槛比较高，业务开展也受限。金融业的稳定对国内经济包括国际经济均有显著影响，银行业更有“大而不能倒”的说法，有针对性地完善监管将很大程度上避免一国经济的萎缩甚至区域或国际金融的危机。传统金融在监管层面有完善的《巴塞尔协议》，在面临危机时有较强的应对能力，可以一定程度避免经济崩塌的情况发生。

互联网金融诞生以来，发展速度快，监管相对比较滞后。宽松的监管从短期来说为互联网金融发展提供了低门槛、低成本的有利条件，但从长期来看有非常大的潜在风险。因此，加强互联网金融机构的监管势在必行，也将会进一步约束并规范相关业务的开展。

6.2.2 互联网金融对传统金融的影响和挑战

（1）互联网金融对传统金融的影响

互联网金融创新对盘活社会资金、加速金融创新和传统金融机构变革、缓解小微企业融资难提供了契机。

第一，有助于盘活社会资金。

互联网金融的发展有助于扩大社会融资规模，提高直接融资比重，盘活社会资金，服务实体经济发展。一是互联网金融大大降低了普通民众进入投资领域的门槛，通过积少成多形成规模效应，撬动更多社会资金。如，绝大多数银行理财产品起步资金都是万元，而“余额宝”一元起即可购买，有助于吸引以百元和千元为单位的社会闲散资金大量进入。二是互联网金融可以依托资产证券化等手段盘活资产，实现资金快速循环投放。如阿里金融与东方证券合作推出的“东证资管——阿里巴巴专项资产管理计划”，使阿里小贷能够迅速回笼资金，盘活小额贷款资产，提高资金使用效率。

第二，有助于加速金融创新。

互联网金融打通了交易参与各方的对接通道，提供了不同类型金融业态融合发展的统一平台，有助于加快金融机构创新、金融模式创新和金融产品创新。一是互联网与金融的融合发展将重构金融生态体系，新金融机构、泛金融机构、准金融机构等非传统金融机构将不断兴起，集成创新、交叉创新等创新型金融形态将不断涌现。二是在互联网金融的快速冲击下，金融机构既有的盈利模式、销售模式、服务模式和管理模式已经难以为继，倒逼其推动金融模式转型和创新。三是随着信息技术、社交网络技术、金融技术的不断突破，大量基于消费者和小微企业的个性化、差异化、碎片化需求的金融产品由理论变为现实，将大大丰富现有的金融产品序列和种类。

第三，有助于加快传统金融机构变革。

互联网金融改变了传统金融机构的资源配置主导、定价强势地位和物理渠道优势，倒逼传统金融机构加快价值理念、业务模式、组织架构、业务流程的全方位变革。一是促进传统金融机构价值理念变革，摒弃以往过于强调安全、稳定、风险、成本的价值主张，更加注重无缝、快捷、交互、参与的客户体验和客户关系管理，真正做到以客户为中心、以市场为导向。二是促进传统金融机构业务模式变革，改变息差作为主要收入来源的传统盈利模式，通过产品创新和提供综合增值服务构建新的盈利模式。三是促进传统金融机构组织架构和业务流程再造，加快组织的扁平化、网络化和流程的简捷化、去审批化，从而提高组织效率，快速响应客户需求。

第四，有助于缓解小微企业融资难。

互联网金融在很大程度上解决了由信息不对称引发的逆向选择和道德风险问题，有利于增强金融机构服务小微企业的内生动力，有效缓解小微企业融资难、融资贵、融资无门的问题。一是互联网金融依靠先进的搜索技术、数据挖掘技术和风险管理技术，大幅降低了小微企业的准入成本和融资成本。二是互联网金融的运营特点与小微企业的融资需求具有很强的匹配度。三是互联网金融引发的激烈市场竞争将推动银行等传统金融机构重新配置金融资源，大量的小微企业将得到更多的信贷支持。

（2）互联网金融下传统金融面临的机遇

第一，互联网金融是传统金融的有力补充。

互联网金融带来了三大好处：一是相对于传统的银行来说，交易成本不断降低，使行业更有竞争力。二是客户服务的口径在不断增大，覆盖面扩大。三是解决风险控制的问题，客户在网上留下交易记录和交易痕迹，这些信息资料对于银行进行信息风险控制是非常重要的。

第二，大数据金融的运用。

互联网金融还可以通过社交网络或电子商务平台挖掘各类与金融相关的信息，获取部分个人或机构没有完全披露的信息，满足用户金融需求。在互联网金融模式下，智能搜索引擎通过对信息的组织、排序和检索，能有针对性地满足信息需求，大幅提高信息收集效率。

第三，交易方式变革。

在交易上，互联网金融可以及时获取供求双方的信息，并通过信息处理形成时间连续、动态变化的信息序列，据此进行风险评估与定价。

(3) 互联网金融下传统金融面临的挑战

随着互联网技术的发展和金融市场客户多样诉求的推动，互联网金融逐渐挑战传统的银行业务。互联网金融的优势明显，对传统银行的支付领域、小额贷款领域和中间业务领域均造成冲击。一是民间资本逐渐参与到新型融资模式当中，给传统金融市场带来了更大的竞争压力。二是第三方支付平台的涌现，分散了用户个人资金流，支付理财等金融业务独立性增强，对以利差盈利模式为核心的传统金融业务构成了威胁。三是传统金融行业所提供的用户服务以及产品体验相较于互联网金融有比较大的差距。

(4) 传统金融的应对策略和途径

第一，大力发展技术。

《关于促进互联网金融健康发展的指导意见》（以下简称《指导意见》）明确鼓励传统金融机构从技术、产品和平台三个层次进行互联网金融转型，非常明确地指出科学技术在互联网金融业务中的突出作用。银行、证券、保险三大传统金融机构必须坚定地实施科技领先发展战略，只有掌握先进技术，才能构建数据定价的核心能力，在汹涌澎湃的大数据时代才有竞争力。

从目前情况来看，传统金融机构应大力发展以下技术：一是新一代信息技术，主要是云计算、大数据风控和区块链（Blockchain）技术，这是未来互联网金融业务创新的技术基础。特别是区块链技术，它能使信息自由和互信，发达国家的银行已经开始使用区块链技术框架进行金融服务创新。二是人工智能技术。基于指纹、人脸等生物特征的身份识别技术是未来金融活动主体识别的主流技术。三是移动无线通信技术。以移动影像识别、智能穿戴技术为代表的“嵌入”金融服务的技术是未来互联网金融发展的方向。四是网络信息安全保护技术。《关于促进互联网金融健康发展的指导意见》《互联网保险业务监管暂行办法》和《网络借贷信息中介机构业务活动管理暂行办法》对互联网金融机构的信息安全水平都提出了更高的要求，所以传统金融必须加强网络信息安全保护技术。

第二，快速推进产品创新。

互联网已经像水和电一样，成为企业和个人依赖的基础条件，深刻改变了人们的生活习惯和商业模式。传统金融机构必须通过基于互联网的产品创新来满足“互联网+”时代客户对金融服务的需求，让产品创新成为自身向互联网金融转型的抓手。传统金融机构应在标准化产品、个性化产品和跨界化产品的三个维度进行大力创新。标准化产品创新应不断挖掘一定数量的群体对同一金融服务的需求，不断推出标准化的新金融产品，以互联网为营销和服务渠道，给客户提供良好的产品体验，通过边际效应获得超额利润。个性化产品虽然目前成本较高，但随着用户数据的积累、大数据分析技术的成熟及未来逐步完善的征信系统，低成本为客户提供个性化的金融产品和服务完全可能。个性化的金融产品创新可极大增强传统金融机构的竞争力。跨界化产品创新也是未来创新的主要方向，互联网的开放性和跨界性使行业与行业之间的界限变得模糊，传统金融机构应利用自身和政策优势积极与非金融机构进行合作，特别是与互联网企业进行跨界产品创新，扩大业务的深度和广度。

第三，积极构建生态平台。

平台商业模式是互联网时代一种独有的生态模式，其精髓在于打造一个完善的、成长潜能大的“生态圈”，它拥有独树一帜的精密规范和机制系统，能有效激励多方群体达成平台企业的愿景。生态平台战略既保持从纵向分析价值链环节的思维，又增加对横向价值环节的分解，所以能逐渐模糊产业的边界，在创新需求的同时，还满足现有需求，从而拆解产业现状、重塑市场格局，这就是 BAT（百度、阿里巴巴、腾讯）等大型互联网平台能逐步渗透传统金融行业的原因。打造互联网金融生态平台其实一直也是大型传统金融机构梦寐以求的目标，但是由于主观和客观的原因，目前我国还没有传统金融机构主导的有统治力的金融平台。《指导意见》等政策支持传统金融机构打造互联网金融平台，为有条件的传统金融机构打造生态型互联网金融平台提供了历史性机遇。金融机构一定要坚定执行以金融账户为入口的生态平台战略。具有海量用户的大型传统金融机构可以构建多生态、全场景、泛需求和综合化的互联网金融平台，有一定数量用户的中型传统金融机构可以打造细生态、多场景、专需求和一站式的互联网金融平台，没有用户数量优势的小微传统金融机构可以培育一个微生态、专场景、为实体和扶持小微的互联网金融平台。

第四，专心致力人才培育。

任何企业的发展都是由人才驱动的，人才是企业发展的核心要素、核心资源。随着互联网金融逐步打破金融垄断，银行优势逐渐丧失。因此，能否拥有一支具有互联网思维和技能的人才队伍决定了传统金融在“互联网+”时代发展的成败。传统金融必须制定人才优先发展战略，结合机制和体制改革，快速培养一批精通金融业务、熟悉国家互联网金融政策和规则、掌握互联网思维、理解互联网精神、能认清互联网金融发展趋势、具有将互联网和金融进行创新性融合能力的中高级管理层，以及一批具有互联网营销、产品推广及服务技能的一线员工。传统金融机构只有培育出一批又一批“看得懂、跟得上、想得到、留得住”的结构合理的互联网金融人才，才能抓住时代机遇，抢占互联网金融业务的高地。

互联网金融是在互联网和传统金融机构结合的基础上发展而来的，是二者的延伸。但互联网金融的出现不会导致传统金融机构的衰落，未来互联网金融和传统金融中介机构两者形成互补，彼此之间促进发展。在未来的发展中，传统金融机构和互联网金融之间可以建立战略同盟关系，彼此之间相互促进发展。对于传统金融机构而言，互联网金融的出现难以取代传统金融中介的地位，但是传统金融中介也应该不断创新，结合先进的互联网技术，发挥更优质的功能。对于互联网金融而言，其在发展的过程中也应该借鉴传统金融中介的发展经验，发挥更多的功能。互联网金融和传统金融可以实现资源互补，提高范围经济，为客户提供更好更多的金融服务，共同促进我国金融体系的发展，从而共同推进我国创新环境和金融环境的进步。

6.3 互联网金融风险与监管

6.3.1 互联网金融风险概述

互联网金融风险主要有信用风险、法律风险、技术风险和业务运营风险等，不同风险的表现形式和造成的影响程度不同。

(1) 信用风险

传统金融企业在信用风险方面研究较多，已经形成了比较完善的信用评估体系。虽然互联网的开放性减少了网络信息的不对称现象，但这更多的是在需求对接等资源配置上的效率提升，而在识别互联网金融参与双方信用水平上没有太大作用。同时，由于互联网本身的特点，互联网金融领域的信用风险较传统金融行业更难控制。相较于传统金融对交易客户的资质进行线下的面对面评估，耗费大量的人力、物力、资源及时间，互联网金融凭借其技术优势能迅速对采集的海量信息进行分析，获取有效优质的客户，有针对性地提供融资服务，提高市场运作的效率。然而仅仅依靠数据的统计并不能全面掌握交易双方的信用，缺乏面对面的交流也使信用调查结果缺乏全面性和可靠性，信息不对称增加了道德风险和逆向选择，且担保体系不健全、社会征信体系不完善都增加了信用风险发生的可能性。

第一，来自资金需求方的信用风险。

由于互联网金融虚拟性的特点，交易双方互不见面，只是通过网络发生联系，这使对交易者的身份、交易的真实性验证的难度加大，增大了交易双方在身份确认、信用评估方面的信息不对称。同时，互联网金融发展历程短、进入门槛低，大部分企业缺乏专业的风险管理人员，不具备充分的风险管理能力和资质，加上网络贷款多是无抵押、无质押贷款，从而增大了信用风险。互联网金融中的信用风险不仅来自交易方式的虚拟性，还存在社会信用体系的不完善而导致的违约可能性。由于中国的社会信用体系建设处于初级阶段，全国性的征信网络系统也还没有建立起来，加之互联网金融还未纳入央行征信系统，信用中介服务市场规模小、经营分散，而且行业整体水平不高，难以为互联网金融企业风险控制提供保障。由于上述原因造成的信息不对称，导致互联网金融中存在一定的信用风险。客户可能会利用金融机构与自身信息不对称的优势进行证明信息造假，骗取贷款，或者在多家贷款机构获得贷款。

一般而言，有信用且优质的客户大多能从银行等金融机构获得低成本的资金，而那些资金需求难以满足的人群往往成为互联网金融企业的主要客户群体，这部分人或者企业可能存在以下情况：信用存在问题，没有可抵押担保的资产，收入水平低或不稳定；部分客户可能会利用其信息不对称优势，通过身份造假、伪造资产和收入证明，从互联网金融企业获取贷款资金。此外，互联网金融平台之间没有实现数据信息的共享，一个客户可能在多个平台进行融资，最后到期无法偿还而产生信用风险。如果违约资金额大，涉及的客户数量多，则很可能引起公司倒闭，进而使其余投资者资金被套，无法追回。

第二，来自互联网金融企业的信用风险。

互联网金融平台经营者如果自身经营有问题、坏账率高，可能会通过虚假增信和虚假债权等手段骗取投资人的资金，隐瞒资金用途，拆东墙补西墙，最后演变成“庞氏骗局”，使投资人利益受损。以众筹平台为例，其主要的信用风险来自资金托管方面。我国央行规定，只有取得支付业务许可证的非金融机构才能从事支付业务，而大多数众筹平台并不具备这样的资格。但在实际操作过程中，投资者将钱拨付到众筹平台的账号中，由平台转到成功募集的项目上，整个过程中极少通过独立的第三方账户对这些资金进行托管，一旦平台出现信用问题，投资者就难以追回投资。

互联网金融机构还可能会依靠政府、媒体的推荐以及学者或明星代言等提高信用，使投资者放松警惕，参与交易。这些金融机构一旦失信，就可能会造成公众信用的崩塌。另外，任何金融产品都是对信用的风险定价，互联网金融产品如果没有信用担保，该行为风险就可能转嫁到整个社会。互联网金融中，无论是网贷平台还是众筹平台，其发行产品的风险无法由发行主体提供信用担保。如今很多网贷平台都引入担保公司担保，且不说担保公司的注册资本能支撑多大的担保金额，其担保模式在合法性方面就存在很大问题，这种形式的担保并不能降低互联网金融的信贷风险。

第三，数据误差导致的信用风险。

根据统计学原理，如果用于统计的样本规模不够大或者数据不完全，存在选择性偏误或系统性偏误，那么统计出来的结果误差将非常大。大数据意味着更多的信息，但同时也意味着更多虚假信息，这对数据的真实性提出了挑战。同时，由于大数据具有数据类型多样、价值大但密度低等特点，利用互联网获得的数据来分析客户的信用情况是否足够可信还无法准确定论。

在现有的互联网金融业务中，除了电商平台拥有足够大的数据规模以外，其他平台如网贷、众筹等，本身体量不大，数据积累也不足以应用大数据技术。统计学家曾证明：采样分析的精确性随着采样随机性的增加而大幅提高，但与样本数量的增加关系不大。分散割裂的数据，如果不能很好地整合，就算数据量很大，也可能导致分析不准确。大数据需要多维度、全面的数据才能确保有效性。由于全社会开放与共享数据还很难，数据质量因此大打折扣。互联网金融平台从外部市场等获得的数据可能存在多种因素造成的数据失真。因此，在使用平台积累数据进行信用评价时，也可能会产生由数据统计偏差导致的信用风险。

（2）法律风险

第一，信息隐私保护的风险。

在互联网时代，人们在网络上的一切行为都可以被服务方知晓，包括用户浏览网页、发微博、逛社交网站、网络购物的信息。所有这些网络服务都会通过对用户信息的洞察获取商业利益，例如，用户在电商网站上浏览了冰箱，相关的冰箱销售广告就会在未来一段时间内推荐给用户；用户在社交网络上提到某种产品或服务，这类型的产品或服务就能主动找到客户。所有这种商业行为本质上就是通过对用户隐私的洞察来获取商业效益。

互联网金融平台在现有的技术水平下，可以凭借一个信息节点挖掘交易者的所有客户信息，通过数据挖掘与数据分析，获得个人与企业的信用信息，并将其作为信用评级及产品设计、推广的主要数据。这一做法是否侵犯了隐私权及其在中国的合法性也不能确定。电子商务平台公司积累了大量的客户信息，这些信息隐含了巨大的商业价值。在利益的驱动下，很多机构或个人非法出售客户信息谋取利益。我国此前对于保护个人信息的法律有《中华人民共和国侵权责任法》《中华人民共和国居民身份证法》等。但这些法律缺乏实际可操作性，而且被窃取信息的用户举证的难度、成本很大，损失也不好评估。在金融机构信息化的过程中，消费者信息更容易遭到窃取，损失也没有具体的衡量标准。在信息化时代，个人信息保护已成为广大人民群众最关心、最直接、最现实的利益问题之一。

中国立法机构在借鉴世界立法智慧和立足本土实务经验的基础上，经过多年的酝酿，于 2021 年 11 月 1 日起正式施行《中华人民共和国个人信息保护法》。法律明确不得过度收集个人信息，同时对人脸信息等敏感个人信息的处理进行规制，完善个人信息保护投诉、举报工作机制等，为解决个人信息保护中的热点、难点问题提供了强有力的法律保障。

第二，网络洗钱、信用卡套现的风险。

利用互联网支付以及电子货币具有匿名性，交易难以追踪，容易为犯罪分子洗钱违法活动提供空间。为规范非银行支付机构支付业务，防范支付风险，保护当事人合法权益，在《中华人民共和国中国人民银行法》《非金融机构支付服务管理办法》等规定的基础上，中国人民银行制定了《非银行支付机构网络支付业务管理办法》，自 2016 年 7 月 1 日起施行。对于第三方支付会涉及信用卡套现的问题，2009 年发布的《最高人民法院、最高人民检察院关于办理妨害信用卡管理刑事案件具体应用法律若干问题的解释》第七条规定："违反国家规定，通过使用销售点终端机具（ POS 机）等方法，以虚构交易、虚开价格、现金退货等方式向信用卡持卡人直接支付现金，情节严重的，应当依据《中华人民共和国刑法》第二百二十五条的规定，以非法经营罪定罪处罚。持卡人以非法占有为目的，采用上述方式恶意透支，应当追究刑事责任的，依照《中华人民共和国刑法》第一百九十六条的规定，以信用卡诈骗定罪处罚。"而如今对于第三方支付企业，若出卡人通过第三方支付进行套现，将不会缴纳提现费用，因此如何防范信用卡套现是一个值得关注的问题。

第三，非法集资的风险。

2021 年 12 月 30 日最高人民法院审判委员会通过的《最高人民法院关于修改〈最高人民法院关于审理非法集资刑事案件具体应用法律若干问题的解释〉的决定》（该修正自 2022 年 3 月 1 日起施行）第一条规定："违反国家金融管理法律规定，向社会公众（包括单位和个人）吸收资金的行为，同时具备下列四个条件的，除刑法另有规定的以外，应当认定为刑法第一百七十六条规定的非法吸收公众存款或者变相吸收公众存款：（一）未经有关部门依法许可或者借用合法经营的形式吸收资金；（二）通过网络、媒体、推介会、传单、手机信息等途径向社会公开宣传；（三）承诺在一定期限内以货币、实物、股权等方式还本付息或者给付回报；（四）向社会公众即社会不特定对象吸收资金。”第七条规定：“以非法占有为目的，使用诈骗方法实施本解释第二条规定所列行为的，应当依照刑法第一百九十二条的规定，以集资诈骗罪定罪处罚。”

（3）技术风险

计算机网络技术是互联网金融的基本工具，但计算机网络技术自身存在很多难以把控的风险，如计算机运行系统、认证系统以及软件缺陷都会威胁互联网金融交易的正常运行。TCP / IP 协议的完善度不足，协议虽然简单便捷，然而加密程度不够，使得数据在传输过程中容易被恶意藏获，从而造成信息丢失。各种计算机病毒具有的攻击性和传染性使有序交易陷入异常并牵连其他网络终端。此外，黑客攻击计算机网络也是技术风险频发的主要原因之一。

以远程支付为例，互联网交易面临的钓鱼、欺诈风险尚未彻底解决，应对网银欺诈的安全软件产品尚不成熟，第三方软件可能对存在的木马程序不能有效识别。因此，犯罪分子可以利用互联网金融这方面的缺陷，通过钓鱼 WIFI 站点或其他攻击手段，对客户交易信息进行拦截或篡改，造成客户资金损失。另外，手机移动支付因缺少 U 盾接口，普遍采用短信认证的方式进行身份确认，在这方面，由于客户的安全意识薄弱，且缺乏这方面的安全软件保护，也易被犯罪分子利用，存在安全隐患。

伴随着移动支付和移动互联网的快速发展，金融机构网络安全问题更为突出。金融应用成为网络攻击的新目标，通过挖掘 App 漏洞、制造木马病毒、截屏窃取账号密码等，网络犯罪分子可能获取金融敏感信息或劫持账户。移动终端的普及，使得移动 App 成为移动互联网的重要载体。但与此同时，App 所带来的安全风险也是极高的。App 安全风险已经成为威胁手机安全的重要因素，移动安全企业爱加密通过选取 10 个行业排名靠前的 10 款 App 进行检测，发现在所有应用品类中，金融类应用漏洞的危害最大。据相关数据显示，第三方支付类、电商类、团购类、理财类、银行类 App 下载量持续走高，与此同时恶意程序数量也急剧增长，其中，资费消耗、流氓行为、诱骗欺诈和隐私获取是主要危害类型。电商类、理财类应用和银行客户端分别是受害最严重的移动应用。

与此同时，近年来，全球大规模数据泄露事件频繁发生，如美国 Target 超市 7000 万客户资料泄露，摩根大通账号资料被窃取，iCloud 泄露大量好莱坞影星私密照片等。传统金融的安全风险通常只是局部损失，而互联网金融已经贯穿到存、贷、流通各个环节，安全问题也是跨平台、跨地域的，安全问题更加复杂。因此，在一个高度关联依赖的数字金融网络，攻击一个金融系统就意味着攻击整个金融系统，整个交易网络都可能受到破坏，因此，技术风险影响范围大，杀伤力大，损失也更为巨大。虽然每个金融机构在业务上是竞争的，但在信息安全上面临着同样的对手。联合安全服务商、金融机构和主管部门、金融参与者等进行共同的安全防御是必不可少的。

（4）业务运营风险

第一，操作风险。

巴塞尔银行监管委员会对操作风险的定义是所有因内部作业、人员及系统的不完备或失效，或其他外部作业与相关事件造成损失的风险。互联网金融业务的操作风险可能来自互联网金融的安全系统及其产品的设计缺陷，也可能是因为交易主体的操作失误。如，互联网金融业务所依赖的搜索引擎也具有操作性风险，2012 年 12 月，媒体相继报道了多起客户因使用搜索引擎被引诱登录假冒银行网站造成资金损失的案件。2013 年 3 月支付宝被曝光出现重大漏洞，其中就是搜索引擎泄露了大量的支付转账交易信息及个人敏感信息，包括付款账户、邮箱、手机号等。不法分子以此寻找受害人信息，通过找回密码来获得用户支付宝访问权限，从而将支付宝的钱款转走。可见，系统设计缺陷和安全隐患有可能引发互联网金融业务的操作风险。

同时，互联网金融系统升级也可能出现故障，跨平台（互联网和移动互联网）、跨系统（Windows、OS、Android 等）的系统适配也会存在操作风险。另外，从交易主体操作失误来看，客户可能对互联网金融业务的操作规范和要求不太了解，造成交易中支付结算中断等问题，从而引发资金损失。

在管理方面，对风险控制的能力不足是经营互联网金融企业过程中最大的短板。虽然互联网金融对于投资者的进入要求较低，分散投资也降低了每一个投资者的风险，但大多数互联网金融企业缺少能够针对不同投资者的情况进行风险提示以降低违约事件造成的影响的有效措施。比如，网络贷款企业对借款人的资格审核和信用评级没有形成一套成熟的体系；众筹平台对项目的审核及后期监控也缺乏可用的风险控制机制。因此，在互联网金融业务中，安全系统失效、交易过程中的操作失误以及管理上的风险控制不力都会带来操作风险。

第二，量化放贷和高杠杆风险。

2014 年 2 月，京东金融推出“京东白条”，拉开了互联网消费信贷的序幕，随后蚂蚁集团推出“蚂蚁花呗”。2015 年我国市场上的各个企业开始大力布局互联网消费金融业务，互联网消费金融业务进入发展快车道。2016 年 3 月，随着“加快推进消费信贷管理模式和产品创新”的政策引导，行业创新不断涌现，互联网消费金融业务迎来了发展的黄金期。现阶段各大互联网巨头平台都涉及了互联网金融业务，如阿里巴巴有蚂蚁金服、腾讯有微粒贷、京东有京东金融、美团有美团月付等，这些业务无一例外都涉足了消费贷。

各大平台的金融放贷模式是通过对自身网络内的客户交易数据，如交易量、评价度、口碑、货运等数据进行量化处理，电商交易更占优势的蚂蚁金服甚至还引入外部数据，如海关、税务、电力、水力等数据加以匹配，进行有效的数据整合，建立起量化的货款发放模型。同时，建立中小企业贷款的数据库模型，进行数据库跟踪管理。此模型的好处是显著提高放贷效率、降低放贷成本，更关键的是让金融机构在其中的作用弱化。

量化交易得以成功的基础是长期稳定的交易环境，如贷款需求和意愿的稳定增长。在经济动荡或者衰退时，这些在良好经济发展条件下设置的量化参数便失去了意义。本来信用度很好的客户，在经济形势大面积下滑时也会有无法还贷的可能性。如果互联网金融企业无法建立起很好的系统性风险应对机制，很可能会出现大面积坏账，进而引发金融风险。

第三，流动性风险。

资产和负债的差额以及期限的不匹配将引起流动性风险。对于大量贷款到期，互联网金融业由于贷款期限不匹配，没有资金流入以偿还到期贷款可能出现资金断层，产生流动性问题。如，余额宝、理财通等理财产品为了吸引客户，在设计产品时允许随时赎回，可与该产品联系的基金其实很难做到低风险实现这一功能。余额宝等理财产品设计随时赎回功能时，考虑到了大量赎回的资金漏洞可以被大量购买进入的资金弥补，然而一旦市场出现行情波动引起大规模集中赎回却没有相应体量的产品购买资金进入，这类企业将面临严重的流动性危机。

一些 P2P 网贷平台为了提高交易量，可能会将长期标的分拆成短期标的来循环交易。例如，一个 12 个月的标的，P2P 公司就可以用自己的资金提前贷给借款人，然后再将这个标的拆成 1 个月期限的标的挂在网上，不停循环，增加交易次数和规模。一来，拆分标的可能存在欺诈行为；二来，长期贷款和短期的理财产品标的资金结构不匹配，当违约率上升时，这一压力也会随之增加，极易造成企业的经营困难。互联网金融企业缺乏内部有效的流动性风险防范机制，外部没有类似银行的同行拆解市场，也得不到中央银行的紧急支持，因此，在流动性风险方面没有优势和既有经验可以借鉴。有些运行平台以高回报率吸引投资者进行非法集资，如“中晋系”“上海申彤大大”和“钱宝网”等，其中 P2P 非法集资占非法集资案件总量的 30%。通过虚构投资项目进行套利后“跑路”，并没有产生实际的经济活动，使投资者利益受损，这其中也存在着流动性风险。

由此可见，互联网金融在带来巨大便利的同时，也存在一些问题和风险隐患。由于互联网金融业务多借由互联网平台开展，这些风险一旦爆发，就极容易通过互联网传播，导致系统性风险。目前，在互联网金融行业的发展过程中，主要存在以下问题。

①行业发展“缺门槛，缺规则，缺监管”。

②账户资金安全存在隐患，出现多起经营者“卷款跑路”事件。

③从业机构内控制度不健全，存在经营风险。

④信用体系和金融消费保护机制不健全。

⑤从业机构的信息安全水平有待提高等。

【专栏 6—2】

金融科技监管导向：监管升级，鼓励创新与规范发展

我国高度重视信息科技在金融领域的应用拓展，早期以包容创新为导向，但随着风险积累与暴露，金融监管全面升级，2020 年进入监管元年，规范与发展并重。

1. 吸取 P2P 教训，从包容创新到整治规范

2018 年前，高度重视金融科技（Fintech），包容性政策为主。2017 年 5 月，央行成立专门“金融科技委员会”，定位于“金融科技工作的研究、规划与统筹协调”，标志着金融科技行业迎来监管层面的重要支持与规范。7 月，国务院印发《新一代人工智能发展规划》，专门提出了“智能金融”的发展要求，12 月，工信部印发《促进新一代人

工智能产业发展三年行动计划（2018—2020年）》，将“金融”列为智能产品应用的重要方向之一。

业务模式日益复杂、交易规模迅速增加，挑战监管能力。随着P2P网贷大面积暴雷、非法代币融资等风险事件频发，动摇金融稳定，负面影响深远，暴露出分业监管漏洞。2018年多部委联合开启整治风险行动，清退P2P平台、地方交易所、加密货币等，整肃市场秩序。

2. 金融科技进入监管元年，创新与规范并重

2020年以来，金融科技在经历爆发式增长后，行业规范化和标准化的缺失，系统性风险累积，引起监管高度重视。吸取P2P事后监管教训，监管层提前预判风险，出台政策整治互联网贷款、网络小贷等，约谈金融科技巨头，平衡创新与风险的关系。

一是顶层设计上，金融科技的发展与监管上升至重要地位，鼓励创新与规范发展并重。央行印发《金融科技发展规划（2019—2021）》，从国家层面对金融科技发展做出全局规划，制定《金融科技产品认证目录》等明确金融科技技术标准、业务规范、风险管控等政策，出台针对移动支付、网络借贷、数字货币等监管强化文件。12月16—18日中央经济工作会议将“强化反垄断和防止资本无序扩张”列为2021年八项重点工作之一，并明确提出要完善数据收集使用管理。未来新金融必然匹配新监管，既要保持创新活力，又要防止打着“金融创新”的旗号割韭菜，防止金融业务“无照驾驶”导致监管失效。

二是监管主体上，跨市场跨行业监管提前介入，不留监管死角。金融委统筹协调，10月31日刘鹤副总理主持金融委会议时强调，“当前金融科技与金融创新快速发展，必须处理好金融发展、金融稳定和金融安全的关系”，“对同类业务、同类主体一视同仁”，明确持牌经营监管方向。

央行正式实施《金融控股公司监督管理试行办法》，金控必须持牌经营。银保监会、证监会在细分领域出台监管办法，如互联网贷款新规、网络小贷新规、互联网保险新规。同时非金融监管机构迅速介入，最高法规定民间借贷最高利率不超4倍LPR，市场监管总局发布《关于平台经济领域的反垄断指南（征求意见稿）》。监管机构涵盖金融业务、数据安全、互联网等方面，体现全方位、跨行业监管思路。

三是监管思路上，中国版“监管沙盒”试点推出，有望打造培育创新与规范发展长效机制。2016年FSB提出金融科技监管评估框架，一是判断金融科技产品和服务是不是创新，二是评估创新动力是提高效率还是监管套利，三是评估对金融稳定的影响，成为全球金融创新监管共识。英国金融行为监管局（FCA）2015年提出“监管沙盒”（Sandbox），针对难以判断影响的金融科技创新，先选择进行小范围试行，监管部门与企业共同设定范围、参数等，若创新确实提高效率并风险可控，则允许在更大范围应用。截至2020年5月，FCA已开展5批测试，参与企业累计118家。中国人民银行2019年12月启动“监管沙盒”，截至2020年8月已有北京、上海、成渝、粤港澳、苏杭等地区启动金融科技创新监管试点，推出60个试点项目，有望打造培育创新与规范发展长效机制。

无论是金融元宇宙、非同质 化代币（NFT），还是近期出台的规范平台健康发展意

见，持牌经营、合规经营、反垄断和防止资本无序扩张是互联网金融监管的核心，也是今后互联网金融类平台企业可持续发展的关键。

资料来源：恒大研究院《中国金融科技报告 2020》等。

6.3.2 风险的传导路径分析

（1）信用风险

互联网金融在发展过程中，如果对用户的信息审核不够严格，就会造成部分款项借出去后，借款人违约，不能及时还款，或者不还款。最终，该平台无法正常运作，投资者无法收回成本，给投资者带来损失。

互联网的信息传播速度相对较快，很容易产生群体效应，对互联网平台的声誉产生影响。投资人知晓平台的风险后，将会选择对平台进行撤资，从而降低平台的资金流量，进一步影响互联网金融的其他运营模式，进一步传递风险。

信用风险主要传导路径为：信用审查不严格→平台用户违约加大→引发平台信用风险→平台的声誉大幅降低→平台关闭或负责人跑路→投资者损失。

（2）技术风险

技术问题所带来的风险具有连锁性，很可能通过风险传递机制将风险传递到整个互联网金融风险与监管系统之中，从而转化为系统风险。也有一些企业将技术进行外包或者简单购买国外的技术，这样容易受到黑客的攻击。由于平台不能掌握核心技术，对于可能发现的风险不能进行有效控制，一旦技术出现问题就会造成系统瘫痪，进而诱发挤兑风险等。

技术风险主要的传导路径为：互联网技术故障→系统瘫痪→信息技术风险→挤兑风险。在互联网金融平台中，理财产品资金转出的过程中一般会有 2 天左右的时间周期，这段时间资金就由平台所支配，存在较大的非法挪用资金的风险。如果客户出于某种需求需要账户中的大量资金，平台因为挪用资金无法给客户提供充足的资金，会造成资金链条中断。一旦这种新闻在网上发酵，就会形成客户到平台挤兑，加剧平台资金的流动性，甚至导致平台崩溃。反过来，风险蔓延到其他平台，引发互联网金融系统的流动性风险。

（3）流动性风险

流动性风险主要传导路径为：平台非法挪用资金→客户需要大量资金→平台资金不足→影响其他客户→平台崩溃→其他平台受影响→流动性风险。

（4）货币政策风险

互联网金融中，虚拟货币往往不能受到传统货币政策的影响，针对互联网金融实施传统的货币政策效果很不明显。加之互联网金融的货币资金量没有相应统计和归类，会造成政府对互联网金融体系内的货币总量并不清楚。一旦出现风险，会由互联网金融向传统金融传递，从而影响到整个金融体系。

货币政策风险主要传导路径为：互联网金融在现有政策体系外→货币政策效果不明显→互联网金融货币问题出现→影响到传统金融→造成整个金融系统的货币政策风险。

（5）系统性风险

系统性风险的传导路径主要有两种形式。

第一，互联网金融的系统性风险主要与资金的流向有关。目前，我国互联网金融资金流动主要与第三方支付有关系，如微信支付和支付宝支付等。随着第三方支付的不断发展，支付市场主要由微信支付和支付宝支付所垄断，这两大支付工具依靠腾讯系和阿里系雄厚的资本实力不断壮大，形成了对整个互联网金融支付的垄断。这两个第三方支付平台一旦出现风险，就可能通过资金流动影响到整个互联网金融系统。而互联网金融体系中的问题也会通过资金流动影响到其他平台，并进一步影响到互联网相关的金融理财。主要的传导路径为：第三方支付垄断→产生风险→影响其他互联网金融模式运作→缺乏有效调控→系统性风险。

第二，通过对互联网金融长尾效应的分析，可以知道互联网金融对传统金融市场的分流比较严重，这样会造成大量的资金进入互联网金融市场，政府在应对金融风险时，仅针对传统金融市场出台相应对策和建议，往往不能达到理想的效果。传统金融的三大功能是资产配置、支付结算和风险管理，与互联网金融相比，传统金融的这些功能没有多大改变，但是互联网金融在一些业务的开展上，与传统金融形成了替代关系。而由于制度不够完善，随着互联网金融规模不断壮大，政府能否对风险进行有效防控存在较大疑虑。就中国的互联网发展现状来看，互联网金融还不具备制定监管政策的基础，但如果相应的监管政策不能随着互联网金融的发展逐步完善，将会进一步加大金融系统的风险。主要传导路径为：互联网金融规模扩大→传统金融地位下降→互联网金融政策、经济基础匮乏→系统性风险。互联网金融风险首先具有极强的传播性，不仅影响个体，且波及范围广泛；高虚拟化使实际操控极具挑战性；强时效性使风险在同一时间点集中爆发；超复杂性增加了破解的难度。因此在明确监管主体、监管目标以及监管原则的前提下，创新管理思路，建立健全高效的监管体系是非常有必要的。

6.3.3 互联网金融监管现状

互联网金融的监管核心是保障客户利益和资金安全。由于互联网金融的创新性和复杂性，其风险也相对较高。因此，政府部门需要制定监管政策，加强监管力度，保障客户的合法权益，维护金融市场的稳定。同时，监管部门也需要规范互联网金融业务的经营行为，强制平台进行合规经营，防止非法集资、资金洗转等风险事件的发生。

随着互联网金融行业的快速发展，互联网金融监管也成为各国政府和监管机构关注的焦点。目前，互联网金融监管的现状主要表现为以下几个方面。

（1）监管机构越来越重视互联网金融领域的监管

在不同国家和地区，政府和监管机构通过颁布法规和政策，规范和引导互联网金融市场的发展。例如，我国于 2018 年发布了《关于规范金融机构资产管理业务的指导意见》，对互联网金融机构参与资管业务进行了规范，明确了资管产品的风险等级和投资范围等。2021 年，互联网金融“野蛮生长”的发展环境已不复存在，P2P 业务的消亡，网络小贷、互联网存款和贷款等业务均已经纳入监管序列，央行、银保监会、证监会和国家外汇局对蚂蚁金服等多家互联网平台金融企业进行了专项整治。2021 年 3 月中国银保监会、中央网信办、教育部、公安部、人民银行联合印发《关于进一步规范大学生互联网消费贷款监督管理工作的通知》，切实营造良好金融环境。

(2) 监管范围不断扩大

互联网金融的监管范围逐渐从最初的 P2P 网贷、支付宝等支付结算工具扩展到股权众筹、第三方支付、虚拟货币交易等新领域。监管机构也在不断扩大监管力度，如美国的 SEC、CFTC 等机构加强了对数字货币交易平台的监管，中国的银保监会对理财等金融产品的监管等。

(3) 监管手段不断创新

监管机构也在不断寻求新的监管手段，以适应互联网金融市场的快速变化。例如，人工智能、区块链等技术的应用，让监管机构可以更加高效地监管互联网金融市场，减少监管漏洞。

(4) 监管合作不断加强

互联网金融跨越国界，监管合作的重要性日益凸显。各国政府和监管机构之间加强了合作，例如欧洲金融监管机构与中国证监会、中国人民银行等监管机构签署了监管合作协议，中国与日本等国家也在互联网金融监管领域进行了合作。

【专栏 6—3】

大型平台企业金融业务专项整改

2020 年 8 月和 9 月，蚂蚁集团、京东科技（时名“京东数科”）分别向科创板递交了上市招股说明书，然而至今两家企业均未能成功 IPO。

2020 年四季度起，金融监管机构对金融科技监管覆盖和强度提升，线上信贷的流量合作模式、利率空间、风控管理、贷后催收以及公司治理等各个环节纳入规范的监管框架中。

2020 年 12 月 26 日，人民银行、银保监会、证监会、外汇局等金融管理部门联合约谈蚂蚁集团，要求其建立专门团队，在金融管理部门指导下制定整改方案。2021 年 4 月 12 日，蚂蚁集团再次被联合约谈。

2021 年 4 月 29 日，人民银行、银保监会、证监会、外汇局等金融管理部门联合约谈了腾讯、度小满金融、京东金融、字节跳动、美团金融、滴滴金融、陆金所、天星数科、360 数科、新浪金融、苏宁金融、国美金融科技、携程金融等 13 家网络平台企业。

金融管理部门针对当前网络平台企业从事金融业务中普遍存在的突出问题提出了整改要求。一是坚持金融活动全部纳入金融监管，金融业务必须持牌经营。二是支付回归本源，断开支付工具和其他金融产品的不当连接，严控非银行支付账户向对公领域扩张，提高交易透明度，纠正不正当竞争行为。三是打破信息垄断，严格通过持牌征信机构依法合规开展个人征信业务。四是加强对股东资质、股权结构、资本、风险隔离、关联交易等关键环节的规范管理，符合条件的企业要依法申请设立金融控股公司。五是严格落实审慎监管要求，完善公司治理，落实投资入股银行保险机构“两参一控”要求，合规审慎开展互联网存贷款和互联网保险业务，防范网络互助业务风险。六是规范企业发行交易资产证券化产品以及赴境外上市行为。禁止证券基金机构高管和从业人员交叉任职，保障机构经营独立性。七是强化金融消费者保护机制，规范个人信息采集使用、营销宣传行为和格式文本合同，加强监督并规范与第三方机构的金融业务合作等。

大型互联网平台作为平台经济的典型代表，大都坐拥数亿活跃用户，其金融业务既有消费互联网端，又有产业互联网端，为消费者和机构的金融需求提供直接或间接的服务，已构建成较为完善的金融生态，具备一定的系统重要性，一旦其发生较大风险，可能会影响金融体系甚至宏观经济的稳定。平台经济以安全稳定作为发展根基，防范互联网金融风险涉及到每一个投资者的切身利益，互联网平台应当秉持自律原则，坚守互联网金融风险底线，做好互联网平台自身的合规建设与风控建设，树立互联网平台经济的标杆形象，为数字经济、平台经济的健康发展起到良好的促进作用。

2022 年，大型平台企业金融业务整改是人民银行防范化解金融风险取得新成果之一。2023 年 2 月 25 日，央行发布 2022 年第四季度货币政策执行报告专栏，称经过三年集中攻坚，系统性金融风险上升势头得到遏制，金融业脱实向虚、盲目扩张态势得到根本扭转，牢牢守住了不发生系统性金融风险的底线。其中，互联网金融风险专项整治工作顺利完成，近 5000 家 P2P 网贷机构全部停业。严厉打击非法集资，过去五年累计立案查处非法集资案件 2.5 万起。2023 年，中国人民银行将持续深化金融改革，并加强平台企业金融业务常态化监管。

资料来源：根据经济观察报、和讯网等资料整理。

【本章小结】

本章对互联网金融的概念、特征及作用进行了介绍，分析了传统金融和互联网金融的区别与联系。同时，概括了互联网金融存在风险种类与监管现状。

【关键概念】

互联网金融（Internet finance）　金融科技（Fintech）　区块链（Blockchain）　大数据（Big data）　互联网金融风险（Internet financial risks）

【思考与练习】

一、选择题

1. 互联网金融最核心的特点是什么？（　　）

A. 传统金融机构无法实现的高效便捷服务　　B. 金融服务与互联网技术的融合

C. 对传统金融行业的颠覆和冲击　　D. 高风险和高回报的金融产品

2. 互联网金融的特征包括（　　）

A. 高效性与低成本　　B. 信息化与虚拟化

C．科技性与共享性　　D. 一体化

3. 以下哪个不是互联网金融风险的主要类型？（　　）

A. 信用风险　　B. 市场风险

C. 操作风险　　D. 政策风险

4. 以下哪个不是互联网金融的主要业务模式？（　　）

A. 互联网支付　　B. 网络借贷

C. 互联网基金销售　　D. 互联网股票交易

5. 互联网金融的监管核心是什么？（　　）

A. 推动行业快速发展　　B. 保障客户利益和风险安全

C. 满足不同用户的多元化需求　　D. 促进行业竞争和创新

二、简答题

1. 如何理解互联网金融的概念？

2. 互联网金融的发展经历了哪些阶段？

3. 互联网金融相对于传统金融来说有哪些不同？

4. 互联网金融的出现对现有的金融机构造成了什么影响？

5. 互联网金融风险有哪些？

6. 我国针对互联网金融风险的监管有哪些手段？

推荐阅读材料、网站

1. 中国互联网金融协会，http://www. nifa. org. cn/，该网站提供了互联网金融行业的相关新闻、政策法规、数据统计、行业研究等内容。

2. 中国人民银行，http://www. pbc. gov. cn/，中国人民银行对互联网金融行业有着重要的监管作用，提供了相关的政策法规等内容。

3. 中国裁判文书网，https://wenshu. court. gov. cn/，可以查询到一些互联网金融领域的案例，例如 P2P 网贷平台违规经营、非法吸收公众存款等案件。这些案例可以作为学习互联网金融风险管理和监管的参考，了解互联网金融行业的发展和监管趋势。

参考资料

1. 彭媛，罗煌，谢淑芬. 互联网金融 [M]. 北京：北京理工大学出版社，2022.

2. 刘刚，邹新月. 互联网金融乱象及其风险监管 [M]. 北京：北京大学出版社，2019.

3. 梁剑，吴肇庆. 互联网金融教程 [M]. 成都：四川大学出版社，2015.

4. 谢平，邹传伟，刘海二. 互联网金融监管的必要性与核心原则 [J]. 国际金融研究，2014 (08)：3－9.

5. 李有星，陈飞，金幼芳. 互联网金融监管的探析 [J]. 浙江大学学报（人文社会科学版），2014 (04)：87－97.

6. 黄益平，黄卓. 中国的数字金融发展：现在与未来 [J]. 经济学（季刊），2018 (04).

7. 王可，周亚拿. 互联网金融超市与企业债务融资——以“支付宝”财富平台为例 [J]. 经济学（季刊），2023 (01)：318−334.

第 7 章　衍生金融工具市场

【本章提要】

衍生金融工具市场指交易衍生品的金融市场，衍生品是指以某种基础资产为基础，经过金融工程手段构造的金融工具，可以是期货、期权、掉期、互换等。衍生金融工具市场的发展已经成为金融市场的重要组成部分，其交易量和价值已经超过了现货市场，成了全球金融市场的重要组成部分。

【学习目标】

1. 理解衍生金融工具的定义、特点及功能。
2. 掌握远期、期货、期权和互换这几种基本衍生金融工具市场的内容。
3. 掌握衍生金融工具市场的类型及交易主体的类型和区别。
4. 了解国内外衍生金融工具市场的发展历程及现状。

【重点与难点】

本章重点：理解不同衍生金融工具的特点和交易方式。
本章难点：理解衍生金融工具市场交易策略的实际应用。

【案例链接】

网红“雪球”产品埋下巨雷被监管点名

监管部门对券商发出通报，要求强化雪球产品风险管控，加强投资者准入及适当性管理，并强化全面风险管理。通报指出，雪球产品具有高票息但非保本的特点，若标的资产发生大幅连续下跌，投资者可能面临本金较大幅度亏损，属于风险较高的一类产品。目前，销售人员存在片面强调“稳赚不赔”的情况，造成投资者在不了解产品实质的情况下盲目投资。

雪球产品通常是指雪球期权以及内嵌雪球期权的理财产品，是投资者和券商约定高额票息的一种奇异期权。产品要素一般有：挂钩标的、存续期限、敲入/敲出观察频率、敲入/敲出界限、敲出票息等。

挂钩标的指的就是需要观察的那只指数、个股或者是个股组合。存续期限是提前约定好的，一般是 12 个月或者 24 个月。敲入/敲出观察频率就是多久观察一次，一般敲入观察日每个交易日一次，敲出观察日每月一次，只有在观察日观察到的走向才能作为标准。敲入/敲出界限就是提前设定好的一个涨跌界限。敲出票息指的是提前约定好的一个年化收益率。

雪球产品实际上是一种结构化收益凭证，利用带有障碍价格的期权来实现胜率较高的收益率。只要标的资产价格不发生单边大幅下跌，投资者就能拿到高于纯固收产品的回报率，但若标的资产价格发生大幅连续下跌，投资者可能面临本金较大幅度亏损。

2022 年，光大信托善益系列信托产品全线亏损，而善益系列产品有约 60%的仓位投资于雪球产品。2022 年以来其所投资的雪球产品挂钩的中证 500 指数超跌，导致目前善益系列产品出现了浮亏。

资料来源：新京报、经济观察报等。

什么是期权？投资期权会面临哪些风险？本章将先介绍衍生金融工具的相关概念及其市场，再对相关现实问题进行分析。

7.1 衍生金融工具概述

自 20 世纪 70 年代以来，衍生金融工具在金融领域扮演着越来越重要的角色。衍生金融工具的市场规模日益增大、品种日益繁多，并且越来越多地融入人们的经济活动中。例如，在面向普通投资者的银行理财产品中就越来越多地嵌入了衍生金融产品，以满足其个性化需求。因此，不仅金融从业人员需要掌握衍生金融工具的基本原理和运作机制、企业经营者与普通投资者也有必要对此做充分的了解。

7.1.1 衍生金融工具的定义

衍生金融工具是这样一种产品：它的价值由它所依附的标的变量来决定。也常称作金融衍生工具、金融衍生品，金融衍生产品等。事实上，并不是所有衍生金融工具都是在金融工具或金融商品的基础上衍生出来的，如，气候衍生产品的价值取决于某个地区未来的气温状况。因此，衍生金融工具的基础归根结底在于标的变量，标的变量是决定衍生金融工具价值的根本。

7.1.2 衍生金融工具的特点

与传统的金融工具相比，衍生金融工具具有以下显著特性。

(1) 衍生金融工具的复杂性

衍生金融工具的复杂性一方面体现为其构造的复杂性，另一方面体现为其定价的复杂性。从其构造上来看，衍生金融工具不仅可以从基础变量上衍生，而且可以在衍生金融工具的基础上进行多次再衍生，还可以把各类衍生金融工具进行不同形式的组合，从而设计出新的衍生产品。总之，较之于股票、债券这类传统金融工具，衍生金融工具的构造要复杂得多。而构造的复杂性通常会为其定价估值带来较大的困难，从而使其定价模型也变得越来越复杂。

（2）衍生金融工具的多样性

人类历史上恐怕没有哪类金融工具能像衍生金融工具这样给我们的金融市场带来如此丰富多彩、性质各异的金融产品。衍生金融工具是在标的变量的基础上进行衍生的结果，而标的变量的选择本身就多种多样，可以是股票、债券的价格或价格指数、可以是利率或汇率，也可以是气候抑或是信用风险。理论上讲，标的变量可以是任何能够引起足够关注的变量。从衍生工具产生的方式来看，衍生金融工具既包括远期、期货、期权，互换等基本类型，也可以在衍生金融工具的基础上再多次衍生或者进行组合构造、衍生出形式各异、丰富多彩的金融产品。

（3）衍生金融工具的杠杆性

衍生金融工具通常采用保证金交易制度，只需交存少量保证金，就可以进行总金额相当于保证金几倍到几十倍甚至上百倍的基础产品的交易。衍生金融工具的保证金制度及高杠杆性的特征，一方面，极大地降低了交易成本，使投资者可以以较少的资金建立起较大的交易头寸，为衍生金融工具交易规模的扩大提供了必要的条件；另一方面，高杠杆性同时也使得衍生金融工具的风险被多倍放大。

（4）衍生金融工具的高风险性

衍生金融工具通常被视为高风险的投资品种。衍生金融工具的交易有可能给投资者带来巨大的损失或高额的收益。自 20 世纪 90 年代以来，由衍生品交易引起的巨大金融损失事件层出不穷。甚至在 1997 年的亚洲金融危机和 2008 年的次贷危机中，衍生金融工具也成为非常重要的推手。事实上，主要的衍生金融工具，如远期、期货、期权等，其创立的初衷都是为了规避风险，而且规避风险一直都是衍生金融工具的重要功能。

人们从事衍生金融工具交易的目的各不相同。有人是为了进行套期保值，有人是为了进行投机。对于套期保值者而言，他们通过衍生金融工具的交易，确实可以在相当大程度上规避风险。但如果交易对象是投机者，从市场整体来看，这个原本应由套期保值者承担的风险其实并没有被真正地消除，它只不过是被转嫁给了投机者而已。投机者之所以愿意被转嫁风险，是因为他们希望通过承担高风险来追求高收益。而如果衍生金融工具的交易是发生在投机者之间，对整体市场而言，那就等同于创设了新的风险。再加之衍生金融工具市场的高杠杆性，投资者只需交存少量保证金就可以进行十几倍甚至几十倍于保证金的衍生品交易，这意味着无论投资者是盈利还是亏损，其盈利率或亏损率同样会相应地放大。正是因为衍生金融工具市场可以创造和扩大风险，人们通常会认为它是一个高风险的市场。

7.1.3　衍生金融工具的类型

衍生金融工具的类型非常丰富多彩，从其交易方式来看，最基本、最常见的衍生金融工具主要包括远期、期货、期权和互换。后续将分别介绍相应衍生金融工具市场的知识。

7.2 衍生金融工具市场概述

7.2.1 场内市场与场外市场

与其他金融工具的交易市场一样，衍生金融工具的交易市场也分为场内市场和场外市场。场内市场也称交易所市场，是指通过交易所进行衍生金融工具交易的市场。传统的场内市场竞价方式是公开喊价系统，而目前世界各地的交易所都逐渐采用了电子化交易系统。各交易者的交易指令通过各自经纪商与交易所清算机构联网的计算机网络输入清算机构的主机系统进行集合竞价。

场外市场又称 OTC 市场，它是一个由电话和计算机将各交易员联系起来的网络系统。其参与者主要是机构交易者，包括各金融机构、企业和投资基金等。其中金融机构往往会成为某些流行交易品的做市商。它们会针对某些交易品进行双向报价，报买入价，同时又报卖出价。卖出价高于买入价，其价差为做市商的收益。

除了交易组织方式的不同之外，场内市场和场外市场的主要区别还包括以下两点。

(1) 场内市场交易的对象是标准化的衍生品合约

所谓标准化合约指包括合约标的、合约规模、报价单位、最小变动价位、涨跌停板幅度，交易时间、合约交割月份、最后交易日、最后交割日、交割地点、交易保证金、交易手续费，交割方式等都由交易所事先规定好的标准化内容。投资者选择在该交易所进行交易就必须接受上述标准化条款。将合约标准化极大地增强了合约的流动性，也增强了合约对交易者的吸引力。而场外市场的交易对象为非标准化合约，其流动性要弱于标准化合约。但是非标准化合约的内容更为灵活，交易双方可以自行协商合约条款，可以使最终的合约内容更符合双方的需要。

(2) 承担的违约风险不同

场外市场的交易者需要承担交易对手的违约风险，而场内市场交易的违约风险近乎为零。因为场内市场交易是通过交易所的清算机构完成的，所以交易所必须保证合约的最终履行。

7.2.2 衍生金融工具市场的交易者类型

按交易者的交易目的来划分，衍生金融工具市场的交易者可以分为三类：套期保值者、套利者和投机者。

套期保值者（Hedgers）参与衍生金融工具交易的目的在于规避他们将面临的风险。例如，某个食用油加工商已经跟多家大型超市签订了合约，内容为：9 个月后由该加工商出售给超市一批大豆油，价格为 150 元/桶。现在，该加工商面临的问题是如果 9 个月后原材料（即大豆）的价格上涨，这批预售合同就可能少赚钱甚至会亏钱。所以，它希望可以预先锁定 9 个月后的大豆买价。这时，它就可以通过买入 10 个月后到期的大豆期货来达到套期保值的目的。9 个月后，如果大豆价格上涨，则期货头寸会有盈利产生，从而可以在一定程度上冲销现货价格上涨的负面影响。当然，如果大豆价格下跌，则期货头寸会产生亏损，从而抵消大豆价格下跌带来的额外好处。但无论哪种情况，都可以说是达到了锁定价格、规避不确定性风险的目的。在上述期货交易中，该加工商即为套期保值者。

从表面上看，套期保值者和投机者在交易所的交易并没有明显的区别，但是他们各自承担的风险有很大的不同。套期保值交易的风险较低而投机交易的风险较高。因此，某些交易所会在保证金要求等风险管理制度方面对套期保值者和投机者进行区别对待。这就要求交易所必须首先确定套期保值者的身份。为此，交易所一般都会制定相应的套期保值管理办法，例如大连商品交易所就有《大连商品交易所套期保值管理办法》。

套利者是通过同时针对两个或两个以上的、彼此价格存在相关性的交易品种进行相反头寸的交易，利用其相对价差获取无风险收益的市场参与者。套利者可在基础资产和衍生品之间进行套利，如债券现货和债券期货；也可在不同期限的同类品之间进行套利，如 3 个月的远期利率协议和 6 个月的远期利率协议；还可以在不同市场的同一产品之间进行套利。

投机者与套期保值者相反，他们参与市场的目的不是规避风险，而是要通过承担风险来换取获得高收益的可能性。投机者一般在现货市场上并没有净头寸，交易衍生金融工具的目的就是为了获取衍生金融工具价格波动带来的价差收益。

无论是套期保值者、套利者还是投机者，他们都是衍生金融工具市场不可或缺的一部分。套期保值者发挥了衍生金融工具市场的规避风险功能；套利者的存在可以防止衍生金融工具的价格发生过大的偏离，防止过度炒作，有利于市场回归均衡；而投机者可以给市场提供足够的流动性。

7.2.3　衍生金融工具市场的功能

（1）优化资源配置

市场都有配置资源的功能。商品市场配置资源的功能是通过价格信号来实现的，利用“价高者得”的自由市场原则，有限的资源被配置给了那些出价最高（也意味着产出效率最高）的主体。金融市场是通过配置资金来调配实物资源的，因此可以突破实物商品市场在空间和时间上的局限性，实现资源跨时间和跨空间的合理配置。衍生金融工具市场作为金融市场的组成部分，除了同样拥有一般金融市场跨时间及跨空间配置资源的功能外，还具有独特的优势。现货市场的价格反映的是当前的供求关系，以此为依据来制订下一期的生产计划，很可能造成资源配置的偏差。

衍生金融工具市场的价格通常具有前瞻性。这是因为衍生品合约的内容通常指向未来的现货交易而不是当前的现货交易。衍生品市场对衍生品的报价是在对未来价格进行预期的基础上进行的。例如，小麦期货的价格反映的并不是当前小麦的供求关系，而是未来小麦的供求关系。因此，如果小麦的现货价格被炒作得过高，小麦的期货价格就可能与之分离。而期货价格属于公开信息，农户们根据期货价格安排生产计划，就有可能避免损失。这也从宏观上优化了资源的配置。

(2) 规避风险

衍生金融工具市场规避风险的功能是通过套期保值者的套期保值交易来体现的。投资风险通常分为系统性风险和非系统性风险。其中，非系统性风险可以由分散化投资来消除而系统性风险则只能通过套期保值来消除。

期权既有场外市场交易的非标准化合约，也有场内市场交易的标准化合约。用期权做套期保值，其合约选择的范围较广。同时，用期权做套期保值最大的优势在于它消除了远期和期货“双刃剑”的特征。由于期权对其购买者来讲是一种权利，而不是义务，所以，当被保值的现货资产发生重大损失时，执行期权将会有盈利，这时就执行期权，冲减现货资产的损失；当被保值的现货资产产生盈利时，执行期权将会有损失，这时就选择放弃执行期权，现货资产的盈利就不会被冲减，可以说是达到了两全其美的效果。

(3) 配置风险

相对于股票、债券，外汇和商品等基础资产的交易来讲，衍生金融工具除了有资源配置的功能外，更重要的是有配置风险的功能。套期保值者其实是风险厌恶者，他们通过衍生金融工具交易把自己面临的风险转移出去。此时的衍生金融工具就起到了风险配置的作用，按套期保值者的避险特征，实现其低风险或无风险的要求。对于投机者而言，他们本身不处于风险暴露之中，但是他们愿意主动承担风险来赚取收益，因此交易衍生品的过程就是一个按自身偏好配置风险的过程，以实现其追求高风险、高收益的目的。对于套利者来讲，构建套利组合的过程就是一个构建风险组合的过程，在此过程中以风险定价为基础，通常通过衍生金融工具实现风险配置，以寻求其相对价差偏离均衡带来的收益。

另外，在产品创新中，如可转换债券和可赎回债券，就是通过在其基础工具的基础上加入衍生金融工具，调整了其风险收益特征，形成了与基础工具不同的新产品。在理财产品设计与财富管理的活动中，市场主体常常有一些特别个性化的要求，为了更好地满足客户的需要，可加入衍生金融工具，调整其风险收益特征，最终创造出个性化的金融产品。

7.2.4 衍生金融工具市场的发展

(1) 衍生金融工具市场的发展历程

衍生金融工具中最早出现的是远期，而后逐渐发展出期货，期权和互换则是到 20 世纪 70 年代才产生的。早在古希腊和古罗马的市集就有约定日后交货的买卖行为。这可被认为是远期合约的雏形。在 13 世纪的比利时，商人也开始进行类似交易，并在 14、15 世纪期间发展成为有组织的市场。后来这种有组织的市场逐步演变为期货交易所。早期的期货交易所主要从事农产品期货交易。

较为规范化的期货交易开始于 1848 年。这一年，美国芝加哥期货交易所建立。交易所在成立之初采用远期合约交易方式，其特点是实买实卖，交易者利用交易所寻找交易对手。交易的参与者主要是生产者、经销商和加工商，后来，一些非谷物经营商看到转手倒卖谷物合约能够赚钱，便进入交易所买卖远期合约赚取一买一卖的价差，这部分人就是早期的投机商。为了进一步规范交易，芝加哥期货交易所于 1865 年推出了标准化期货合约，这是现代意义上的期货交易发展过程中的第一个里程碑。

同年，芝加哥期货交易所又开始实行保证金制度，为交易者买卖的合约提供履约担保。保证金制度的实施消除了交易双方不按期履约而产生的诸多矛盾，这被称为期货交易发展过程中的第二个里程碑。1883 年，为了处理日趋复杂的结算业务，交易所成立了结算协会，专门对会员的交易进行结算，结算体系的出现使现代期货交易机制完善起来，这被称作期货交易史上的第三个里程碑。

衍生金融工具市场的井喷式发展开始于 20 世纪 70 年代，如利率期货、外汇期货、期权、互换等重量级的衍生产品都产生于这一时期。这并非偶然，这是这一时期的特殊的经济、金融背景催生的结果。衍生金融工具市场是顺应避险的需求而产生的，因而风险越大的时期就越容易催生出衍生金融工具。20 世纪 70 年代，利率、汇率、通货膨胀率风险的显著增加，导致了对相应避险工具的需求更加迫切，因而催生出诸多新型的衍生金融工具。20 世纪 80 年代之后，西方主要国家逐渐放松了金融领域的管制，衍生金融工具市场获得了更加宽松的发展空间，开始迅猛增长。20 世纪 90 年代末，信用衍生产品，如债务抵押债券（CDO）、信用违约互换（CDS）等开始快速发展，成为这一时期最为抢眼的亮点。

（2）发展的新趋势

近年来，随着市场交易规模的增长和市场结构的变化，全球衍生金融工具市场中的产品、交易者、组织者（交易所）、中介机构、技术支撑和监管政策等方面都呈现出新的发展趋势。

一方面，场内交易的产品设计更为丰富多样。为了满足市场风险管理的需要，期货与期权市场自诞生之日起就在不断丰富产品种类，从合约标的的演进历程看，国际期货市场的场内交易种类大致经历了农产品期货、工业品期货和金融期货三个主要阶段；场内期权市场诞生较晚，合约标的的演进顺序是先金融标的再商品标的，与期货有所不同。目前，主要场内市场已上市的期货合约大都配有相应的期权合约，而新上市合约则多为期货和期权合约同时推出。从近年情况看，合约标的创新层出不穷，各类价格指数、碳排放权、海运协议等标的新气未脱，房产所有权、比特币等新标的又接踵而至，合约产品丰富，多元化特征显著。

另一方面，市场监管趋严促进风控体系升级。2008 年全球金融危机之后，欧美等主要经济体分别出台了严厉的监管法案，扩大金融市场监管范围，升级风险防控体系，提高系统性风险防范能力。具体来看，美国于 2010 年 7 月通过的《多德弗兰克法案》堪称美国历史上最严格的金融监管改革法案。按照该法案的规定，美国专门成立了金融稳定监督委员会，信息收集与共享，识别危及美国金融稳定的各类风险，促进金融市场的自我约束，防范系统性风险发生。同年 9 月，欧洲议会通过了《泛欧金融监管改革法案》，构建了由欧洲系统性风险管理委员会、欧盟银行业监管局、欧盟证券与市场监管局和欧盟保险与职业养老金监管局组成的“一会三局”的监管新体系。自此，欧盟可对保险业、银行业以及金融交易活动实施分业监管，进一步扩大了监管覆盖面，并从全局控制欧盟信贷总体水平，防止泡沫出现。同时，严密监测金融市场上可能会出现的各种风险并及时发出预警。

7.3 远期市场概述

风险是关于未来的不确定性，其特殊之处在于它会实质影响到相关风险承担者的利益。经济学意义上的各种类型的风险随着社会经济发展不断演进变化，复杂程度提升，形式日渐多样，风险的转移、对冲和分散也逐渐发展成为现代金融体系最核心的功能之一，这一功能的具体承载者就是金融衍生产品和相关的交易市场。金融衍生产品发展的根本动力来源于实体经济和金融市场中的风险管理需求。这一节介绍的就是其中最基础的，也是最早发展的一类金融衍生产品——远期合约及其相关的交易市场。

7.3.1 远期交易和远期市场的起源

农业生产是最早的经济活动，远期交易最初也起源于农业生产活动。但由于粮食生产的季节性特点，粮食供求矛盾经常带来价格波动。当收获季到来的时候，往往供过于求，导致粮食价格下降，谷贱伤农，而粮食又是全年都需要消费的，在非收获季，由于仓储量有限，粮食可能出现暂时性短缺，从而价格上涨，进而影响消费者利益，使得销售和加工企业深受其害。在供求矛盾的冲击下，粮食中间商在收获季节收购粮食，进行回积，来年再发往外地，这样既减少了收获季的过度供应，又解决了非收获季的供应不足，缓解了供应的不均衡，减少了价格波动。中间商为了降低价格风险，在购入粮食后会立即与当地的粮食加工商、销售商签订第二年春季的供货合同，确定明年的供应价格和数量，这一供货合同的安排就是远期交易。值得一提的是，远期交易在为中间商规避价格波动风险，确保中间商利润的同时，也可以为其缓解筹资压力。因为远期合约可以确保中间商在明年春天存在确定性的应收账款，因此中间商可以在收获季将远期合约抵押到银行，获得抵押贷款，解决收获季收购粮食需要的资金问题。

由此，我们可以看到，远期交易的出现为农业生产活动带来了新的理念，它将当前需求和预期收入很好地结合起来，降低了未来价格波动的损失风险，提高了未来收益的确定性，也提升了资金融通的效率。近现代两个最为重要的远期和期货交易所分别是成立于1697年的日本大阪堂岛米市场和成立于1848年的芝加哥期货交易所，两者最初都是以粮食为主要交易品种的远期交易场所，后来通过远期合约的标准化，形成了现代意义的期货交易和期货交易所。

7.3.2 远期合约概念

在上述粮食远期交易中，交易本身是通过商业合约的形式将双方的责任和义务规定下来，换言之，远期市场中所交易的是远期合约。

远期合约指交易双方在将来某一指定时刻以约定价格买入或卖出一定数量某一资产

的合约。与远期合约相对应的是即期合约，也就是我们平时所熟知的钱货两清的买卖模式，相应的价格为即期价格。与远期合约相关的概念有以下几种。

（1）标的资产

合约中约定买卖的资产通常称为标的资产。标的资产可以是实物资产，如农产品、石油、金属等，也可以是金融资产，如债券、股票、外汇等。

（2）多头

在远期合约中，同意在将来某一时刻以约定的价格买入资产的一方被称为多头，即合约标的资产的买方。

（3）空头

在远期合约中，同意在将来某一时刻以同一约定的价格卖出资产的一方被称为空头即合约标的资产的卖方。

（4）交割价格

远期合约中约定的未来买卖标的资产的价格称为交割价格。由于远期合约在签约时，除了保证金，不需要双方支付任何其他现金流，故在签订合约时、合约双方所选择的交割价格会使合约的价值为零。合约一旦签订，交割价格就确定下来，而随着时间的推移，标的资产现货的价格会发生变化，这会导致合约的价值对多头而言可能为正，也可能为负，对空头亦如此，此时合约价值可能不再为零。

（5）远期升水与远期贴水

在即期交易中形成的价格叫作即期价格，在远期交易中形成的价格叫作远期价格。远期价格体现了基于当前市场信息对未来价格的无套利预期，也是使得当前远期合约价值为零的交割价格。远期价格与即期价格的价差称为远期价差。远期价格高于即期价格称为远期升水；远期价格低于即期价格称为远期贴水；远期价格等于即期价格称为平价。

（6）合约期限

远期合约期限指自合约签订至合约到期的时间。签约双方根据具体的情形来约定合约的期限，并没有统一的标准，一般情况下，远期合约的期限较短，在一年以内。

（7）合约规模

远期合约的规模指合约中约定的可以以交割价格买卖的标的资产的数量，如农产品远期合约中的规模一般为买卖农产品的重量，而远期利率协议中的规模一般为合约借贷的名义本金。

7.3.3　远期合约的特点

远期交易是一种简单的衍生产品交易，在这一章所提到的远期交易的合约特别限定为不在交易所挂牌组织交易的非标准化合约。远期合约的特点总结如下。

（1）远期合约可以锁定价格

远期合约通过将未来的买卖价格在当前确定下来的方式来规避未来价格波动的风

险，从现货风险管理角度看，完全锁定了其未来的收益或成本。

（2）远期合约是非标准化合约

远期合约在场外交易，交易双方通过谈判后签订的合约是非标准化的合约。在签订合约时，双方根据双方具体情况和要求来决定未来交易的时间、资产、价格和数量等，具有很大的灵活性，能够更好地满足交易者个性化的需求。

（3）远期合约通常是用现金和实物进行交割

合约买方和卖方达成协议在未来的某一特定日期交割一定质量和数量的商品，价格可以预先确定或在交割时确定。90％以上的远期合约最后均以实物方式交割，只有很少的部分是以平仓来代替实物交割的。

（4）远期合约流动性较差

正是由于远期合约可以被定制的灵活性，一旦远期交易的一方希望提前终止合约，很难找到刚好可以承担本方义务的其他交易者，存在退出流动性不足的风险。因此远期交易很少会提前终止合约，如果出现交易方变化，通常使用现金和实物进行交割。

（5）远期合约存在违约风险

在远期交易中双方均面临对方违约的风险。因为远期合约是在场外交易的、没有交易所的监管，在签订合约时不支付任何现金，当价格的变动对一方不利的时候，这一方很可能会产生违约动机，因此远期合约的信用风险很高。

实体经济中需要签订远期合约的风险管理方，因自身生产经营实际，在远期合约各项需求上难以和同处实体经济中的签约对手方完美契合。与此同时，上述违约风险的存在使得远期合约对于交易对手的信用要求往往很高，即便需求完美对接，也往往因为对交易对手风险的顾虑导致签订合约存在难度。这种信用质疑带来的成交困难构成了经济学意义上的市场摩擦。

在这种背景下，以银行为代表的金融机构常常作为远期交易的中介参与交易，起到了增信和承担对手风险的作用。事实上，市场中绝大部分远期合约发生在金融机构之间以及金融机构与其客户之间。当金融机构为满足客户需求签订相关远期合约时，其也承担了该标的资产在某方向上的价格风险，金融机构会通过各种市场手段，包括场外和场内金融市场来分割、对冲、转移、动态管理自己的风险。正是由于金融机构在风险管理上的专业性，风险承担的中介业务才现实可行。

7.3.4 远期合约的种类

最初的远期合约仅仅是商品远期，后来才出现了金融远期合约，包括远期利率协议、远期外汇协议、远期股票合约和债券远期等。其中，远期股票合约是指在将来某一特定日期按特定价格交付一定数量单只股票或一揽子股票的协议。债券远期是交易双方约定在未来某一日期，以约定价格和数量买卖标的债券的金融合约。

7.3.5 远期合约应用

远期交易的原理很简单，一般参与远期交易的双方主要是为了锁定未来的交易价格。销售者通过远期交易避免未来价格下跌的风险，而商品购买者通过远期交易避免价格上涨的风险。以商品远期——黄金的远期合约为例，若黄金生产企业预计未来黄金的价格有下降的趋势，企业可以通过卖出远期合约来规避这一风险。

例如，假定当期黄金的市场价格为 1 盎司 1000 美元，黄金生产企业卖出一份一年期的远期合约，合约规定在一年后以每盎司 1000 美元交割 100 盎司黄金。如果一年后交割日黄金的现价下跌至 980 美元/盎司，那么黄金生产企业就成功规避了价格风险，避免了 2000 美元（每盎司 20 美元）的损失。当然，如果交割当日市场金价高于远期价格，比如交割日黄金价格为 1050 美元/盎司，黄金生产企业还是只能按合约价格卖出黄金履约，从而失去了以市场价格进行销售的机会。

因此远期合约在对市场预测正确的情况下，可以有效规避价格波动风险，但若对市场预测失误，远期合约就限制了现货资产收益的增长或成本的降低。

7.3.6　我国远期交易与远期市场的发展

（1）大宗商品远期交易市场

随着我国实体经济规模的不断扩大，市场经济深入发展，各种大宗商品的供应量和需求量逐年增加。近年来，在全国范围内，在各地方政府的支持和推动下，诸多大宗商品远期交易市场成立。这些市场往往使用电子化交易系统，即“电子盘”。这些市场交易的商品标的往往是本地区特产的农作物产品，比如山东寿光的蔬菜，山东金乡的大蒜，或者工业初加工产品，比如天津潮海商品交易所的螺纹钢和原油等。

应该肯定的是，这些市场在一定程度上实现了促进大宗商品流通，服务实体经济的初衷。不过，由于远期交易本身存在交易对手匹配困难、市场流动性较差和对手信用风险较大等特点，要形成一个具有充沛流动性、准确反映现货供求关系的远期交易市场并非易事，往往需要在现货供求两个方面，积累大量有效的风险转移需求。同时市场的活跃度提升还有赖于有强大的风险管理能力、信用资质较高的中介类服务机构的参与。

（2）银行间利率远期市场

我国银行间债券市场和外汇市场是在中国人民银行的直接安排与监管下进行交易的，由银行间市场交易商协会作为行业自律组织协调，均通过中国外汇交易中心置全国银行间同业拆借中心进行交易运作。参与交易的会员涵盖政策性银行、商业银行、信用社、保险公司、信托公司、证券公司、大中型工商企业等各类金融机构和非金融机构，其市场组织规范程度远非上述大宗商品中、远期市场可比。

我国银行间同业拆借市场目前主要存在两种远期合约用于管理利率风险，即债券远期和远期利率协议。债券远期是指交易双方约定在未来某一日期，以约定价格和数量买卖标的债券的行为。债券远期市场交易不活跃的核心问题是远期交易固有的问题，需要异质化的风险转移需求与之匹配，而我国银行间市场参与主体的商业银行风险管理需求同质化，在做市商制度缺失的情况下，难以出现大量的债券远期交易需求。2007 年 9 月，中国人民银行颁布了《远期利率协议业务管理规定》，并于当年 11 月付诸实施，这是继利率互换后我国又新增的一种利率衍生品。

(3) 人民币外汇远期市场

我国开展的人民币远期外汇业务叫作人民币远期结售汇，指中国市场推出的客户与银行签订远期结汇或售汇合约，约定在成交日后两个工作日（不含）以上办理结汇或售汇的外汇币种、金额、汇率和期限，在交割日外汇收入或支出发生时，按照该远期结售汇合同订明的币种、金额、汇率办理的结汇或售汇业务。

2005 年 8 月 10 日，中国人民银行发布《关于扩大外汇指定银行对客户远期结售汇业务和开办人民币与外币掉期业务有关问题的通知》，允许银行间债券市场开展人民币与外汇掉期交易业务。因为在风险管理成本上的比较优势，人民币与外汇掉期交易业务一经推出便受到了普遍欢迎。

人民币无本金交割远期是相对于传统的外汇交割远期而言的柜台交易衍生品。交易双方并不使用基础货币进行交割，而是根据合同确定的远期汇率与到期时实际即期汇率之间的差额，用可自由兑换货币（通常为美元）进行净额支付。因为交割并不涉及人民币，所以称为“无本金交割”。人民币无本金交割远期市场是人民币的离岸远期市场，最早于 1996 年在新加坡开始人民币 NDF 交易。之后在中国香港、中国台湾、东京、伦敦等地的人民币 NDF 交易市场相继建立。

但 2010 年前后，人民币离岸 NDF 市场进入重大转折期：国务院批准开展跨境贸易人民币结算试点。随着 CNH 市场的建立和发展，境外很多银行可以提供远期、掉期和跨货币掉期等多种风险对冲产品，这些离岸人民币产品都是可交割的。

7.4 远期外汇协议

7.4.1 远期外汇协议的产生

由于生产，贸易和投资的国际化，外汇交易的需求增加，同时随着固定汇率转向浮动汇率，汇率的波动性增加，在这些背景下，产生了远期外汇协议。在贸易活动中只要涉及货币与货币的交换，就会面临汇率风险，这时就可以借助远期外汇协议来规避风险。在出口商以短期信贷方式出卖商品、进口商以延期付款方式买进商品的情况下，从成交到结算这一期间对它们来讲都存在一定的外汇风险。因汇率的波动或浮动，出口商的本币收入可能比预期的数额少，进口商的本币支付可能比预期的数额多。

在国际贸易实务中，为了减少外汇风险，有远期外汇收入的出口商可以与银行订立卖出远期外汇的合同，一定时期以后，按签约时规定的价格将其外汇收入出售给银行，从而防止汇率下跌而在经济上遭受的损失；有远期外汇支出的进口商也可以与银行签订购买远期外汇的合同，一定时期以后，按签约时规定的价格向银行购买，从而防止汇率上涨而增加的成本负担。此外，由于远期外汇买卖的存在，也便于有远期外汇收支的进、出口商核算其成本，确定销售价格，事先计算利润盈亏。

7.4.2　远期外汇协议的概念

远期外汇协议指外汇买卖双方在成交时先就交易的货币种类、数额、汇率及交割的日期等达成协议，并用合约的形式确定下来，在规定的交割日双方再履行合约，办理实际的收付结算。

其中相关概念有即期汇率和远期汇率的理解。即期汇率也称现汇汇率，是交易双方达成外汇买卖协议后，在两个工作日以内办理交割的汇率。这一汇率就是当前外汇市场的汇率水平。远期汇率也称期汇，即汇率的远期价格，是交易双方达成远期外汇协议，约定在未来某一时间进行外汇实际交割所使用的协议汇率。

7.4.3　远期外汇协议的交割

远期外汇交易交割日或者结算日基本上是按月计算而不是按天计算，其交割日是在即期外汇交割日或结算日的基础上确定的，即在确定远期外汇交易交割日之前要先确定即期外汇交易交割日。

因为远期外汇交易交割日就是即期外汇交易交割日之后的远期外汇协议规定的期限到期的同一天。因此，计算远期外汇交易交割日的一个简单方法是：对于今天发生的 3 个月远期外汇交易，可以先计算出即期外汇交易交割日，然后往后推 3 个月。例如，2009 年 9 月 1 日（星期二）发生了一笔 3 个月的远期外汇交易，计算其交割日，首先计算出 9 月 1 日发生的一笔即期外汇交易的交割日为 9 月 3 日，然后在 9 月 3 日的基础上加 3 个月就是 3 个月远期外汇交易交割日，即 2009 年 12 月 3 日（星期四）。如果计算出的远期外汇交易交割日恰好是银行休假日，则将交割日向后顺延至第一个合适的日期。

7.4.4　远期外汇交易的作用

（1）进出口商预先买进或卖出期汇以避免汇率变动风险

汇率变动是经常性的，在商品贸易往来中，时间越长，由汇率变动所带来的风险也就越大，而进出口商从签订买卖合同到交货、付款又往往需要相当长的时间（通常为 30～90 天，有的更长），因此，有可能因汇率变动而遭受损失。进出口商为避免汇率波动所带来的风险，就想尽办法在收取或支付款项时，按成交时的汇率办理交割，通过远期外汇协议，进出口商可以达到这一目的。

（2）外汇银行为了平衡其远期外汇持有额而交易

远期外汇持有额就是外汇头寸敞口。进出口商为避免外汇风险而进行期汇交易，实质上就是把汇率变动的风险转嫁给外汇银行。外汇银行之所以有风险，是因为它在与客户进行了多种交易以后，会产生一天的外汇“综合持有额”或总头寸，在这当中难免会出现期汇和现汇的超买或超卖现象。这样，外汇银行会面临汇率变动的风险。为此，外汇银行需要再次通过期汇交易平衡它的外汇头寸，即要对不同期限、不同货币头寸的余缺进行抛售或补进，由此求得期汇头寸的平衡，降低风险。

在出现期汇头寸不平衡时，首先，外汇银行应买入或卖出同类同额现汇，再抛补这笔期汇，也就是说，用买卖同类同额的现汇来掩护这笔期汇头寸平衡前的外汇风险。其次，银行在平衡期汇头寸时，还必须着眼于即期汇率的变动和远期价差的大小。

(3) 短期投资者或定期债务投资者预约买卖期汇以规避风险

在没有外汇管制的情况下，如果一国的利率低于他国，该国的资金就会流往他国以谋求高息，例如若一个英国投资者打算在美国进行投资，假设在汇率不变的情况下纽约投资市场利率比伦敦高，两者分别为9.8%和7.2%，则英国的投资者为追求高息、就可以用英镑现款购买美元现汇，然后将其投资于一定期限的美国国债，比如说投资于最活跃的3个月期的美国国债，待该国债到期后将美元本息兑换成英镑汇回国内。这样，投资者可多获得2.6%的利息，但如果3个月后美元汇率下跌，投资者就得花更多的美元去兑换英镑。

因此就有可能换不回投资的英镑数量，从而招致损失。为此，英国投资者可以在买进美元现汇的同时，卖出3个月的美元期汇，这样，只要美元远期汇率贴水不超过两地的利差（2.6%），投资者的汇率风险就可以消除。当然，如果超过这个利差，投资者就无利可图。而且还会遭受损失。如果投资者持有国外定期外汇债务，则要购进期汇以防债务到期时多付出外国货币。

(4) 利用远期外汇交易进行投机

外汇投机指投机者根据对有关货币汇率变动的预测，通过买卖现汇和期汇，有意保持某种外汇的多头或空头，以期在汇率实际发生变动之后获取风险利润的一种外汇交易，外汇投机有即期外汇投机和远期外汇投机两种类型。在利用远期外汇进行投机的过程中，如果投机者预期某种货币的汇率将上升，则会买入这种货币的远期，此时他并不立即支付现金，也不会取得相应的外汇，只是订立了一个买卖合约，获得了在未来某一日按一定价格支付某种货币而取得另一种货币的权利并承担相应义务；反之，如果投机者预期某种货币的汇率将下降，就会卖出该种货币的远期。

7.4.5 远期外汇协议的应用

【例7-1】假设一家进口商甲公司将在下一个月（8月10日）支付2亿日元的贷款，当前（7月8日）美元兑日元的汇率为1美元=133日元，但是甲公司只有美元，所以需要通过外汇买卖来支付贷款。甲公司担心美元兑日元的汇率会下降，这样会增加换汇成本，因此甲公司签订了一笔远期外汇协议，按远期汇率1美元=132.5日元买入2亿日元，同时卖出美元，资金交割日为8月10日，则这一天甲公司需要支付1509433.96美元，同时收到2亿日元。这样甲公司美元兑日元的汇率成本就被固定下来了。

如果甲公司没有进行上述远期外汇交易，那么等到8月10日若美元兑日元即期市场汇率下跌，例如跌至1美元=124日元，甲公司按此汇率买入2亿日元需要卖出1612903.23美元，与做期汇买卖相比，甲公司将损失103469.27美元。由此，通过远期外汇协议可以规避外汇风险。

【例 7－2】某科创有限公司是一家中外合作企业。该公司主要生产液晶显示器，其产品有 80％销售至国外，20％在国内销售。从公司的项目来看，需要偿还由设备和原材料的进口所产生的外债，而将产品销售至国外构成了公司的主要收入来源，这两项项目使得公司有外汇需求。

该公司的原材料主要从日本进口，用日元结算。2005 年采购额约为 23.35 亿日元，平均每月进口价值 1.95 亿日元的原材料，付款期为一个月。该公司面临汇率风险。2005 年，公司的汇兑损失分别是 973.6 万元，17.1 万元、－1222.5 万元、612.9 万元对照公司的业务发展，到 2005 年公司的汇兑损失又增大。

假定 2005 年 4 月 4 日该公司计划一个月后支付原材料费用 1.95 亿日元，公司预估日元升值，为控制外汇风险，它与某银行签订了一个月远期外汇协议。银行对 5 月 4 日的远期汇率报价为 131.48/134.14，该公司在 5 月 4 日约定汇率为 131.48，用美元买入 1.95 亿日元，共计 1483115 美元。

远期外汇协议合同条款如下：

交易甲方：某科创有限公司。

交易乙方：某银行。

交易品种：区间远期外汇买卖。

交易币种：客户卖出美元，买入日元。

汇率区间上限：134.14。

汇率区间下限：131.48。

交易日：2005 年 4 月 4 日。

到期日：2005 年 5 月 4 日。

交割日：2005 年 5 月 6 日。

若该公司没有签订远期外汇协议，则需要在 5 月 4 日用当日汇率 126.86 购买日元，共计 1537128 美元。相比之下，该公司通过远期外汇协议，为公司节约了 54013 美元。

【例 7－3】在外汇市场上，人民币对美元的 1 个月期远期汇率为 1 美元＝6.830 元人民币，某投机商预期 1 个月后美元的即期汇率将上升，且大于目前 1 个月期远期美元的汇率，那么投机者就会在远期外汇市场上买入 1 个月期的远期美元，假设为 100 万美元。1 个月后，如果市场如投机者预测的那样，美元的即期汇率上升，上升为 1 美元＝6.838 元人民币，投机者交割远期合约买入 100 万美元，然后在即期市场卖出，忽略交易费用，可获得投机利润 8000 元人民币。

7.5　远期利率协议

7.5.1　远期利率协议的产生

20 世纪七八十年代，西方国家利率变动频繁而且非常剧烈，许多公司的财务主管向银行寻求避免利率波动的金融工具。由于客观的需求，1983 年远期利率协议在伦敦诞生了。

7.5.2 远期利率协议概述

(1) 定义

远期利率协议指交易双方约定在未来某一日期（指利息的起算日）开始的一定期限的协议利率（或称合同利率），并规定以何种利率为参照利率，在将来利息起息日，按合约约定的期限和名义本金，分别以合同利率和参照利率计算利息的贴现额并进行交换。其中，支付协议利率利息的一方为远期利率协议的买方，交易对手方为远期利率协议的卖方。

远期利率协议是用以锁定利率和对冲利率风险的衍生金融工具之一，它没有发生实际的贷款本金交付，而只进行利息的交付，这使得远期利率协议不用反映在资产负债表上。

(2) 相关概念

为了规范远期利率协议，远期利率协议规定了一系列重要的术语，包括以下内容。

合同金额：名义上的本金额。

合同货币：合同金额的货币币种。

交易日（Dealing day，签约日）：远期利率协议成交的日期。

起息日（Spot day）：递延期限开始的日期，一般在交易日后两天。

确定日（Fixing day，基准日）：确定参照利率的日期，一般在结算日前两天。

结算日（Settlement day，支付日）：名义借贷开始的日期，也是交易一方向另一方交付结算金的日期。

到期日（Maturity day）：名义借贷到期的日期。

合同期：结算日至到期日之间的天数。

递延期：起息日至结算日之间的天数

合同利率：在协议中双方商定的借贷利率。

参照利率：在协议中确定的某种市场利率，用以在确定日确定结算金额。

结算金：在结算日根据合同利率和参照利率的差额计算出来的，由交易一方付给另方的金额。

7.5.3 远期利率协议的特点

①远期利率协议有很大的灵活性。作为一种场外交易工具，远期利率协议的合同条款可以根据客户的要求量身定做，以满足个性化需求。

②虽然合约上的名义本金的金额比较大，但是在现金结算时只是支付利息的差额，所以实际支付的金额很小，这也体现了衍生产品杠杆交易的特点，通过小额的利息差支付可以管理较大本金的利率波动风险。

③结算日期前不用支付任何费用。

④远期利率协议只能确定未来一段借贷期限的利率水平。远期利率协议只交换一次利息差，由此确定未来一段借贷期限的利率水平，因此很难应用于未来存在多次利息支付的情况，而银行等金融机构的更多借贷存在多次利息支付。也许正因如此，金融机构才更偏好使用利率互换，而不是远期利率协议来管理多期的利率风险。

⑤远期利率协议属于短期利率风险管理工具。远期利率协议一般合同期限较短，通常不超过一年，因此属于短期利率风险的管理工具，很难用于中长期负债或投资的利率风险管理。

⑥远期利率协议的报价习惯与众不同。在期限上，它确认的是（存款）交易开始的时点及结束的时点。例如“3×9”或“3 个月对 9 个月”的 LIBOR 就意味着一项在 3 个月后开始的并且在 9 个月后结束的 6 个月期 LIBOR 借款；在价格上，它是以收益率报价，这与利率期货交易相反。

7.5.4　远期利率协议的功能

（1）通过固定将来实际收付的利息规避利率变动的风险

例如，当参照利率上升时，表明协议购买方的资金成本加大，但由于他可以从协议出售方得到参照利率与协议利率的价差，正好可弥补其加大了的资金成本；而协议出售方则固定了他的资金收益，当参照利率下降时，参照利率与协议利率的价差填补了出售方变小了的资金收益。

（2）利用远期利率协议投机获利

一般来说，投机者并没有事先拥有一笔有着利率变动的资金，因此他一开始没有面临利率风险，但他预期利率将要波动并希望从未来的利率变动中获利。在获取远期利率协议头寸后，投机者就面临了利率风险，但与保值者不同的是，这种风险是投机者为追求投机收益愿意承担的风险。

（3）银行可以利用远期利率协议防范利率变动风险

作为表外科目，远期利率协议可用来减少银行的“同业存放”和“存放同业”两科目之余额，不会使资产负债表膨胀，同时还可减少对同业市场的依赖。一方面，可以满足金融监管部门对银行资本的要求；另一方面，还可以改善银行的资产收益率。

7.5.5　远期利率协议的风险

（1）远期利率协议容易产生信用风险

由于远期利率协议是场外交易，不交付保证金，没有规定的清算机构，完全凭信用交易，因此容易产生信用风险。如果一笔远期利率协议的一方违约，另一方就必然要承担对方违约的风险，即当利率发生变动时，非违约方预期可以收到的利息差额可能成为泡影。

（2）远期利率协议容易产生流动性风险

类似其他场外交易产品，由于 FRA 同样是交易双方根据各自的需求私下协商签订的合约，合约名义本金额度、协议利率、合同期限等都具有私人定制的特征，因此这种合约在市场上转让时不容易找到接盘者，存在流动性风险。

7.5.6　远期利率协议的应用

【例 7－4】假设 A 公司预计在 3 个月后的 5 月 4 日将借入一笔 1000 万美元的资金，期限是 6 个月，借款利率是 6 个月 LBOR 加上 100 个基点，目前，3 个月后的远期利率为 6.5％。考虑到利率在贷款期开始之前就可能上升，于是 A 公司从银行买入一份 3 个月到期的远期利率协议，协议利率是 6.5％，参照利率是 6 个月 LIBOR。当 A 公司 3 个月后花这笔贷款时，A 公司将向发放贷款的银行支付当时的 6 个月 LIBOR 加上 100 个基点的利率。远期利率协议将公司的借款成本固定为每年 7.5％（6.5％加上 100 个基点）。

假设 5 月 4 日时，6 个月的美元 LIBOR 是 5.75％。A 公司将以 LIBOR 加上 100 个基点，即 6.75％的利率借入 1000 万美元。但是远期利率协议中的固定利率是 6.5％，所以 A 公司将就协定利率与 5 月 4 日时的 6 个月 LIBOR 之间的差额对银行进行一笔补偿性支付，即：

A 公司的贷款利率：5.75％＋100 个基点＝6.75％

A 公司应付的补偿：6.5％－5.75％＝0.75％

总计借款成本：6.75％＋0.75％＝7.50％

假设 5 月 4 日时，美元的 6 个月 LIBOR 是 7.75％。A 公司将以 LIBOR 加上 100 个基点，即 8.75％的利率借入 1000 万美元。但是，6.5％的协定利率比当前的 6 个月 LIBOR 低 125 个基点（1.25％），所以银行将就此差额向 A 公司进行补偿性支付，即：

A 公司的贷款利率：7.75％＋100 个基点＝8.75％

A 公司应收到的补偿：7.75％－6.5％＝1.25％

总计借款成本：8.75％－1.25％＝7.50％

因此，无论 3 个月后 LIBOR 如何变动，A 公司都能通过远期利率协议把借款成本锁定在 7.50％。

【例 7－5】某国际贸易有限公司是一家主要从事进出口代理服务的大型外贸公司，主要业务为商务咨询，以及百货，建筑材料、机电设备等的批发。该公司预计 3 个月后向银行借款 1000 万美元，借款期限为 6 个月。公司有两种解决方案：一是 3 个月后按即期利率融通资金；二是签订“3×9”的远期利率协议。

目前市场贷款利率为 5.9％，银行“3×9”的远期利率协议的报价是 6.3％。该公司选择了第二种方案，3 个月后的参照利率为 6.85％。可以计算出“3×9”的远期利率协议到期日的结算金 S=100000×（6.85％－6.3％）×180/360=27500 美元。由于参照利率 6.85％大于合约利率 6.3％，故结算金为正数，因此在合约到期日，公司得到银行支付的结算金 27500 美元。也就是说，公司虽然在到期日仍以 6.85％的利率借款，但是在得到银行 27500 美元的结算金之后，相当于以 6.3％的利率水平借款，有效规避了利率风险。

【例 7－6】一家公司根据对市场利率走势的分析，认为 6 个月后的 3 个月期市场利率上升的可能性很大，公司准备利用远期合约进行投机。假定合约的名义本金为5000000 美元。现在，银行对该公司的标价如下：

远期利率协议	银行 A
6×9	6.15/6.21

银行的买入价是 6.15%，卖出价是 6.21%。公司以 6.21%的价格购买了银行 A 的远期利率协议。

如果利率上升，比如上升为 7%，公司将在远期利率协议的交割中获得现金支付。

使用结算金的公式：

［5000000×（7%−6.21%）×91/360］/［1+7%×91/360］=9811.12 美元

如果利率下降，比如下降为 5%，公司将在远期利率协议的交割中支付的现金为：

［5000000×（6.21%−5%）×91/360］/［1+5%×91/360］=15102.18 美元

7.6　期货市场

7.6.1　期货市场的产生与发展

期货交易最早源于商品的远期交易，随后通过合约的标准化而发展起来。这种标准化的需求在大宗农产品的远期交易中尤为迫切。18 世纪 30 年代，日本的大版堂岛米市场开始交易大米期货，成为了历史上第一个近代意义上的期货交易市场。而现代意义上的最早期货交易品种是 1842 年纽约棉花交易所交易的棉花期货和 1848 年芝加哥期货交易所交易的玉米期货。早期的交易所还包括 1898 年成立的芝加哥黄油和鸡蛋交易所。1971 年，以美元与黄金的脱钩为标志，布雷顿森林体系宣告结束，浮动汇率制度开始兴起。芝加哥期货交易所随后发展成为了芝加哥商品交易所。

由于汇率波动的风险增加，在 1972 年，美国芝加哥商品交易所所成为第一个提供外汇期货合约交易的机构，这标志着金融期货的时代开始。四年后，该交易所推出了第一个利率期货产品，90 天的美国国债期货产品成为了最成功的金融期货之一。1982 年，芝加哥商品交易所发行了第一个股票指数期货产品——标准普尔 500 指数期货合约。股票交易者很快开始运用股票指数期货来对冲他们在股票市场的投资组合。对于关注大盘收益率的投资者而言，投资于股票指数期货要比投资于一揽子股票更为便捷容易。

从玉米期货到外汇期货再到利率期货和股票指数期货，这一发展是期货发展史上最为关键的跨越。随着各种衍生金融工具的交易迅速走向繁荣，衍生金融工具市场迅速增长。

中国的期货市场始于郑州商品交易所的谷物交易市场。目前，中国已经有四个期货交易所，包括郑州商品交易所（简称郑商所）、大连商品交易所（简称大商所）、上海期货交易所（简称上期所）和中国金融期货交易所（简称中金所），共计 70 多个品种的期货合约在交易。此外，还有更多的交易品种在积极开发中，例如澳大利亚元兑美元外汇期货、欧元兑美元外汇期货等正在进行仿真交易。借助期货和期货期权的发展，“保险+期货”服务实体经济的风险管理模式正在快速发展，为我国农民和企业规避价格风险提供更好的解决方案。因此，期货在实体经济发展中正在发挥着越来越重要的风险管理作用。

7.6.2 期货合约的概念

期货合约本质上与远期合约类似，都是交易双方约定在未来的某个时间，按照事先约定的价格买卖某种资产的合约。与远期合约不同的是，期货合约不是在场外市场交易，而是在交易所市场交易的标准化合约。

期货交易双方无须知道具体的交易对手是谁，交易所会保证合约的执行。当然，交易所会对期货合约的交易、结算、交割、风险控制等各方面制定一系列规章制度来保障期货交易的顺利进行。因此，期货头寸都需要交存保证金，并且实施每日结算制度。远期合约一般不需要交存保证金、并且到期再进行结算。期货的保证金、每日结算及其他相关风险控制制度使得期货交易几乎没有违约风险，而远期合约的交易者则需要承担交易对手的违约风险。

7.6.3 期货合约的分类

期货合约按照标的资产的种类不同可以分为商品期货、金融期货，其中金融期货还可细分为股指期货、外汇期货和利率期货等。商品期货除区分商品品种的期货外，还有商品指数期货。

(1) 商品期货

商品期货是最早发展起来的期货品种，历史悠久，种类繁多，可以根据商品种类的不同细分为农副产品期货（如玉米、小麦、大豆、生猪、栏牛、鸡蛋等）、金属期货（如铜、铝、锡、铅、铁矿石以及黄金和白银等贵金属）、能源化工期货（如原油、汽油、PVC、焦炭、焦煤等）和林业期货（如木材、夹板等）。除此以外，为了规避商品生产经营中的风险还出现了气候期货（如芝加哥商品交易所的升温天数期货、降温天数期货等）、碳排放权期货等。

一般而言，商品期货的投资者中有很大一部分是商品的生产供应商或用户，他们通过商品期货交易来固定未来买卖的商品价格，从而规避商品价格波动的风险。

(2) 股指期货

股指是追踪某一特定的股票资产组合价值变化的指数。各只股票的权重可以依据股价、股票市值或者某种约定的方法确定，一般由开发这些指数的机构管理并发布。几种重要指数期货的标的资产是S&P500指数、日经225指数、CAC40指数、FTSE10指数、所有普通吸股价指数，纽约证券交易所综合指数和主要市场指数（Major Market Index，简称MMI）等。

股指期货合约的大部分内容与商品期货合约相似，它也是一种标准化的可转让协议，交易的标的物是相应的股价指数，并以股价指数作为合约的价格尺度。人为赋予股价指数的每个点代表特定的货币价值，从而使股指期货合约具有了合约金额。股指期货的价值等于期货交易所规定的单位指数点价格乘以该指数的期货报价。

股指期货与商品期货主要的不同之处在于交割方式。实际交割成分股股票有很大的困难，因此采用到期日“现金结算”的方式，亦即以到期日的现货股票指数为依据，采用日内价格平均的方法确定“现金结算价”，在最后一个交易日，所有合约是盯市的并且所有头寸必须平仓。对大多数合约而言，在最后一个交易日的结算价格通常是当天指数的收盘指数。但 S&P500 期货的结算价是以次日的开盘价所计算的指数价值。

股指期货交易归纳起来有以下特点：①股指期货具有期货和股票的双重特性。②股指期货的主要功能是防范股票市场的系统性风险。③股指期货交易实际上是把股指按点数换算成现金进行交易。④股指期货到期后采用“现金结算”，而不是用股票作实物交割。下面以 S&P500 指数期货合约为例，见表 7－1。

表 7－1　S&P 500 指数期货合约

<table>
<tr><td>上市时间</td><td colspan="2">1982 年 4 月 21 日</td></tr>
<tr><td>合约价值</td><td colspan="2">250 美元乘以 S&P 500 指数期货报价</td></tr>
<tr><td rowspan="2">最小变动价位</td><td>单边交易</td><td>0.10 个指数点＝25 美元</td></tr>
<tr><td>跨期套利</td><td>0.05 个指数点＝12.5 美元</td></tr>
<tr><td rowspan="2">交易时间
（美国中部时间）</td><td>人工喊单</td><td>周一至周五：上午 8：30—下午 3：15</td></tr>
<tr><td>全球电子盘</td><td>周一至周四：下午 3：30—隔天上午 8：15（每天下午 4：30—下午 5：00 停盘半个小时）
周日：下午 5：00—隔天上午 8：15</td></tr>
<tr><td rowspan="2">合约月份</td><td>人工喊单</td><td>连续 8 个季月（3 月、6 月、9 月、12 月）</td></tr>
<tr><td>全球电子盘</td><td>最近的一个季月（3 月、6 月、9 月、12 月）</td></tr>
<tr><td rowspan="2">最后交易时间</td><td>人工喊单</td><td>截至合约月份第三个周五前一天下午 3：15</td></tr>
<tr><td>全球电子盘</td><td>在展期日（通常是人工喊单的最后交易日前 8 个交易日）近月合约下市，之后的季月上市</td></tr>
<tr><td>最终结算方法</td><td colspan="2">现金结算，结算价是合约月份第三个周五早上给出的标准普尔成分股的特别开盘价</td></tr>
<tr><td>持仓限额</td><td colspan="2">所有月份的单边净持仓不能超过 20 000 手</td></tr>
</table>

（3）外汇期货

外汇期货指以外汇为标的物的期货合约，又称货币期货。货币期货是适应世界各国从事对外贸易和开展金融业务的需要而产生的。为了规避外汇风险，国际贸易和国际金融活动的参与者便产生了对外汇期货的要求，目的是借此转移汇率风险。

目前国际上交易的外汇期货合约所涉及的货币主要有英镑、美元、日元、瑞士法郎、加拿大元、澳大利亚元以及欧元等。芝加哥商品交易所的国际货币市场约占全球外汇期货合约成交量的 90％以上。外汇期货合约的具体内容包括交易币种、交易时间、交割月份等。

(4) 利率期货

利率期货是金融期货的重要组成部分，其标的资产是固定收益证券或直接借贷协议。20 世纪 70 年代，汇率波动和严重的通货膨胀使得西方发达国家纷纷放松或取消利率管制。利率管制的取消使得利率剧烈波动，为了规避利率风险，利率期货率先在芝加哥期货交易所诞生，随后利率期货品种日益丰富，交易额也越来越大。时至今日，几乎世界上的所有交易所都开展了利率期货交易。

利率期货可以用于管理利率风险。根据标的资产期限长短的不同，利率期货可以分为短期利率期货和中长期利率期货。

短期利率期货的标的债务期限一般在一年以内，包括短期国债期货、欧洲美元期货，欧洲银行间利率期货、短期存款期货、商业票据期货等。

中长期利率期货的标的债务期限一般在一年以上，包括中期国债期货和长期国债期货。如芝加哥商品交易所交易的 5 年期和 10 年期国债期货，我国中金所交易的 5 年期和 10 年期国债期货，伦敦期权期货交易所交易的金边债券期货都属于中期国债期货，而芝加哥期货交易所交易的 30 年期国债期货是长期国债期货。利率期货交易制度由于以名义债券为标的，是规则相对复杂的期货产品。

7.6.4 期货市场基本制度

期货合约最初是为了满足交易者对于远期交易的价格透明性、市场流动性和控制违约风险的要求而产生的。交易合约的标准化可以使交易者不再花费精力在交易标的的鉴别和合约内容的合理性上，从而专注于期货交易本身。违约风险的有效控制则使交易者无须担心交易对手的违约问题。这些制度安排使得合约的持仓量和交易量大幅上升，大大提高了市场的流动性和定价效率。

(1) 期货合约的标准化

合约的标准化指对交易的标的资产的质量及数量、交易时间、交易方式以及交割的程序、时间和地点等做出适应市场需求的统一规定。

合约描述内容虽然繁杂，但是主要制度安排可以分为两类：第一类是交易标的的物理属性要求、交易标的的单位和交易时间以及合约交割的方式、地点和时间。这些规定是基本的合约标的安排，以定义清楚明晰为原则，这一类要求是狭义上的期货合约的主要内容。

每日价格最大波动限制、保证金和盯市结算制度则属于第二类制度安排，主要是对交易者的违约风险进行控制。

(2) 期货的平仓制度

由于期货交易者并非都会选择到期交割，为提升期货的流动性，期货通常允许交易者通过提前平仓了结头寸，期货市场 95%以上的仓位都是通过提前平仓了结的。我国规定不允许个人投资者持有合约到交割月，因此我们经常看到期货头寸远高于现货仓储量，但到了交割月期货头寸会迅速下降的情况。所谓提前平仓，指期货交易者买入或者卖出与其所持期货合约的数量、品种及交割月份相同但交易方向相反的期货合约，了结期货交易的行为。

提前平仓方便了投机者和套利者在期货市场上的操作，使套期保值者也可以通过提前平仓而非实物交割结束套保头寸。这使得投资者即使对现货标的没有需求，也可以参与期货交易，因此增加了市场参与者的范围，提升了市场的活跃度和流动性。

由于平仓机制的存在，我们称继续持仓的合约为未平仓合约，未平仓合约量体现了当前市场上投资者持有的期货数量，也体现了未来可能交割的期货合约数量。

(3) 期货的交割机制

期货交割类似远期合约的到期交割，一般分为现金交割和实物交割两种。现金交割指到期未平仓期货合约进行交割时，用结算价格来计算未平仓合约的盈亏，以现金支付的方式最终了结期货合约的交割方式。实物交割指期货合约的买卖双方于合约到期时，根据交易所制定的规则和程序，通过期货合约标的物的所有权转移，将到期未平仓合约进行了结的行为。商品期货交易一般采用实物交割的方式。因为期货设计的根本目的是为标的资产提供风险管理的工具，所以期货合约的交割机制在设计时一般遵循能够实物交割不做现金交割安排。故商品期货、外汇期货、国债期货、个股期货等品种一般都采取实物交割制度，而指数期货如股指期货、商品指数期货等由于指数本身无法实物交割的特点，一般采取现金交割。

(4) 期货降低违约风险的制度安排

作为控制违约风险的安排，每日价格最大波动限制结合保证金制度、盯市结算制度和强制平仓制度可以有效地控制期货交易中的违约风险。

保证金制度是指期货交易者在交易的时候必须通过期货经纪公司向交易所交纳一定数量或者比例的资金作为发生违约风险的准备金：保证金制度中包含初始保证金、维持保证金、追加保证金及盯市结算等概念。

7.6.5 期货市场的监管

期货市场的主体是由交易所、经纪机构和交易者构成的。期货市场监管的目的在于调节和保证期货市场中交易者、经纪机构和交易所遵守市场的各项制度安排，避免出现交易者、经纪机构或者交易所的系统性风险。

(1) 期货相关法规条例

目前我国尚未有专门的“期货法”，期货相关法规条例有《中华人民共和国证券法》和《期货交易管理条例》。《期货交易管理条例》是目前确定期货监管机构对期货市场的监管权力、责任和义务的最高准则。

(2) 期货监管机构

美国的期货、期权等衍生品的监管机构是美国商品期货交易委员会（Commodity Futures Trading Commission，CFTC）。我国期货业的政府监管由证监会负责。另外，期货交易者保证金的监管由中国期货保证金监控中心负责。中国期货业协会作为期货经纪公司的行业协会也通过监控各个期货中介机构而承担着部分市场监管职能。

7.6.6 期货市场的作用

期货相对远期交易的标准化不但提升了衍生品的流动性，降低了违约风险，提升了价格发现功能，也为实体企业灵活管理经营风险提供了有效的工具，甚至从根本上改变了企业的业务经营模式。期货市场的具体作用如下。

（1）期货具有价格发现作用

由于期货交易是公开进行的对远期交割商品的一种合约交易，在期货市场中集中了大量的市场供求信息，不同的人从不同的地点对各种信息的不同理解，通过公开竞价形式产生对远期价格的不同看法。期货的低交易成本、保证金高杠杆作用、“T+0”的高效快捷交易方式，使得期货价格对信息的反应相对现货市场更敏感，随时随地传递整个市场中的参与者对未来行情走势的判断，这种价格信息具有连续性、公开性和预期性的特点，有利于增加市场透明度，提高资源配置效率，对现货价格的市场化和透明度提升具有重要的促进作用。

（2）期货对现货具有风险规避功能

对现货的风险管理是期货产生的主要动力。由于期货是标的现货的衍生品，因而期货和现货的价格受相同的经济因素和供求关系的影响、具有趋同的价格走势，因此，投资者可以通过套期保值操作达到为现货头寸规避风险的目的。

（3）宏观层面期货可为政府宏观调控提供参考依据

比如有色金属期货报价已经为国家和行业所认可成为重要定价依据，并具备一定国际影响力；棉花、白糖等品种期货价格为国家宏观调控提供了重要价格参考。截至2023年1月6日，我国期货、证券交易所上市的场内期货品种共74个，其中，商品期货65个、金融期货7个。

（4）期货可从根本上改变企业的业务经营模式

比如企业现货订单经常存在店大欺客、货款难以及时回笼的问题，而利用期货的实物交割，期货降低违约风险的机制可以保证货款的及时交付，提升了货款的回笼率。再比如企业为了维持正常生产经营，需要保持一定的库存，保持产品库存不但需要支付库存成本，还需要面临生产、销售时间迟滞带来的价格波动风险，利用期货，企业可以通过建立虚拟库存，降低库存成本，灵活管理库存大小。此外，企业也可以通过期货对产品进行预售，锁定利润，还可以通过期货交割库的仓单质押获得融资成本等。因此运用期货，企业可以具有更灵活的业务经营模式，降低成本，提高收益，控制风险。

（5）运用期货还可以提升企业的产品质量

期货市场对交割品的质量要求一般等同于甚至高于国家标准，产品质量达标才能进行实物交割。企业为了能够使用期货进行风险管理，并降低期货交易的基差风险，必然提升产品质量，以达到期货的交割要求。

（6）期货可以降低企业订单的价格风险

比如进出口企业的远期订单原来多是一口价订单，即在签约时确定未来买卖标的资产的价格，即远期合约，这种方式带来的风险是当货物到港交付时可能市场价格已经向不利的方向发展了，如市场价格走低。现在利用期货市场，企业可以通过点价方式完成签约订单。当然，在实际操作过程中，一般还需要在期货市场上进行套期保值以进一步减小价格波动导致的风险。

7.7　互换

7.7.1　互换的概念

国际清算银行将互换定义为买卖双方在一定时间内交换一系列现金流的合约，具体而言，互换是指两个（或两个以上）当事人按照约定的条件，在约定的时间内，交换不同金融工具按约定方式计算的一系列支付款项或收入款项的合约。远期合约就可以被视为简单的互换合约，双方约定在未来某一时刻进行现金流的互换，而一般的互换合约通常阐明在今后若干时间内多次互换现金流。

互换是一种按需定制的交易方式，只要互换双方愿意，从互换内容到互换形式都可以完全按照需要进行设计，由此形成的互换交易可以完全满足客户的特定需求。

互换协议的内容很灵活，从理论上讲，只要交易双方能达成一致意见，任何形式的两个现金流序列都可以互相交换。互换的类型非常多，互换市场上最为流行的品种是利率互换和货币互换，最简单的利率互换合约是标准利率互换。

7.7.2　利率互换

（1）利率互换的机制

利率互换指双方以一定的名义本金为基础，交换彼此所产生的现金流。这种交换可以有多种形式，最常见的是标准利率互换。在标准互换中，一方同意向另一方支付按事先约定的固定利率产生的现金流，同时收到对方以相同本金产生的浮动利率现金流。

一项标准利率互换至少包括以下内容。①由互换双方签订一份协议。②根据协议双方各自向对方定期支付利息，并确定付息日期。③付息金额由名义本金额确定，以同种货币支付利息。④互换一方是固定利率支付者，固定利率在互换之初商定。⑤互换另一方是浮动利率支付者，浮动利率参照互换期内某种特定的市场利率加以确定。⑥双方互换利息，不涉及本金的互换，也就是说，名义本金不进行交换，利率互换的第一笔现金流互换不存在不确定性。在利率互换过程中通常把利息的相互支付简化为一方支付互换现金流的差额。

利率互换是目前市场上最重要的场外交易的衍生金融工具。国际上许多利率互换合约中的浮动利率参照的是伦敦银行同业拆借利率。我国人民币利率互换合约中的浮动利率参照的主要有隔夜和 3 个月期上海银行间同业拆借利率、7 天回购定盘利率、1 年期贷款利率等。

【例 7-7】考虑一个在 2013 年 3 月 10 日开始的 3 年期利率互换合约，参与合约的双方分别是 AH 公司和 BF 公司。合约规定，AH 公司愿意向 BF 公司支付年息为 4.4%（每半年复利一次）的 100 亿美元本金所产生的利息，作为收益，BF 公司向 AH 公司支付 6 个月期及同样本金所产生的浮动利息 LIBOR，双方每 6 个月互换现金流，其置换过程如图 7-1 所示。

$$\text{AH 公司} \underset{4.4\%}{\overset{\text{LIBOR}}{\rightleftarrows}} \text{BF 公司}$$

图 7-1　公司与 B 公司的利率互换

根据 AH 公司的现金流状况。第 1 笔现金流发生在合约签订后的 6 个月之后，即 2013 年 9 月 10 日。AH 公司将向 BF 公司支付名义本金为 100 亿美元、半年利率为 2.2%的利息 2.20 亿元，收到 BF 公司支付的名义本金为 100 亿美元、2013 年 3 月 10 日确定的 6 个月期 LIBOR（4.00%）的利息的一半，即 2.00 亿美元，AH 公司净支付 0.20 亿美元。首期支付的利息没有不确定性，但后期净现金流的高低取决于相应时点之前 6 个月期 LIBOR 的高低。

在 2014 年 3 月 10 日，AH 公司仍将向 BF 公司支付名义本金为 100 亿美元、半年利率为 2.2%的固定利息 2.20 亿元，收到 BF 公司支付的名义本金为 100 亿美元、2013 年 9 月 10 日确定的 6 个月期 LIBOR（4.20%）的利息的一半，即 2.10 亿美元，AH 公司净支付 0.10 亿美元。其余几次交换依此类推。BF 公司的现金流状况与 AH 公司的刚好相反。

（2）利用互换转变资产负债的性质

在资产负债的风险管理中常常需要调整资产或负债的利率性质，有时需要把浮动利率转化为固定利率，有时则相反。不管是做哪种类型的变化，要从资产或负债本身去调整是困难的，有时根本不可行。但是，有了利率互换后，就可以很灵活地解决这一问题。

仍然沿用上例，AH 公司和 BF 公司可以利用互换合约来转换资产或负债的风险特征。

以 AH 公司为例。假设 AH 公司已经持有 LIBOR+30 个基点利率的、面值为 1 亿美元的浮动利率贷款，如果该公司根据自身风险管理的需要，希望把其贷款的浮动利率转换为固定利率，那么它就可以与 BF 公司签订上述互换合约，之后，它会有以下 3 项现金流。

①支付贷款利息：LIBOR+0.3%。

②支付互换中的利息：4.4%。

③收取互换中的利息：LIBOR。

现金流的净效果为支出现金流：

LIBOR+0.3%+4.4%-LIBOR=4.7%

这样，通过利率互换，AH 公司很方便地就将浮动利率贷款转换为固定利率贷数，改变了负债的性质。

假设 AH 公司持有年息为 5.2%的面值为 1 亿美元的 3 年期债券，如果该公司根据资产管理的需要，希望把债券的固定利率转变为浮动利率，那么它可以与 BF 公司签订上述互换合约，这样，它会有以下 3 项现金流。

①收取债券利息：5.2%。

②收取互换中的利息：LIBOR。

③支付互换中的利息：4.4%。

现金流的净效果为收取现金流：

$$5.2\% + LIBOR - 4.4\% = LIBOR + 0.8\%$$

同样，通过利率互换，AH 公司很方便地就将固定利率的资产收益转换为浮动利率的资产收益，改变了资产的性质。可以使用类似的方法对 BF 公司进行分析。

7.7.3　货币互换

货币互换（又称货币掉期）交易指协议双方同意在一系列未来日期根据不同币种的本金向对方支付利息，两种利息的币种不同，计息方式也可以不同，期初期末双方还要进行两次方向相反的两种不同货币的本金交换。

一般而言，货币互换涉及三个步骤：初始时刻的本金互换、中间的利息互换和到期日本金的再次互换。在利率互换协议中，本金不进行互换，但在货币互换中有着两次方向相反的本金互换。货币互换实际上是一种互利互补的交换，通过互换，可以让客户根据各种货币的汇率和利率变化情况，调整资产和负债的货币结构和利率结构，使其更加合理，避免外汇汇率和利率变化带来的风险；还可以利用市场参与者在不同货币借贷市场的比较优势来降低双方的筹资成本；另外还能使有关企业集团、政府机构等利用外国资本市场，获得本来不易获得的某种资金。

尽管如此，由于货币互换涉及一系列不同货币本金与利息的互换，货币互换协议的达成往往需要更长的时间来实现，文件制作方面也较为复杂。

7.7.4　股票收益互换

金融互换中还有一种互换创新称为收益互换，它是指券商与客户通过协议约定，在未来一定期限内，根据约定数量的名义本金和收益计算方式定期交换收益的交易，其中，收益为固定收益或者取决于股权、债权、信用、基金、利率、汇率、指数、期货等标的物的浮动收益。

最常见的收益互换是浮动收益挂钩股票或与股票指数市场表现挂钩的股票的收益互换。通过股票收益互换，可以实现更多的金融目的：一是股权融资，持有股票的投资者通过收益互换可以向券商进行融资，实现与股权质押融资、买断式融资同样的效果。二是策略投资，券商通过收益互换可以向客户提供多样化的交易策略，帮助客户进行主题投资。三是杠杆交易，通过收益互换，客户并不需要实际持有股份、只需要支付资金利息即可换取股票收益，从而大幅提高了资金杠杆。四是市值管理，持有股票基础资产的客户可以通过特定类型的收益互换对其持股进行市值管理，实现增强持股收益、规避风险等目的。五是构造结构化产品，根据客户个性化理财需求，构建符合其风险/收益偏好的产品结构，包括结构性存款、股票挂钩票据等。

7.8 期权市场

期权作为金融体系中重要的风险管理、套利投机的衍生工具，其标的资产涵盖了股票、股指、债券、货币、期货合约等金融产品以及小麦、大豆、金属等实物商品，早已成为金融市场不可或缺的组成部分。期权可以被应用到多种多样的投资策略中，且它能够分散风险，有助于强化金融市场整体抵抗风险的能力，增强金融体系的稳健性。

7.8.1 期权的基本概念

期权是一份合约，它赋予其购买者在规定期限内按双方约定的价格购买或出售一定数量某种资产的权利。双方约定的交易价格称为执行价格或敲定价格，购买或出售的资产称为标的资产。期权赋予合约买方权利而且买方不需承担义务，合约卖方则无任何权利且需承担义务。

换言之，期权的买方在获得权利之后有决定是否执行交易的权利，在合约规定的有效期内可以根据市场的情况，通过选择执行或者放弃执行合约做出对自己最有利的选择。显然，为了获得这种选择的权利，期权的买方在签订合约时必须支付给卖方一定的期权费，以补偿卖方承担的义务，该期权费也称为权利金或期权价格。

期权的买方也称为持有期权多头头寸的投资者，或权利的持有者；期权的卖方也称为持有期权空头的投资者，或履约者。

7.8.2 期权类型

期权可以从不同角度进行分类。一般而言，可以根据期权交易的特征、行使期权的方式、期权合约的标的资产以及期权交易市场的不同对期权进行分类。

(1) 按期权交易的特征划分

看涨期权（Call option）：它赋予期权买方按合约规定的执行价格，在合约的有效期内向期权卖方买入一定数量的标的资产的权利，但并不负有必须买入的义务。而期权卖方有义务在期权规定的有效期内，应期权买方的要求，以期权合约规定的执行价格卖出标的资产。看涨期权有时也简称为买权。

看跌期权（Put option）：它赋予期权买方在期权合约的有效期内，按合约规定的执行价格向期权卖方卖出一定数量的标的资产的权利，但并不负有必须卖出的义务。而期权的卖方有义务在期权规定的有效期内，应期权买方的要求，以期权合约规定的执行价格买进标的资产。看跌期权有时也简称为卖权。

如果期权可以立即执行且期权的买方可以获得正的现金流，我们称之为实值期权（In-the-money option）；如果期权立即执行而期权买方只能获得负的现金流（当然，在这种情况下期权的买方不会执行期权），我们称之为虚值期权（Out-of-the-money option）。当期权被立即执行而买方既不获利也不亏损时，这种状态的期权被称为平值期权（At-the-money option）。

相应地，对看涨期权而言，如果标的资产的市场价格高于合约规定的执行价格，期权为实值期权；如果标的资产的市场价格低于合约规定的执行价格，期权为虚值期权。对看跌期权而言，如果标的资产的市场价格低于合约规定的执行价格，期权为实值期权；如果标的资产的市场价格高于合约规定的执行价格，期权为虚值期权。当市场价格等于合约规定的执行价格时，无论是看涨期权还是看跌期权，它们都是平值期权。期权的内在价值是期权立即执行的价值与零的较大值。

（2）按行使期权的方式划分

欧式期权（European options）：买入期权的一方只有在期权到期日当天才能行使权利的期权。在到期日之前，不能执行期权，但过了执行时间（到期日当天），再有价值的期权都会自动失效作废。

美式期权（American options）：在到期日前的任何时候或在到期日都可以执行的期权。结算日则是在履约日之后的一天或两天，大多数美式期权合同允许持有者在交易日到履约日之间随时履约、但也有一些合约规定一段比较短的时间可以履约，如“到期日前两周”。因此美式期权比欧式期权更灵活，赋予买方更多的选择，而卖方则时刻面临着履约义务，鉴于此，美式期权的期权费相对同等条件下的欧式期权较高。

百慕大期权（Bermudan option）：一种可以在到期日前所规定的一系列时间行权的期权。比如，期权可以有 3 年的到期时间，但只有在 3 年中每一年的最后一个月才能被执行，它的应用常常与固定收益市场有关。百慕大期权可以被视为美式期权与欧式期权的混合体，如同百慕大群岛混合了美国文化和英国文化一样。

（3）按期权合约的标的资产划分

股票期权（Stock option）：以股票作为标的资产的期权。它是最常见的一种期权合约。大部分股票期权的交易是在交易所进行的。美国有 2500 多种股票可以进行期权交易。一份期权合约规定，买方可以在合约到期日前购买或者出售 100 股股票。因为股票本身通常是以 100 股为单位进行交易的，所以这一规定对投资者而言非常方便。

利率期权（Interest rate option）：利率期权是一项与利率变化挂钩的权利。买方支付一定金额的期权费后，就可以在到期日按预先约定的利率，借入或贷出一定期限的、确定金额的货币。这样当市场利率向不利方向变化时，买方可选择执行期权合约以固定其利率水平，当市场利率向有利方向变化时，买方可放弃执行期权合约来获得利率变化的好处。

为了降低成本，利率期权通常类似远期利率协议，以交割利息差的方式完成期权的执行，即当期权行权时，期权卖方向买方支付名义本金下协议利率与参照利率间的利息差。

外汇期权（Foreign exchange option）：外汇期权又称货币期权，其持有人享有在将来的特定时间以合约规定的执行价格购买或出售一定数额某种外汇资产的权利。当现货市场的汇率向不利方向变化时，买方可以执行期权合约以固定其汇率水平；当汇率向有利方向变化时，买方可放弃执行期权而不会错失赚取额外利润的机会。

股票指数期权（Stock index option）：股票指数期权赋予持有人在特定日（欧式）或者在特定日或之前（美式），以指定价格买入或卖出特定股票指数的权利。最早的股指期权交易是 1983 年 3 月 11 日由芝加哥期权交易所推出的，该期权的标的物是 S&P100 股票指数，随后，美国证券交易所和纽约证券交易所迅速引进了指数期权交易。由于股指期权没有可用于实际交割的具体股票，所以只能采取现金结算。结算的现金额度等于指数现值和执行价格之差与该期权的乘数之积。

黄金期权（Gold option）：期权买方具有按事先商定的执行价格及时间期限买卖约定数量的黄金的权利。最早开办黄金期权交易的是荷兰的阿姆斯特丹证券交易所，它从 1981 年 4 月开始公开交易。该期权以美元计价，是黄金成色为 99%的 10 盎司黄金合约，一年可买卖四期。之后，加拿大的温尼伯商品交易所引进了黄金期权交易。后来，英国、瑞士、美国都开始经营黄金或其他某些贵金属的期权交易。2015 年 2 月，中国首个交易所现货期权产品黄金询价现货期权在上海黄金交易所上市，这是交易双方通过线下双边询价的方式，在上海黄金交易所指定交易系统达成的，在未来某一日期期权买方有权以约定价格买卖一定数量黄金的交易。

雇员股票期权（Employee stock option）：雇员股票期权是看涨期权的一种，它授予雇员未来以约定的价格购买一定数量公司普通股的选择权。雇员有权在一定时期后出售这些股票，获得股票市价和执行价之间的价差，但在合约期内，期权不可转让，也不能得到股息。在这种情况下，雇员的个人利益就同公司股价表现紧密地联系起来了。

期货期权（Future option）：一般所说的期权通常是指现货期权，而期货期权则是指"期货合约的期权"。期货期权合约表示在到期日或之前，以合约规定的执行价格购买或卖出一定数量的特定商品的期货合约的权利。期货期权的标的资产是商品期货合约，合约在实施时要求交易的不是期货合约所代表的商品，而是期货合约本身。如果执行的是一份期货看涨期权，持有者将获得该期货合约的多头头寸外加一笔数额等于当前期货价格减去执行价格的现金。如果执行的是一份期货看跌期权，持有者将获得该期货合约的空头头寸外加一笔数额等于执行价格减去期货当前价格的现金。另外，鉴于通过期货期权行权获得的期货头寸多通过平仓了结，期货期权执行的结果不过是由期货期权交易双方收付当前期货合约价格与期权的协议执行价格之间的差额而引起的结算金额而已。

（4）按期权交易市场划分

场内期权：场内期权指在集中性的期货市场或期权市场进行交易的期权合约，它是一种标准化的期权合约，其交易数量、执行价格、到期日以及履约时间等均由交易所统一规定。在美国，场内期权合约的条款是被交易所一个下属的期权结算公司标准化的。标准化后的期权能够很容易在各交易所里进行交易。

场外期权（OTC option）：场外期权指在非集中性的交易场所进行的非标准化的金融期权合约的交易。场外期权的性质基本上与交易所内进行的期权交易无异，两者的不同之处主要在于场外期权合约的条款没有任何限制或规范，例如执行价格及到期日，均可由交易双方自由拟定，而交易所内的期权合约则是以标准化的条款来交易、结算的，而且有严格的监管及规范，所以交易所能够有效地掌握有关信息并向市场发放，例如成交价、成交量、未平仓合约数量等数据。场外期权的参与者主要为投资银行或其他专业及机构性投资者，故在一般投资者眼中，场外期权市易的透明度相对较低。场外期权有一个优势，那就是它们可以零售，以满足投资银行客户的特殊需要。

7.8.3 期权价值的构成

在现实的期权交易中，期权的价格会受到很多因素的影响，但最终价格是由价值决定的，期权价值从理论上来讲由两部分构成：期权的内在价值和期权的时间价值，即期权价值=期权的内在价值+期权的时间价值。

(1) 期权的内在价值

期权的内在价值（Intrinsic value）指多方行使期权时可以获得的收益现值，也就是期权合约本身所具有的价值。由此可见，期权的内在价值取决于标的资产市场价格与协议价格现值之间的差额。对于期权内在价值的理解，需要注意以下两个方面。

第一，欧式期权和美式期权的内在价值有所不同。合约规定欧式期权只能到期执行，因此在到期前的任意时刻，欧式期权的内在价值就等于到期时欧式期权收益的现值。对于欧式看涨期权，若标的资产的到期价格 S_T 高于执行价格 K，多头执行期权获得差价，否则放弃行权，收益为零，到期收益表示为 max（S_T-K，0），期权内在价值等于该到期收益的现值；对于欧式看跌期权，其内在价值等于 max（$K-S_T$，0）的现值。如果标的资产没有现金收益，那么 S_T 的现值就是当前资产的价格 S，则欧式看涨期权的内在价值为 max $[S-Ke^{-r(T-t)}, 0]$；如果标的资产存在现金收益，那么 S_T 的现值就是 S−D，其中 D 为期权有效期内标的资产现金收益的现值，欧式看涨期权的内在价值为 max $[S-D-Ke^{-r(T-t)}, 0]$。对于欧式看跌期权，如果标的资产没有现金收益，那么欧式看跌期权的内在价值为 max $[Ke^{-r(T-t)}-S, 0]$，如果标的资产存在现金收益，那么欧式看跌期权的内在价值为 max $[Ke^{-r(T-t)}+D-S, 0]$。

美式期权与欧式期权的区别在于是否可以提前执行。由于美式期权可以提前行权，则美式期权的内在价值等于其行权收益，且无须再贴现。我们将了解到，提前执行无收益资产的美式看涨期权是不明智的，因此无收益资产的美式看涨期权相当于一份欧式看涨期权；但对于有收益资产的美式看涨期权与美式看跌期权来说，提前行权有可能是合理的。

第二，期权的内在价值应大于或等于零。对于欧式期权，标的资产的到期市场价格低于执行价格的看涨期权或者标的资产的到期市场价格高于执行价格的看跌期权，期权多方会放弃行权，期权的内在价值为零。

(2) 期权的时间价值

期权的价值包括内在价值与时间价值（Time value）。期权的内在价值是期权立即执行的价值与零的较大值。只有实值期权具有正的内在价值，虚值期权和平值期权的内在价值都等于零。期权的时间价值指在期权有效期内标的资产价格波动为期权持有者带来收益的可能性所隐含的价值。当投资者购买一个期权时，就获得了相应的权利，即以一定的协议价格买入或卖出某种标的资产而获得收益的可能性。在期权的有效期内，期权价格超过期权内在价值的部分即为期权的时间价值。

期权的时间价值的影响因素有：①到期时间。期权的时间价值代表期权到期之前标的资产价格的变化可能给期权多头带来收益的可能性。②标的资产价格的波动率。标的资产价格的波动率是单位时间内资产收益率的标准差。一般用标的资产的波动率来刻画其价格的变化，波动率越大，则在期权到期前，标的资产价格偏离协议价格的可能性就越大，期权持有者获利的概率就越高，因此波动率越大，期权的时间价值就越大。③期权的内在价值。期权现在立即执行所获得价值的绝对值越大，标的资产价格变化影响期权价格的可能性就越小，期权的时间价值就越小。

7.8.4 期权价格的影响因素

在现实的期权交易中，期权价格会受到很多因素的影响。期权价格由期权的内在价值和时间价值构成，因此，影响内在价值和时间价值的因素都会影响期权价格。总的来说，有以下六个因素影响期权价格：标的资产的市场价格和期权的执行价格，期权的有效期，标的资产的波动率，无风险利率，标的资产的收益。

（1）标的资产的市场价格和期权的执行价格

对于看涨期权而言，标的资产市场价格越高，执行价格越低，看涨期权的价格越高，因为在执行期权时，其收益等于标的资产行权时的市场价格与执行价格之差；对于看跌期权，标的资产的市场价格越低，执行价格越高，看跌期权的价格越高，因为在执行期权时，其收益等于执行价格与标的资产行权时的市场价格之差。

（2）期权的有效期

对于美式期权，无论是看涨期权还是看跌期权，有效期越长，期权价格都会越高。因为有效期较长的期权一定包含有效期较短的期权的所有执行机会。

对于欧式期权，不论有效期的长短，欧式期权只能在到期日执行。随着有效期的增加，欧式期权价格并不必然增加，因为有效期较长的期权的执行机会不一定包含有效期短的期权的所有执行机会。考虑两个欧式看涨期权，一个到期期限为半年，一个到期期限为一年，如果在8个月后预计将支付大量红利，支付红利使标的资产的价格下降，就有可能使有效期较短的期权的价格超过有效期较长的期权的价格。

但是，一般而言，如在有效期内标的资产没有支付大量红利，有效期越长，标的资产面临的风险越高，空头可能的损失就会越大，欧式期权的价格也就会越高。

（3）标的资产的波动率

标的资产的波动率是反映标的资产未来价格变动不确定性的重要指标。随着波动率的增加，标的资产价格涨跌幅度较大的可能性增大，对多空双方的影响具有不对称性。当标的资产价格上涨时，波动率越大，对看涨期权的多头越有利，对空头越不利，因为多头会选择行权，收益为标的资产当前价格与执行价格的差额，同时这一差额为空头的损失；对看跌期权的多头和空头影响都不大，因为多头会放弃行权，空头只赚取期权费。

当标的资产价格下跌时，波动率越大，对看跌期权的多头越有利，对空头越不利，因为多头会选择行权，收益为执行价格与标的资产当前价格的差额，同时这一差额为空头的损失；对看涨期权的多头和空头影响都不大，因为多头会放弃行权，空头只赚取期权费。

总之，波动率越大，对期权多头越有利，对期权空头越不利，期权价格也应越高。值得注意的是，与其他决定因素不同，标的资产价格的波动情况一般不能被提前预知。

（4）无风险利率

无风险利率对期权的影响较为复杂。从比较静态的角度分析，无风险利率对期权价值的影响来自两个方面：预期收益率和贴现率。对预期收益率的影响：如果一种状态下无风险利率水平较高，则标的资产的预期收益率也应较高，这意味着对应于标的资产现在特定的市价 S，未来预期价格 E（S）会较高。对贴现率的影响：如果一种状态下无风险利率水平较高，则贴现率较高，未来同样预期盈利的现值就较低。

这两种影响都将减少看跌期权的价值。因此，随着无风险利率的上升、看跌期权的价值会降低。而对于看涨期权而言，第一种影响会增加期权的价值，第二种影响会降低期权的价值。一般而言，前者的影响会大于后者的影响，因此，随着无风险利率的上升，看涨期权的价值会相应增加。我们还可以从另一个角度对后者进行理解：如果买入看涨期权，只要先付少量权利金，而买入现货要马上付款。相对于买入现货而言，买入看涨期权具有延迟付款的效果，那么利率越高，对看涨期权的买方来说也就越有利，即随着利率的上升，看涨期权的价格随之提高。

（5）标的资产的收益

标的资产分红付息等将使标的资产的价格下降，该收益归标的资产的持有者所有，而执行价格并未进行相应的调整，因此在期权有效期内标的资产的现金收益将使看涨期权的价值下降，使看跌期权的价值上升。上述六个因素对期权价值的影响汇总如下，见表 7—2。

表 7—2　期权价格的主要影响因素

变量	欧式看涨期权	欧式看跌期权	美式看涨期权	美式看跌期权
标的资产的市场价格	+	—	+	—
期权的执行价格	—	+	—	+
期权的有效期	?	?	+	+
标的资产的波动率	+	+	+	+
无风险利率	+	—	+	—
标的资产的收益	—	+	—	+

注：“+”表示正向的影响，“—”表示反向的影响，“?”表示不确定的影响。

7.8.5 期权的功能与风险管理

期权是金融市场中重要的风险管理工具之一，是金融市场不可分割的重要组成部分。期权和期货等衍生金融工具一样，都具有风险管理、资产配置和价格发现等功能。但相比其他衍生金融工具，期权在风险管理、风险度量等方面又有其独特的功能和作用。

首先，期权更便于风险管理。期权可提供类似保险的功能。期权和期货都是常用的风险管理工具，但两者在交易双方的权利和义务方面存在显著差异。在某种程度上，“买期权就类似于买保险，权利金就等同于保险费”的理解具有一定的道理与现实意义，购买期权后，投资者的收益与风险便具备了不对称性。在期权交易中，买卖双方的权利与义务分离的特性使得在持有现货的基础上应用期权进行风险管理相比期货更加简便易行。如果采用期权方式来避险，在开始支付权利金后，持有期权期间不需要缴纳保证金，也不用担心后续保证金管理问题。

其次，期权能够有效度量和管理市场波动的风险。金融投资通常面临两方面风险：一是资产价格绝对水平下降的风险（通常称为“方向性风险”），二是资产价格大幅波动带来的风险（通常称为“波动性风险”）。当遇到资产价格上下波动幅度很大的市场状况时，投资者会损失惨重。对机构投资者来说，不仅要管理方向性风险，而且要管理波动性风险，保持投资组合的价值稳定是极为重要的投资目标，而期权在这方面具有独特的作用。经过波动性风险调整后的收益成为衡量资产管理效果的最重要标准，控制波动性风险的重要性。

同时，期权是一种更为精细的风险管理工具。在期权合约中，通常以基准价格为基础也日益提高。按照执行价格间距上下各安排若干个执行价格的合约。买卖双方就同一到期的若干执行价格合约进行交易，便于投资者根据现货市场的变化在若干个明确的价格区间内管理价格波动风险。因此，利用期权进行风险管理相对更为精致和细密，也更加适合投资者的个性化风格，满足多样化风险管理的需求。由于其更为精细的特性，期权成为推动市场创新和灵活性的基础构件。也是常用的避险工具之一。

期权具有到期日，不同执行价格、买权或卖权等不同变量，同时也具有杠杆性，不同标的资产的组合可以创造出不同的策略，以满足不同的交易和投资目的。因此，期权被认为比其他产品更为重要，成为创造金融产品的基础性构件之一。同时，期权还具有灵活性和可变通性，能够激发市场大量创新，并推动交易所、金融机构等进行一系列市场连锁创新。因此，期权被大量应用于各类产品创新，成为各种结构化产品的基本构成要素。

7.8.6 我国的期权市场及其发展

在国际市场上，期权作为金融体系中重要的风险管理、套利投机的衍生金融工具，其标的资产涵盖了股票、有价证券指数、期货合约、债券等金融产品和其他普通商品等多个领域，早已成为金融市场不可或缺的组成部分。中国香港和中国台湾地区也早已建立并开放了期权市场，取得了较为快速的发展。但中国大陆期权市场尚处于起步阶段，期权品种及交易数量均较少。

2015 年 2 月，上证 50ETF 期权在上海证券交易所的推出标志着中国大陆场内期权交易的正式诞生，衍生品市场逐步形成，不仅宣告了中国大陆期权时代的到来，也意味着中国大陆已拥有全套主流金融衍生品。2017 年 3 月、4 月和 2018 年 9 月，豆粕期权、白糖期权和铜期权分别在大商所、郑商所和上期所上市。上证 50ETF 期权合约和铜期权合约交易采用欧式期权行权方式，豆粕期权合约和白糖期权合约采用美式期权行权方式。这些市场发展填补了中国大陆商品期货期权市场的空白，为金融市场服务实体经济开辟了一条新的道路，提供了新的衍生金融工具。

上证 50ETF 期权合约标的是上证 50 交易型开放式指数证券投资基金。根据《上海证券交易所股票期权试点交易规则》的规定，上证 50ETF 期权竞价交易采用集合竞价（开盘和收盘）和连续竞价两种方式。期权竞价交易按价格优先、时间优先的原则撮合成交。上证 50ETF 期权作为金融衍生品中的重要一环，自面世以来，市场规模稳步扩容，成交量呈现温和放大的趋势，大量金融机构利用股票期权进行风险管理来对冲股票指数或股票板块的价格波动。

从商品期权的角度看，在目前豆粕期权、白糖期权、铜期权上市交易的基础上，国内各家期货交易所正在积极研究扩大商品期权品种，玉米期权等其他商品期权将陆续上市交易，中国商品期权品种将进一步丰富。随着上市初期的限制逐步放开，商品期权市场活跃度有明显提升，一般机构和特殊法人客户也积极进入该市场。

【本章小结】

衍生金融工具的定义因其内涵和外延处于不断发展变化过程中，因此具有挑战性。相较之于其他传统的金融工具，衍生金融工具具有复杂性、多样性、杠杆性和高风险性的特点。衍生金融工具的基本类型包括远期、期货、期权和互换等，但也存在大量的变异品种，类似于传统金融工具，衍生金融工具的交易市场也分为场外市场和场内市场。根据交易目的的不同，衍生金融工具的交易主体可分为套期保值者、套利者和投机者。他们都是衍生金融工具市场必不可少的构成成分。衍生金融工具市场最重要的功能是优化资源配置和规避风险。

【关键概念】

衍生金融工具（Derivative financial instruments）　远期利率协议（Forword rate agreement）　利率期货（Interest rate futures）　外汇期货（Foreign exchange futures）　股指期货（Stock index futures）　金融期权（Financial options）　看涨期权（Call option）　看跌期权（Put option）　利率互换（Interest rate swap）

【思考与练习】

1. 什么是衍生金融工具的杠杆性？

2. 既然衍生金融工具具有规避风险的功能，为什么又说衍生金融工具市场具有高风险性呢？

3. “衍生品市场的参与者都会承担极大的风险。”这句话对吗？为什么？

4. 既然交易所可以辨别套期保值者和投机者，那么，交易所为什么不把投机者排除在市场之外以降低衍生品交易的投机性和风险性呢？

5. “期货和期权的买方都有权利按约定价格购买标的资产。”这个说法对吗？为什么？

6. 简述期货和远期的区别。

7. 简述场外市场和场内市场的区别。

8. 在 2012 年 3 月 13 日，某个中国公司的财务经理同某银行签署了一份远期合约，其内容为该公司在 6 个月后以 1 美元兑 6.1253 元人民币的汇率从银行购买 100 万美元，显然，在此远期合约中，该公司为多头，而银行为空头。假设到了 2012 年 9 月 13 日，美元兑人民币的汇率为 6.3213。此时，公司和银行各自的盈亏是多少？

9. 假设亚马孙（Amazon）股票的当前价格为 20 元，执行价格为 22.5 元，期限为 2 个月的看涨期权的当前价格为 1 元。该股票 2 个月后到期的期货合约（如果有的话）的价格为 22.5 元，保证金为每份合约 100 元，每份期货合约的规模为 100 股。某一投机者有 2000 元资金，并且他认为该股票在 2 个月后要涨价，他可以从三种投机方式中选择：

（1）花费现金 2000 元购入 100 股股票。

（2）购买针对 2000 股股票（即 20 份期权合约）的 2 个月期看涨期权。

（3）缴纳 2000 元保证金，买入 20 份期货合约。

假设 2 个月后的股价有两种可能：15 元或 27 元，分别比较三种投机方式的盈亏。

10. 用期权进行套期保值和用期货进行套期保值有何区别？

11. 有人说：“最基本的远期、期货、期权、互换品种就足以满足人们的避险需求了，所以，那些花样不断翻新、结构越来越复杂的衍生品其实都是用来诱导投资者的。”你对此有何看法？

12. 请列举一些日常生活中带有衍生金融工具特征的事例。

推荐阅读材料、网站

1. 上海期货交易所，http://www.shfe.com.cn，该网站提供各种期货产品的实时报价、历史数据、交易量和持仓量等信息，同时还提供市场分析和新闻报道等服务。

2. 大连商品交易所，http://www.dce.com.cn，主要交易农产品期货，如大豆、豆粕、玉米等。

3. 郑州商品交易所，http://www.czce.com.cn，主要交易农产品期货和工业品期货，如棉花、白糖、菜籽油、甲醇等。

4. 金十期货，https://www.jin10.com/，该网站提供国内外期货市场的实时资讯，涵盖了宏观经济、黑色系期货、农副产品期货、轻工业期货、油脂油料期货、金属期货、能源化工期货等领域。

参考资料

1. 约翰·赫尔. 期权、期货及其他衍生产品［M］. 张陶伟，译. 北京：人民邮电出版社，2009.

2. 米歇尔·布罗斯，帝特玛·恩斯特，李颖. 金融衍生工具［M］. 南京：东南大学出版社，2010.

3. 汪昌云. 金融衍生工具［M］. 北京：中国人民大学出版社，2009.

4. 王晋忠，方能胜，冯建芬，等. 金融衍生工具［M］. 北京：中国人民大学出版社，2019.

5. 郑振龙. 衍生产品［M］. 武汉：武汉大学出版社，2004.

第8章　金融市场监管

【本章提要】

金融市场是一个复杂的市场，涉及各种金融产品和交易活动，对经济和社会发展具有重要的作用。然而，金融市场也存在着风险和不确定性，例如市场波动、不当行为、欺诈等问题，这些问题可能会导致投资者和金融机构遭受损失，并对整个金融市场和经济产生不良影响。因此，金融市场监管的主要目的是保护投资者、维护市场稳定和促进市场公平竞争。监管机构通过制定和执行一系列监管规则和法规，对金融市场进行监督和管理，以确保市场参与者的权益得到保护，并促进市场的透明度、公正性和效率。

本章将会概况介绍金融市场监管的目标、原则和内容，再循序渐进地介绍全球主要金融监管体制，同时介绍我国金融市场的监管情况，注重理论与实务的结合。

【学习目标】

1. 掌握金融监管的目标、原则和内容。
2. 理解全球主要金融监管体制类型。
3. 理解我国金融监管改革的历程。
4. 了解我国证券市场的主要监管内容。

【重点难点】

本章重点：主要国家的金融监管体制。
本章难点：中国金融监管的未来发展。

【案例链接】

金融欺诈事件频发令市场胆寒 投资者信心极度受挫

2008年9月15日，美国知名投行雷曼兄弟公司申请破产，这标志着次贷危机正式演化为全面的金融危机，始于美国的这场金融海啸最终波及全球。2008年全球金融危机是自1929年经济大萧条以来发生的最严重一次危机，几乎将全球经济推下悬崖。2008年全球金融危机给各国带来了深刻教训，随后，监管当局出台了严格新规，全球大银行也加强了内部监控，意在帮助人们恢复对金融体系的信心。

然而，近期发生的重大事件不禁让一些顶尖投资者和分析师质疑，上述举措究竟有没有取得进展。从 LIBOR 事件到摩根大通，金融业丑闻令投资者心悸。

这些令人惊惧的事件主要有：大型银行操纵在 2007 年 8 月到至少 2011 年年中期间操纵了伦敦银行间拆放款利率（LIBOR），从而影响了全球包括抵押贷款、债券和消费信贷等在内的价值数万亿美元的合约。这一行为导致华互银行和 IndyMacBank 等 38 家银行出现巨额损失和破产。美国、欧盟、日本、加拿大等多国监管机构先后介入调查，涉及数十家欧美金融机构，暴露出全球金融体系存在普遍的系统性欺诈和明显的监管漏洞，严重挫伤公众对金融业的信心。

美国最大也是公认最稳健的银行之一——摩根大通，由于该行首席投资办公室的一项“合成对冲”交易失误，导致了在仅仅一个多月的时间里巨亏至少 20 亿美元，且有企图掩盖的嫌疑。

另外，爱荷华州期货经纪公司百利金融（PFGBEST）超过 2 亿美元的客户资金从账户上不翼而飞，该集团创始人在其签署的一份声明中承认，他通过伪造银行文件欺瞒美国商品期货协会（NFA）长达 20 年。作为 NFA 的监管要求之一，客户资金与公司营业资金是严格分开的，采用第三方银行监管模式，期货客户资金采用隔离账户存放，外汇客户资金采用分离账户存放。但现在看起来，这种防火墙机制已完全失去了作用。丑闻被揭露前，美国期货交易委员会（CFTC）曾对包括百利在内的所有期货经纪公司进行过一次抽查，但并未发现百利存在任何严重违反客户资金保护规定的行为。

除此之外，高盛前董事 Rajat Gupta 和对冲基金经理涉嫌内幕交易。所有丑闻几乎都在指责监管者在追查不当行为方面的心不在焉，或干脆是火力不足。这些事件不断伤害着投资者对金融业的信心，而相关金融监管机构也因此逐渐失去了公信力。

投资者认为要实现交易公平尚需时日，“在这样的环境下，投资人如何乐观及感到放心呢?”

资料来源：根据 Reuters《全球金融分析》《每日经济新闻》《金融时代》等相关资料整理。

https://www.reuters.com/article/us-gb-eu-fin-fraud-dent-confidence-idCNCNE86F0AA20120716

金融危机和重大金融欺诈事件的阴影尚未散去，新金融形势下对金融监管又面临新的挑战和应对。本章我们将系统讲解为什么需要金融监管？系统分析全球主要金融监管体制的特点，以及详细阐述中国金融监管改革的历程与未来展望。

8.1　金融监管的重要性

金融监管指国家或政府金融管理当局和有关自律性组织机构，对金融市场的各类参与者及它们的融资、交易活动所作的各种规定以及对市场运行的组织、协调和监督措施及方法。金融市场监管具有确保金融市场的稳定运行，保护投资者的合法权益，防止金融风险的扩散，维护金融秩序，促进金融市场的健康发展等现实意义。

金融对于经济发展至关重要，但需要受到监管，主要原因体现在以下几个方面。

(1) 金融体系不稳定

金融体系不稳定易造成系统性金融风险。尽管监管应确保金融系统以一个安全和稳健的方式运作，避免由一个公司或一个市场蔓延到其他地方的传染性倒闭风险。比如20世纪30年代引发西方经济大萧条的美国金融危机，20世纪90年代导致日本经济萎靡不振的日本金融危机，1997年下半年袭击东南亚的亚洲金融危机等。这些危机都是从一种金融市场波及另外一种金融市场，如从股市到债市、外汇、房地产甚至整个经济体系。因此，加强金融监管、防范金融风险、避免金融危机，保持金融稳定对一国金融安全甚至世界经济金融发展都具有重大意义。

(2) 信息不对称

信息不对称是金融交易与生俱来的特征。由于信息的不对称性，就可能产生道德风险和逆向选择。例如，潜在的不良贷款风险来自那些积极寻求贷款的人，如果发生了逆向选择，信贷资源就没有得到有效配置，就可能形成贷款者的不良资产，影响到金融体系的稳定。贷款者放贷之后，将面对借款者从事那些放款者不期望进行的活动，由于道德风险降低了归还贷款的可能性，同样也影响了金融体系的稳定。在宏观层面，信息不对称使得金融风险暴露后具有相当程度的传染效应，即金融体系中局部的金融不稳定，可能会导致更多机构和更大范围的不稳定，扩散和恶化初始风险暴露的不利影响，乃至演变成系统性的金融危机。这种传染效应最终会对宏观经济造成极为严重的不利后果，甚至较长期的经济衰退。

此外，在信息不对称或信息不完全的情况下，拥有信息优势的一方可能会利用这一优势来损害信息劣势的一方，会导致交易的不公平，如内幕信息和价格操纵。为了防止投资者利益受损，需要通过金融监管对信息优势方的行为加以规范和约束，为投资者创造公平、公正的投资环境。

金融监管可以努力降低信息不对称的程度，但是不可能彻底消除信息不对称，这也是为什么金融交易永远会有风险。例如，大家习惯性地将国债称为无风险资产，但也只是表明政府的违约概率低一些，不是真的零风险。比如阿根廷经历了多次主权债务违约。

(3) 市场失当行为

常见的市场失当行为有金融欺诈（Financial fraud）、内幕交易（Insider information）、披露虚假信息、非法集资等，如美国史上最大庞氏骗局主犯伯纳德·麦道夫从上万名客户手中诈骗650亿美元而被判入狱150年。金融监管应确保金融市场在尽可能有效的情况下运作，防止操纵市场并提高市场的流动性，以保护投资者信心。

(4) 反竞争行为

金融机构是经营货币和信用服务的特殊企业，它所提供的产品和服务的特性，决定其不完全适用于一般工商业的自由竞争原则。一方面，金融机构规模经济的特点使金融机构的自由竞争很容易发展成为高度的集中垄断，而金融业的高度集中垄断不仅在效率和消费者福利方面会带来损失，而且也将产生其他经济和政治上的不利影响；另一方面，自由竞争的结果是优胜劣汰，而金融机构激烈的同业竞争将危及整个经济体系的稳定。因此，金融监管的一个主要使命就是如何在维持金融体系的效率的同时，反对垄断和不正当竞争行为，保证整个体系的相对稳定和安全。

对于上述市场失灵的四个方面的问题，需要不同的监管机构和监管政策，见表8−1。比如，需要制定宏观审慎政策或者宏观审慎管理来应对体系不稳定的问题，因为它关系到整个金融系统的稳定性。信息不对称问题，需要微观层面的监管，对于机构、交易实行具体的监管措施，比如资本金、流动性和资产持有方面的要求。市场失当行为，主要是解决公平交易和保护消费者利益。各国克服反竞争行为的政策安排不太一样，但在很多国家都有独立的反垄断特殊机构。2011—2019 年，欧盟至少提起 16 次银行业反垄断调查，罚款总额超过 30 亿欧元。在中国，反垄断进程正以全新速度展开，并正式进入“强监管时代”。2020 年年底，中共中央政治局会议首次明确提出“强化反垄断和防止资本无序扩张”，标志着我国反垄断工作进入新的历史时期。2021 年，党中央、国务院围绕反垄断、防止资本无序扩张作出一系列重大决策部署，并在法律制度、执法机构、执法重点等方面都发生了重大变化。

表 8−1　市场失灵的四种类型

<table>
<tr><td colspan="2">市场失灵的类型</td><td>金融体系不稳定</td><td>信息不对称</td><td>市场失当行为</td><td>反竞争行为</td></tr>
<tr><td colspan="2" rowspan="2">监管领域</td><td>宏观监管</td><td>微观监管</td><td>交易监管</td><td>鼓励竞争</td></tr>
<tr><td>金融稳定</td><td>单个机构</td><td>消费者保护</td><td>反对垄断和不正当竞争</td></tr>
<tr><td rowspan="4">金融部门</td><td>银行</td><td rowspan="4">宏观审慎监管框架</td><td rowspan="4">由一个或多个机构监管</td><td rowspan="4">由一个或多个机构监管</td><td rowspan="4">通常由一个单独机构负责</td></tr>
<tr><td>保险</td></tr>
<tr><td>证券</td></tr>
<tr><td>其他</td></tr>
</table>

【专栏 8−1】

针对信贷资金违规流入楼市，监管再次重拳出击

针对信贷资金违规流入房地产领域问题，深圳金融监管部门经过多轮滚动排查和监管核查，截至 2021 年 8 月 7 日共发现 21.55 亿元经营用途贷款违规流入房地产领域。

一些银行存在贷前资料审核把关不严、资金流向监控不到位的问题；部分借款人存在虚构经营背景、套取经营性贷款并挪用购房的行为；另有部分中介机构和个人存在提供过桥资金、协助编造虚假资料、规避资金流向监控等行为。这些行为不仅违规手法隐蔽，且花样不断翻新，给监管核查工作造成一定困难。

2022 年 7 月 27 日及 28 日，上海银保监局对“流动资金贷款违规流入房地产市场”“个人消费贷款违规用于购房”的违法违规行为一连开出 19 张罚单，浦发银行涉及多家

国有大行、股份行的分支机构及相关责任人，合计罚款超过千万元。2022 年 8 月 9 日，大连银保监局对浦发银行（600000. SH）连开 9 张罚单，主要违法违规行为包括：贷款管理不到位，流动资金贷款流入房地产领域；个人贷款业务内控管理不到位，信贷资金用途管控不严格，未按合同约定用途使用等。

2021 年以来，受各地对房地产的管控趋严影响，监管部门对于经营贷、消费贷等资金违规“输血”房地产的打击力度不断加强。近期，受楼市政策不断放松影响，涉房贷款违规、资金违规流入楼市的情况也随之增加，相关部门延续了此前严监管的态势，坚持“房住不炒”的风向，推动房地产行业稳健发展，防范金融风险。

2021 年 3 月 2 日，中国人民银行党委书记、中国银保监会主席郭树清在国新办新闻发布会上表示：“房地产领域的核心问题还是泡沫比较大，金融化、泡沫化倾向比较强，是金融体系最大灰犀牛。”

2017 年习近平总书记在全国金融工作会议上明确指出，“金融是国家重要的核心竞争力，金融安全是国家安全的重要组成部分”，并强调“防止发生系统性金融风险是金融工作的永恒主题。金融要为实体经济服务，满足经济社会发展和人民群众需要。金融活，经济活；金融稳，经济稳”。

资料来源：根据中国经济网、新浪网、和讯银行新闻整理而得。

8.2 金融监管的目标、原则和内容

8.2.1 金融监管的目标

金融监管的目标是金融监管行为期望达到的最终效果，是实现有效金融监管的前提和监管当局采取行动的依据。各个国家（地区）由于历史、经济、文化的背景和发展情况不同，其具体的监管目标也不同，但基本内容都包括维持金融业合理竞争、维护金融业安全以及推进金融业稳健发展等。在我国现阶段，金融监管的核心目标是防范和化解金融风险、维护国家金融稳定和安全，依法维护金融市场公平有序运行和竞争，依法保护金融消费者权益，引导金融业更好地为实体经济服务。

8.2.2 金融监管的原则

（1）依法原则

依法监管原则又称合法性原则，指金融监管必须依据法律、法规进行。监管的主体、监管的职责权限、监管措施等均由金融监管法规和相关行政法律、法规规定，监管活动均应依法进行。

（2）公开、公平、公正原则

公开是指要向市场参与者及时、完整、真实、准确地披露各种金融市场信息，监管

活动应最大限度地提高透明度。公平是指金融市场参与者在地位、权益、责任等方面处于平等的状态；同时，监管当局应公正执法，做到实体公正和程序公正。

（3）效率原则

效率原则指金融监管应当提高金融体系的整体效率，不得压制金融创新与金融竞争。同时，金融监管当局合理配置和利用监管资源以降低成本，减少社会支出，从而节约社会公共资源。

（4）独立性原则

银行业监督管理机构及其从事管理监督管理工作的人员依法履行监督管理职责，受法律保护，地方政府、各级政府部门、社会团体和个人不得干涉。

（5）协调性原则

监管主体之间职责分明、分工合理、相互配合。这样可以节约监管成本，提高监管的效率。

（6）适度竞争原则

在市场经济条件下，必须保持金融机构间的适度竞争，使金融体系能以合理的成本提供良好的金融服务以满足社会公众的需要。促进金融机构间的适度竞争有两层含义：一是防止不计任何代价的过度竞争，避免出现金融市场上的垄断行为。二是防止不计任何手段的恶性竞争，避免出现危及金融体系安全稳定的行为。

8.2.3　金融监管的内容

（1）政府安全网

政府安全网通常指存款保险和“最后贷款人”制度。存款保险制度主要是防范发生大面积的挤兑行为，在我国，所有 50 万元以下的存款都会有存款保险制度兜底。这样，即便银行出现问题，大部分人都不会去银行挤兑，风险就不会发散，不会引发系统性的问题。由于世界各国的经济金融体制、经济发展水平和法律体系的不同，各国的存款保险制度存在一些差异，但是其基本目标却是相同的：保护存款人的利益，尤其是保护小额存款人的利益；设立对出现严重问题或面临倒闭的银行的合理处置程序；提高公众对银行的信心，保证银行体系稳定。

最后贷款人（Lender of last resort）是指当同业救助等方式不足以向商业银行提供防范流动性冲击的保障时，为防止单个银行的流动性危机向系统性银行危机甚至整个市场转化，作为最终贷款人的中央银行将向其提供流动性支持和救助。最后贷款人若宣布将对流动性暂不足商业银行进行融通，就可以在一定程度上缓和公众对现金短缺的恐惧，这足以制止恐慌而不必采取行动。

政府安全网可以解决一些问题，但也会引发道德风险和逆向选择问题。例如，“大而不能倒（Too Big To Fail)”的“道德风险”。“大而不能倒”问题的本质是，大型银行的债权人和股东相信，银行将会受到政府的援助而不会倒闭，他们的资金放在大型银行是安全的。于是，他们就会放松对银行的监督。就这样，“大而不能倒”银行将会发放风险很高的贷款，并在其他高风险业务上下赌注，从而让银行面临更大的风险。在2008年9月雷曼兄弟倒闭之后，美国财政部和美联储没有让规模更大的金融机构“美国国际集团”和花旗集团倒掉，而是不惜花政府资金大举救助，以稳定金融体系作为目标。

(2) 对市场准入与检查的监管

对市场准入与检查的监管主要针对银行和金融机构开业的审批和管理，各国金融法一般规定，银行或其他金融机构开业必须先向金融监管机构提出申请，重要审核标准一般包括：资金是否充足；从业人员任职资格；资本结构；经营管理的专业化程度等。一方面，对金融机构进行准入限制可以避免机构之间由于过于激烈的竞争而造成企业不断破产退出，容易对实体经济造成外部影响。另一方面，市场准入的限制是出于保护市场和降低逆向选择的目的，剔除资质条件差的机构对市场的影响。

定期实地检查的作用在于限制道德风险，由此监管者可以监督金融机构是否遵守资本金要求和资产持有限制。在具体实施检查过程中，监管当局主要通过CAMELS（即骆驼评级法）以及有关合规性检查的指导开展工作。CAMELS包括资本充足率(Capital adequacy)、资产质量（Asset quality)、管理质量（Management quality)、盈利水平（Earnings)、流动性（Liquidity）和对市场风险的敏感度（Sensitivity to market risk)。根据这些有关银行业务活动的信息，监管者可以实施监管，如果银行的骆驼评级足够低，监管者可以采取签发停业和整顿命令（Cease and desist order）等官方行动来改变银行的行为，甚至可以关闭银行。限制银行承担过多风险以抑制道德风险的举措同样有助于减少逆向选择问题，因为风险承担的机会越少，银行业对风险偏好企业家们的吸引力就越低。

(3) 对金融机构的交易活动和业务范围的监管

金融机构的交易活动关系整个社会经济的稳定，世界各国的金融监管都将其作为监管金融的主要内容之一。此外，为确保银行和其他商业性金融机构的正常运作，从而维护存款人的利益的整个金融体系的安全出发，各国对金融机构的业务范围也有严格的监管。相关的监管包括：限制银行持有的风险资产（如不得持有普通股等风险资产）；鼓励银行资产的多样化，限制特定种类的贷款及对单个借款者的贷款数量等。

(4) 对金融机构资本比率的监管

合理充足的资本比率是商业性金融机构正常运作的基本条件。资本金可以作为不利冲击发生时的有效缓冲，因而可以降低金融机构破产的可能性。根据现行巴塞尔协议框架，商业银行的资本充足率应不低于8%。各银行还需要增设2.5%的留存超额资本和0~2.5%的逆周期超额资本，系统重要性银行还需附加资本。因此，实际上商业银行资本充足率至少需要达到10.5%。

此外，杠杆率是资本充足率的有力补充，其可以当作微观审慎监管的工具，能够有效地约束银行业务规模过度扩张，也可以作为宏观审慎监管的逆周期工具，提高银行系统风险监管的有效性。我国杠杆率的监管指标设定为4%，高于巴塞尔委员会所确定的3%的监管标准。

(5) 信息披露制度

信息披露制度能有效抑制金融机构过度冒险的动机，防止信息垄断和信息优势导致的不公平。有效的信息披露有利于改善金融市场上的信息质量，有利于帮助投资者做出正确的决策，从而使得金融市场能够更好地发挥将资本分配到最具生产性用途上的作用。

(6) 消费者保护

这里的消费者特指金融消费者，即为了生活、生产或消费需要，使用金融产品或接受金融服务的个人或团体。例如，我们到银行存取款、到证券公司购买证券、到保险公司购买保险，获得了银行、证券公司和保险公司提供的金融服务并使用了它们的金融产品，我们就是金融消费者。

2008 年金融危机席卷全球，印证了仅仅靠审慎监管来监督各大金融机构的资本与风险状况是远远不够的。许多国家也因此赋予行为监管和审慎监管同等重要的地位，即在维护金融机构稳健经营、金融体系稳定和防范系统性风险（Systemic risk）的同时，实施行为监管，纠正部分金融机构的机会主义行为，防止欺诈和不公正交易，以保护消费者和投资者利益。

从金融消费者权益保护的发展历程来看，主要可以分为三个阶段。第一阶段更注重基础的金融消费者教育，由监管机构、金融协会和各金融机构共同担当教育职责，帮助消费者理解基本金融概念。第二阶段则侧重于保障金融消费者的核心权益，保护消费者个人信息，帮助消费者理解正确的市场信息、知晓准确的产品信息及各项条款，以及在免受歧视环境下开展金融投资与消费行为。第三阶段的消费者权益保护则聚焦防止利益冲突、公平竞争反垄断两个方面。全球主要成熟金融市场普遍进入了第三阶段，相关市场已经开始积极推动相关政策法规的制定，致力打造充分、公平竞争的市场，为消费者提供更好的产品与服务，并降低系统性金融风险。

(7) 对金融市场和利率的监管

在市场经济条件下，利率作为信贷资金价格是预告金融市场资金供求的“晴雨表”，同时也是金融机构部门恶性竞争的主要工具。利率监管通常由中央银行依法规定基准利率及其浮动区间，各银行可根据实际情况灵活调整利率水平。金融市场是金融交易发生的重要场所。资金信贷、证券发行及投资等金融交易活动都具有较强的风险性。政府对金融市场的监管旨在维持一种合理的秩序，为金融主体活动提供一个“公开”“公平”“公正”的金融环境。

(8) 竞争限制

在市场经济环境下，有自由竞争就一定会有经营失败者破产，银行也不例外。银行破产对经济的代价太大，于是很多国家的政府实施牌照制，让金融行业实行有限竞争。此外，竞争的加剧也会提高金融机构承担更多风险的道德风险动机。竞争提高所产生的盈利能力下降，可能使金融机构倒向为了维持以往的利润水平而承担更大风险的动机。

虽然对竞争的限制支撑了银行的健康，但也有十分严重的不利后果：银行等金融机构怠于效率化的努力，丧失了进行金融创新，提高金融服务效益的活力。

因此，近些年来，很多国家政府限制竞争的冲动已经减弱了，转向激发银行业的竞争活力，以效益求生存，求发展。

(9) 风险评估管理

由于金融环境的变化导致金融机构经营的复杂程度不断提高，使得银行等金融机构面临的风险更为复杂。例如，1995 年巴林银行因进行巨额金融期货投机交易，造成 9.16 亿英镑的巨额亏损而破产倒闭。因此，多国对审慎监管程序的认识发生了重大转变。例如，将监管重点转向评价银行管理层处置风险的健全性。

在美国，银行检察官对风险管理评级设定了 1～5 的级别，作为骆驼体系中的整体管理评级的部分。进行风险管理评级，需要对有效风险管理的四个因素进行评价：①董事会和高级管理层实施监督的质量。②对所有具有重大风险的业务活动的限制和政策充足性。③风险计量和监控体系的质量。④预防雇员欺诈和未授权活动的内部控制的充足性。

近年来，风险管理评估美国银行监管当局为应付利率风险而采取的监管指引也反映了监管重点向管理程序的转移。其中，风险管理特别重要的是落实压力测试（Stress testing）和在险价值（Value-at-Risk，VaR）的计算，前者风险管理评估计算的是在虚拟的极端场景下的潜在损失与资本补充需求，后者则是衡量在 1%的概率水平下，某一交易组合风险管理在未来特定时期内的损失规模。

【同步案例 8—1】

我国银行业反垄断第一案

近年来，我国金融领域的公平竞争问题引起了众多政府监管部门的广泛关注。2021 年 11 月 20 日，国家市场监管总局公布一则行政处罚书，福建百度博瑞网络科技有限公司与中信银行新设合营企业中信百信银行违反《反垄断法》相关规定，因此各被罚款 50 万元，系顶格处罚，这是目前我国首例银行业反垄断案例。

不仅是银行业，保险领域也出现反垄断处罚案例。同时，市场监管总局还发布了中华联合保险集团股份有限公司和上海云鑫创业投资有限公司设立合营企业依法申报违法实施经营者集中案行政处罚决定书，上述两家公司同样分别被罚 50 万元。

2021 年 11 月 18 日，国家反垄断局挂牌成立，这是我国反垄断领域的一大里程碑，标志着反垄断行政执法资源将更加集成高效。同时，反垄断立法层面也传达出金融业成为未来反垄断监管重点领域的强烈信号。

不仅是传统金融行业，新兴的金融科技业也被列入反垄断监管之中。央行行长易纲在 2021 年 10 月 20 日表示，金融科技的发展带来滥用垄断优势、过度收集和使用用户数据等问题。对此，我们持续弥补监管制度“短板”，不断增强政策透明度，持续强化反垄断监管、维护公平竞争秩序。2022 年 3 月 2 日，银保监会主席郭树清在国新办新闻发布会上再次明确表示金融领域反垄断是我国实现金融治理体系和治理能力现代化的必由之路，也是金融助力经济高质量发展的迫切需要。

资料来源：根据法制日报《国家反垄断局成立后银行业反垄断首案产生》整理。

8.3　全球主要金融监管体制

金融监管体制指国家对于本国金融的监督管理体制，其要解决的是由谁来对金融机构、金融市场和金融业务进行监管、按照何种方式进行监管以及由谁来对监管效果负责和如何负责的问题。由于历史发展、政治经济体制、法律与民族文化等各方面的差异，各国在金融监管体制上也存在着一定的差别。从国际经验上来看，全球各国对于金融控股公司的监管模式各有不同，大多经历了分业与混业监管反复调整的过程，监管条例也在不断细化。

金融监管体制按照不同的依据可以划分为不同的类型，其中按照监管机构的组织体系划分，金融监管体制可以分为集中监管体制、分业监管体制、不完全集中监管体制。

8.3.1　集中监管体制

集中监管体制的模式由一家机构承担全部金融监管职责，通过内设不同职能部门的形式，实施宏观审慎政策、微观审慎政策和行为监管。通常，这一机构是各国的中央银行。这种监管模式在发达国家和发展中国家中都很普遍。

该监管模式的优点是：第一，金融管理集中，金融法规统一。单一监管机构既可避免监管界限模糊导致的监管漏洞或者监管重叠，形成有效的监管规模经济，又可避免监管套利行为的发生，同时金融机构也免于陷入监管机构争夺管辖范围的尴尬处境。第二，有助于提高金融监管的效率。有效地针对被监管机构及其商业行为进行监管资源配置，特别是有利于将监管资源合理配置到风险最大的机构及业务。第三，有助于避免监管过度竞争造成的“监管俘获”。第四，以更加全面和综合的视角对金融机构进行监管。监管机构一方面能够全面审查和考核金融机构各种类别具体业务操作的合规情况和潜在风险，全面评估其公司治理、风险管理等审慎性原则的贯彻情况，有利于对金融机构风险的全面识别；另一方面降低了那些综合经营金融机构的管理成本，形成监管的范围经济。

集中监管模式的缺点主要有以下三个方面：第一，集中监管缺乏发现监管漏洞的检验和制衡机制，可能产生监管的单点失效。若监管机构忽略了金融系统某方面的风险或某类金融机构的风险状况，缺乏额外的监管机构来弥补这种漏洞，由此可能导致严重的后果。第二，监管权力过于集中和缺乏竞争约束机制可能会降低监管效率。第三，集中监管可能将注意力和监管资源过度投向其认为对金融系统构成最大风险的机构或业务，而忽视其他机构或业务，导致尾部风险而引起金融不稳定。

以新加坡为例，新加坡金融管理局（MAS）既是新加坡的中央银行，又是金融业监管机构。MAS担任新加坡中央银行，包括执行货币政策、发行货币、监督支付系统以及担任政府的银行家和金融代理人。同时，MAS担任综合金融监管机构，开展金融服务综合监管和金融稳定监测。其中，审慎政策部、特别风险部和宏观监管部负责制定资本监管标准和审慎监管政策，为审慎监管提供识别、跟踪与应对的技术和方法，监测金融系统发展趋势与潜在缺陷，并监控、评估全球主要金融市场的运行情况。银行监管、保险监管以及资本市场监管部门负责监管不同类型金融机构的运营，维护市场交易行为的公平、公正，制定并执行相关金融政策。

8.3.2 分业监管体制

分业监管（Separate supervision）模式也称为分头监管体制，是根据金融业内不同的机构主体及其业务范围的划分而分别进行监管的体制。目前实行分业监管模式的代表性国家有中国、美国、荷兰、波兰等。

分业监管体制的优点在于：第一，各专业监管机构负责各自不同的专业监管领域，具有专业化优势，职责明确，分工细致，有利于实现监管目标，提高监管效率。第二，具有金融监管的竞争优势。每个金融监管机构之间尽管监管对象不同，但相互之间也存在竞争压力，在竞争之中可以提高监管效力，分业监管模式能有效地避免监管垄断造成的道德风险。

分业监管体制的缺点有：第一，从整体上看，各分业监管机构庞大，监管成本较高，规模不经济。第二，如果各监管机构之间协作性较差，职责边界不清晰的模糊地带就容易出现监管真空；如果针对混业经营体制而实行分业监管，容易造成重复监管。第三，监管不一致。对于不同类型金融机构之间相同或相似的业务，各监管机构很可能采用的是不同的监管标准，这在很大程度上会导致监管套利等行为。

在中国，金融业实行的是以分业经营、分业监管为主的架构。2003 年，中国“一行三会”（中国人民银行、证监会、银监会和保监会）的分业监管的金融监管体制正式确立。中国人民银行是在国务院领导下制定和执行货币政策、维护金融稳定、提供金融服务的宏观调控部门。一般银行业由银行业监督管理委员会负责监管；证券业由证券监督管理委员会负责监管；保险业由保险监督管理委员会负责监管，各监管机构既分工负责，又协调配合，共同承担监管责任。

在“一行三会”的分业监管体制实施 15 年后，2018 年，中国银监会和保监会的合并，填补了旧监管格局中监管盲区、信息沟通协调不畅等的不足。2017 年 11 月，国务院金融稳定发展委员会成立，“一委一行两会”的新格局就此形成。该格局是在长期实践中探索形成的，符合我国经济金融发展的现状。

2020 年，中国人民银行发布《金融控股公司监督管理试行办法》（以下简称“金控办法”），对当前我国金融业以分业经营、分业监管为主的格局进行了完善和补充。金融控股公司进行统一的股权投资与管理，其控股的金融机构经营具体金融业务，坚持分业经营。人民银行从宏观审慎管理的角度，对金融控股公司实施整体监管。金融管理部门按照职责分工，对金融控股公司所控股金融机构实施分业监管。人民银行也将与相关部门建立跨部门工作机制，加强监管协作与信息共享，形成监管合力，共同推动金融控股公司的规范健康发展。

在国际上，主要的经济体也都大多采用金融控股公司的模式，由金融子公司实行分业经营。这种制度框架的安排，使股权结构和组织架构更加简单、明晰、可识别，有利于更好地隔离风险，加强集团整体公司治理和风险管控，也符合现代金融监管的要求。

8.3.3 不完全集中监管体制

不完全集中监管体制也称不完全统一监管体制，该体制有“双峰式”“伞形”和“牵头式”三类监管体制。

(1)“双峰式”监管模式 (Twin peaks regulatory model)

“双峰式”监管模式依据金融监管目标设置两头监管机构：一类机构专门对金融机构和金融市场进行审慎监管，旨在维护金融机构的稳健经营和金融体系的稳定、防范系统性风险。另一类机构专门实施行为监管，旨在纠正金融机构的机会主义行为、防止欺诈和不公正交易、保护消费者和投资者利益。

双峰型监管的优点有以下三方面：第一，缓和两大监管目标的内在矛盾，即维护金融系统安全稳健和消费者保护的矛盾。双峰型监管按监管目标来分设监管机构，使得既有专门监管机构来确保金融体系的稳健性，另外还有监管机构给予消费者以足够的保护。第二，监管机构各司其职，不存在功能重叠。审慎监管和行为监管两大职能得以有效隔离，两类监管机构可以分别聘用各自领域内的专家（负责审慎监管的机构主要聘用金融业务及经济方面的专业人士，负责行为监管的机构主要雇佣实施监管规则的专业人士）以便充分履行各自的监管职责。第三，行为监管机构可以为消费者提供更加充分的保护，与此同时它也确保了市场的信息透明和市场操守。行为监管机构的权力体现在：制定监管规则、设立仲裁调解机构、开展机构巡查项目以及制定不同形式的消费者利益补救方案。

双峰型监管的主要缺点：第一，在目标优先性的选择上主观性太强。从金融体系整体来看，当两个目标存在矛盾时，仍无法同时兼顾两者。从实践来看，当审慎监管与保护消费者的目标发生冲突时，一般更强调金融系统稳健性，会以前者为重。第二，双峰型监管也使一家金融机构需要同时接受几个监管部门的监管，容易造成金融机构管理成本的上升和监管效率的下降。

澳大利亚是最早实践双峰监管模式的国家。1997 年，澳大利亚成立审慎监管局和证券投资委员会，分别负责审慎监管和行为监管。澳大利亚在危机中表现稳健，未出现大的金融动荡。近年来，一些重要经济体也逐步引入双峰监管理念。以英国为例，危机前，由金融服务局对各类金融机构实施统一监管。危机后，针对原有模式暴露出的审慎监管能力不足、央行缺乏授权与工具难以有效维护金融系统稳定的问题，英国调整了监管架构，分离了审慎监管和行为监管职能。英格兰银行承担审慎监管职能，内设金融政策委员会，负责从宏观层面监控金融市场系统性风险，维护金融体系稳定；在金融政策委员会下设立审慎监管局，负责对系统重要性金融机构进行微观审慎监管。金融行为监管局承担行为监管职责，负责监管各类金融机构的业务行为，纠正金融不当行为，提高市场透明度，保护投资者权益。

(2)“伞形”监管模式 (Umbrella regulatory model)

“伞形”监管模式按照金融业务的功能实施监管，对不同类型金融机构开展的类似业务进行标准统一的监管，形成由一家机构主导审慎监管、多家机构共同承担行为监管的伞形监管结构。

以美国为例，危机前，美联储（Federal Reserve Bank，FRB）作为“伞尖”，履行综合监管的职责，是金融控股公司全面监管的主要责任单位；而“伞柄”则由各类型金融机构的分业监管单位共同组成。具体来看，货币监理署（Office of Comptroller of Currency，OCC）对金融控股公司控股的银行子公司履行功能性的监管职责；证券交易委员会（United States Securities and Exchange Commission，SEC）对金融控股公司的证券子公司进行监管；而州保险监理署则监管保险子公司。同时，各州政府仍然拥有相应的监管权力，尤其是保险业。

“伞形”监管模式的优点是：通过纵横交错的立体监管模式对金融控股公司整体机构监管和业务功能监管区分，不仅可以发挥监管专业化分工优势，还可产生竞争监管优势，为金融稳健安全运行和公平竞争环境提供了良好的保障。“伞形”监管模式 的缺点是：第一，多重监管导致成本高，效率相对较低。英国金融服务局（FSA）在 2004 年的年度报告中比较了美国、德国、法国、爱尔兰、新加坡，以及我国香港的金融监管成本，得出结论称美国的监管成本居于几者之首。在 2006 年，美国金融监管成本高达 52.6 亿美元，大约是英国 6.25 亿美元的 9 倍。此外，第二，监管体系机构太多，各监管机构缺乏有效沟通与协调，权限互相重叠，若出现问题，很可能出现互相推诿的情况。各部门、各产品的监管标准不统一容易形成监管盲点和疏漏。随着金融的全球化发展和金融机构混业经营的不断推进，一些风险极高的金融衍生品成了漏网之鱼。例如，在次贷危机发生前，像债务担保证券（CDO）、信用违约掉期（CDS）等金融衍生产品到底该由美联储、储蓄管理局，还是证券交易委员会来监管没有明确，以至于临事缺乏监管者。

危机后，针对伞形监管存在的监管体系权力分散、系统性风险监管不足、信息共享机制低效等问题，美国政府加强了宏观审慎和微观审慎监管。新设了金融稳定委员会，负责认定系统重要性机构、工具和市场，识别威胁金融稳定的风险，向相关监管机构提出应对建议，协调监管措施，并在必要时批准美联储分拆严重威胁金融稳定的金融机构。同时，扩大了美联储的监管职权，指定美联储为系统重要性金融机构的监管主体，并强化其对系统重要性支付、清算和结算活动以及系统重要性基础设施的监管。即现阶段，美国已形成了“伞+双峰”的监管模式。

(3)“牵头式”监管模式（Lead regulatory model）

“牵头式”监管体制是在分业监管机构之上设置一个牵头监管机构，负责不同监管机构之间的协调工作。

巴西是典型的“牵头式”监管体制，国家货币委员会是牵头监管者，负责调剂巴西中央银行、证券交易委员会、私营保险监管局和补助养老金秘书局，这四个监管机构或联合对不同金融行业监管机构进行监管或单独监管。商品、股票和股指相关的期权产品主要由证券交易委员会负责监管，而利率、汇率期权的监管则属于巴西中央银行的管辖范围。

通过牵头式监管机构的定期磋商协调，相互交换信息和密切配合，降低了监管成本，提高了监管效率。此外，牵头式监管在一定程度上保持了监管机构之间的竞争与制约作用，各监管主体在其监管领域内保持了监管规则的一致性，既可发挥各个机构的优势，还可将多重机构的不利最小化。

8.4　中国金融监管简介

8.4.1　中国金融体系特征

中国实行改革开放已经 40 多年，中国的金融体系有规模大、管制多的特征。此外，中国金融体系面临着系统性金融风险上升的问题。

（1）规模大，可以从机构和资产两方面来看

从机构角度看，1978 年只有一家金融机构，现在金融机构的数量和种类都已经非常完备，有央行、银保监会、证监会组成的“一行两会”监管部门，有国家开发银行、中国进出口银行、中国农业发展银行组成的三大政策性银行，有工商银行、农业银行、建设银行、中国银行、交通银行、中国邮政储蓄银行组成的六大国有商业银行，还有十几家股份制商业银行。如果再加上城商行、农商行和村镇银行，一共有 4000 多家银行。此外还有保险公司、证券公司、资产管理公司等。商业银行领域的“工、农、中、建”四大国有商业银行在全世界排名都非常靠前。世界商业银行最新排名前五强中，中国占四位。

中国的金融机构不但数量多，资产规模也相当惊人。中国的金融体系是典型的银行主导，即便是相对不发达的资本市场，规模也已经很大。从市值看，股票和债券两个市场在全世界都能排在前三位。

（2）管制多，意味着政府对金融体系的干预还比较普遍

过去四十多年间，中国的市场化金融改革不断推进，市场化程度在不断提高，但金融抑制水平至今仍然很高。

这是因为中国采取“渐进式改革”，其中一个重要策略就是双轨制改革策略，计划与市场、国企和民企两轨并存。

金融抑制听起来是一个负面的政策安排，但在改革前期却对中国经济增长和金融稳定发挥了正面影响，具体可以表现在两个方面。第一，大多数银行由国家控股，尽管资金配置和定价受到政府多方面干预时会造成效率损失。但是，这样的金融体系在把储蓄转化成投资的过程中非常高效，能直接支持经济增长。第二，政府干预金融体系，对金融稳定有支持作用。例如，在 1997 年亚洲金融危机期间，中国银行业的平均不良资产率超过 30%，但没有人去挤兑银行，这是由于存款人相信政府会保障放在银行的钱。在中国改革开放四十多年期间，出现过金融风险，但系统性的金融危机从未发生过，这是由于政府用国家信用背书，为金融风险兜底。

在相当长的时期内，金融抑制对中国的经济增长与金融稳定发挥了正面影响。但是，进入21世纪以后，这个影响变成了负面的。出现了“金融支持实体经济在减弱”，“小微企业或民营企业融资难、融资贵”的现象。

（3）近年，政府多次提出“保持金融体系总体稳定，守住不发生系统性金融风险的底线”是工作的重点

系统性金融风险上升表现在很多方面，最重要的表现是杠杆率上升。

中国杠杆率高主要有以下三个方面的原因。第一，银行主导的金融体系是导致中国杠杆率高的主要原因。若每一笔金融交易都以存贷款的形式实现，贷款就意味着杠杆。第二，改革期间积累了大批质量差的企业，甚至资不抵债的僵尸企业。以国家统计局统计的规模以上制造业企业为例，其中正常企业的资产负债率平均为51%，僵尸企业的资产负债率平均为72%。本该淘汰的企业没有淘汰，持续运营更多依靠金融市场提供廉价资金，大大降低了金融资源的利用效率。改革期间为了保持一定的经济增长速度，货币政策总体上扩张，以提供更多的流动性，结果进一步抬升企业综合杠杆率。第三，监管未跟上金融创新的速度。金融创新作为驱动金融发展的重要力量，在优化金融资源组合的同时也具有风险属性，会对金融的“管理风险”职能带来新的挑战，若监管不好则会形成新的风险源。例如，e租宝等互联网金融领域风险事件频发暴露了我国监管的真空和灰色地带。

【专栏8—2】

金融活，经济活　金融稳，经济稳

中共中央政治局2017年4月25日下午就维护国家金融安全进行第四十次集体学习。中共中央总书记习近平在主持学习时强调，金融安全是国家安全的重要组成部分，是经济平稳健康发展的重要基础。维护金融安全，是关系我国经济社会发展全局的一件带有战略性、根本性的大事。金融活，经济活；金融稳，经济稳。必须充分认识金融在经济发展和社会生活中的重要地位和作用，切实把维护金融安全作为治国理政的一件大事，扎扎实实把金融工作做好。

2017年7月，全国金融工作会议召开，习近平总书记又强调，“金融是国家重要的核心竞争力，金融安全是国家安全的重要组成部分，金融制度是经济社会发展中重要的基础性制度”。会议宣布设立国务院金融稳定发展委员会，以强化人民银行宏观审慎管理和系统性风险防范职责，明确金融监管部门的监管职责，确保金融安全与稳定发展。

中共十九大又对金融领域发展作出重要部署，提出要深化金融体制改革。这一系列改革措施，有力地保证了金融系统不发生系统性金融风险，有力地保证了金融服务实体经济能力，有力地保证了经济的高质量发展和现代化经济体系建设。

随着金融改革不断深化，中国金融体系、金融市场、金融监管和调控体系日益完善，金融机构实力大大增强，我国已成为重要的世界金融大国，但要向金融强国目标迈进，还要付出更多努力。

资料来源：新华社，中国银保监会。

8.4.2　中国金融监管改革的历程回顾与未来展望

（1）起步阶段：金融监管的缺失（1949—1978 年）

1949 年新中国建立前后，中国人民银行、中国农业银行和中国建设银行相继成立。此后，在计划经济体制下，随着职能的调整，几家银行经历了多次的合并与分立。这样的经济体制背景与金融组织结构，构成了中国金融业与金融监管发展的基础，也逐步形成了计划经济体制下特有的监管体系。当时的中国金融市场完全以银行为主，主要经营活动是计划拨款、贷款和存款，基本不涉及证券、保险和外汇等业务。当时的中国人民银行是集货币政策、金融经营和组织管理等多项职能于一身，它对于金融体系的监管也是计划和行政性质的。

在当时的计划经济体制下，事实上并不存在现代通行的“金融监管”概念，金融体系的运作与管理机制也与市场经济截然不同。因此，准确地说，当时的中国金融市场并不存在金融监管制度，只有金融管理体制。当然，在当时的经济体制与金融发展水平条件下，这种集中管理体制有效保证了金融体系的统一和高效运行，也为其日后以央行监管为主导的金融监管提供了一定的经验、组织机构和人员方面的储备。

（2）过渡阶段：金融监管的确立（1979—1991 年）

中国自 1978 年底开始实行改革开放政策，逐步确立社会主义市场经济体制。这大大促进了中国金融业的发展，并对金融市场体制和机制提出了更高的要求。当时最突出的变化是政府相继恢复或新设了几大专业银行，以及保险、信托、证券等行业的金融机构，并为规范其经营行为出台了一些行政性规章制度。这一阶段，随着专业性金融机构从中国人民银行中独立出来，对于它们经营行为的规范也由内部管理变为外部监管。1983 年，中国人民银行被正式确立为中央银行，并且成为相对独立、全面、统一的监管机构，中国的金融监管体制和机制正式确立。但是这种监管仍然主要依赖于行政性规章和直接指令式管理。这种监管体系中各主体的地位和权力依托于行政体系，而不是由明确的法律授权形成的。

（3）发展阶段：分业监管的确立（1992—2003 年）

1992 年，我国金融监管体系发生了历史性变化，国务院决定成立国务院证券委员会和中国证监会，把监管证券市场业务职责从中国人民银行分离出来，并移交给新成立的中国证监会，至此，我国证券市场开始逐步纳入全国证券业统一监管框架。这次改革把中国人民银行监管范围从原来的“无所不包”缩减到仅对金融机构和货币市场进行监管。

1998 年，国务院证券委员会并入中国证监会；同年，中国保监会成立，将保险监管职责从中国人民银行分离出来。从 1998 年起，我国金融监管体系开始实行“银、证、保”分业经营和分业监管的模式。2003 年，中国银监会正式成立，我国的金融分业监管体制得到进一步完善。

中国人民银行完全分离出日常、具体的金融监管权后，主要承担货币政策，也担负支付清算、外汇管理、征信和反洗钱等基本制度和金融基础设施建设，对维持金融市场秩序和市场稳定起主导作用。金融监管步入法制化阶段，基本金融法律体系得以确立和完善。

（4）完善阶段：机构监管的完善（2004—2017年）

2004年以来，中国金融分业监管的体制得到进一步巩固与完善，监管协调与国际合作也有了新的发展。在全球金融危机之后，加强宏观审慎监管的尝试和其他改革探索也在逐步推进。这一阶段的中国金融监管改革与发展，与迎接金融全球化、金融创新、综合化经营以及金融危机的挑战密切相关。

随着我国金融市场的发展，我国金融风险结构越来越复杂，金融监管的不协调甚至监管缺失出现，逐渐不能适应金融发展的形势。例如，金融控股公司以交叉持牌或交叉持股等不同形式介入多种业务领域，跨市场金融产品以传统或互联网金融形式迅速发展，地方性资产交易平台和各类非法集资行为层出不穷。

在此阶段内，“一行三会”分业监管体制在以下几方面得到进一步的发展和完善：一是法律体系进一步完善，对《中华人民共和国证券法》《中华人民共和国公司法》等多部法律进行了修订；二是加强监管执法和丰富监管内容，对现场检查、行政许可、行政处罚、行政复议等行为进行了规范，并加强了对金融创新和部分跨金融领域经营的监管；三是金融监管机构之间加强了协调配合，监管机构之间建立起联席会议制度；四是审慎性监管和功能型监管已被提到监管当局的监管改革议事日程上。

（5）变革阶段：功能监管的尝试（2018年至今）

由于“一行三会”体制下各监管机构目标各异，部门法律法规分散，缺乏达成一致行动的决策和执行机制，不利于建立宏观审慎管理与微观审慎监管相统一、审慎监管与行为监管相结合的政策框架，难以防范系统性金融风险。因此，为有效防范系统性金融风险，进一步加强金融监管协调，2017年11月，经党中央、国务院批准，国务院金融稳定发展委员会成立，负责统筹金融改革发展与监管的重大事项，明显提升了金融监管权威性和有效性。2018年，中国银监会和中国保监会实现职能整合，组建中国银保监会，这是统筹协调银行和保险领域监管的最有效和最直接的方法，也在一定程度上适应金融业发展的新需要。除此之外，保留证监会的相对独立也有进一步鼓励和支持直接融资市场发展之意。

在新的“一行两会”框架下，中国人民银行的“货币政策和宏观审慎政策双支柱调控框架”将更加清晰，更多的担负起宏观审慎管理、金融控股公司和系统重要性机构、金融基础设施建设、基础法律法规体系及全口径统计分析等工作。各地相继成立的地方金融监管局也将承担起对“7+4”类机构（“7”指的是小额贷款公司、融资担保公司、区域性股权市场、典当行、融资租赁公司、商业保理公司、地方资产管理公司，“4”指的是投资公司、农民专业合作社、社会众筹机构和地方各类交易所）以及一些新兴金融业态的监管工作。

以下就我国证券市场监管情况进行简要介绍。

8.4.3 证券市场监管

证券市场监管指证券管理机关运用法律的、经济的以及必要的行政手段，对证券的募集、发行、交易等行为以及证券投资中介机构的行为进行监督与管理。我国证券市场经过三十多年的发展，逐步形成了以国务院证券监督管理机构、国务院证券监督管理机构的派出机构、证券交易所、行业协会和证券投资者保护基金公司为一体的监管体系和自律管理体系。

证券市场监管是一国宏观经济监管体系中不可缺少的组成部分，对证券市场的健康发展意义重大。

第一，加强证券市场监管是保障广大投资者权益的需要。

为保护投资者的合法权益，必须坚持“公开、公平、公正”的原则，加强对证券市场的监管。只有这样，才便于投资者充分了解证券发行人的资信、证券的价值和风险状况，从而使投资者能够比较正确地选择投资对象。

第二，加强证券市场监管是维护市场良好秩序、充分保障筹资者权益的需要。

国家需要建立健全法律法规，允许机构和个人在政策法规许可的范围内买卖证券并取得合法收益，坚决遏制蓄意欺诈、操纵交易和哄抬价格等非法行为。为此，必须对证券市场活动进行监督检查，对非法证券交易活动进行严厉查处，以保护正当交易，维护证券市场的正常秩序。

第三，加强证券市场监管是发展和完善证券市场体系的需要。

完善的市场体系能促进证券市场筹资和融资功能的发挥，有利于稳定证券市场，增强社会投资信心，促进资本合理流动，从而进一步推动金融业支持实体经济发展。

第四，准确和全面的信息是证券市场参与者进行发行和交易决策的重要依据。

证券产品的交换价值几乎完全取决于交易双方对各种信息的掌握程度以及在此基础上所作出的判断，任何新信息的出现都有可能导致人们改变旧的判断，形成新的判断，从而导致证券交易价格的调整。因此，建立健全信息披露制度，监督证券市场主体的信息披露行为，是保证证券市场健康、有效发展的基本前提。

8.4.3.1　证券市场监管的原则

(1) 依法管理原则

这一原则是指证券市场监管部门必须加强法制建设，明确划分各方面的权利与义务，保护市场参与者的合法权益，即证券市场管理必须有充分的法律依据和法律保障。

(2) 保护投资者利益原则

由于投资者是拿出自己的收入来购买证券，且大多数投资者缺乏证券投资的专业知识和技巧，只有在证券市场管理中采取相应措施，使投资者得到公平的对待，维护其合法权益，才能更有力地促使人们增加投资。

(3)“三公”原则

公开原则：这一原则就是要求证券市场具有充分的透明度，要实现市场信息的公开化。信息披露的主体不仅包括证券发行人、证券交易者，还包括证券监管者；要保障市场的透明度，除了证券发行人需要公开影响证券价格的该企业情况的详细说明外，监管者还应当公开有关监管程序、监管身份、对证券市场违规处罚等。

公平原则：这一原则要求证券市场不存在歧视，参与市场的主体具有完全平等的权利。具体而言，无论是投资者还是筹资者，是监管者还是被监管者，也无论其投资规模与筹资规模的大小，只要是市场主体，则在进入与退出市场、投资机会、享受服务、获取信息等方面都享有完全平等的权利。

公正原则：这一原则要求证券监管部门在公开、公平原则的基础上，对一切被监管对象给予公正待遇。根据公正原则，证券立法机构应当制定体现公平精神的法律、法规和政策；证券监管部门应当根据法律授予的权限履行监管职责，要在法律的基础上，对一切证券市场参与者给予公正的待遇；对证券违法行为的处罚和对证券纠纷事件和争议的处理，都应当公平进行。

（4）监督与自律相结合的原则

监督与自律相结合的原则是指在加强政府、证券主管机构对证券市场监管的同时，也要加强从业者的自我约束、自我教育和自我管理。国家对证券市场的监管是管好证券市场的保证，而证券从业者的自我管理是管好证券市场的基础。国家监督与自我管理相结合的原则是世界各国共同奉行的原则。

8.4.3.2　我国证券市场监管的重点内容

（1）对证券发行及上市的监管

证券发行与上市监管是指证券监管部门对证券发行上市的审查、核准和监控。

①证券发行审核制度。世界各国对证券发行上市审核的方式有两种：注册制和核准制，本书第 4 章已经做了说明，不再赘述。

在注册制推行之前，我国在证券发行上采用的是核准制，由中国证监会代表国家出面保护投资者利益。核准制使证券监管部门拥有较大的权力，同时也使其承担着较重的社会责任。

2023 年 2 月 17 日，中国证监会发布全面实行股票发行注册制相关制度规则，全面实行股票发行注册制正式实施。在审核注册程序方面，证券交易所审核和证监会注册各有侧重、相互衔接。证券交易所审核过程中发现重大敏感事项、重大无先例情况、重大舆情、重大违法线索的，及时向证监会请示报告。证监会同步关注发行人是否符合国家产业政策和板块定位。

②证券发行的信息披露制度。信息披露制度是指发行人在公开发行证券时，根据法律、法规的规定，公开与证券发行有关的重大事实的材料的一种法律制度。发行信息披露主要有招股说明书、债券募集说明书和上市公告书等。

（2）对交易市场的监管

证券交易环节容易出现内幕交易、操纵市场、虚假陈述等损害投资者利益的行为，这些行为是证券监管的重点。

①禁止内幕交易。内幕交易又称知情者交易或内线交易，是指公司董事、监事、经理、职员、主要股东、证券市场内部人员或市场管理人员，以获取利益或减少经济损失为目的，利用地位、职务等便利，获取发行人未公开的、可以影响证券价格的重要信

息，进行有价证券交易，或泄露该信息的行为。内幕交易严重侵害了投资者的平等知情权，各国都将其列入禁止规定。根据内幕交易行为的违法程度不同，相关人员须承担民事赔偿责任、行政责任和刑事责任等法律责任。

②禁止操纵市场。操纵市场行为指某一或若干利益主体，以获取利益或者减少损失为目的，利用其资金、信息等优势，或者滥用职权，制造证券市场假象，诱导或者致使投资者在不了解事实真相的情况下作出证券投资决定，扰乱证券市场秩序的行为。操纵市场行为的表现形式有：虚买虚卖、连续交易操纵、合谋等。禁止操纵市场行为与一般反垄断法的立法原理相吻合。操纵市场的行为人须承担民事赔偿责任、行政责任甚至刑事责任。

③禁止虚假陈述或重大遗漏。虚假陈述或重大遗漏是对信息披露这一基本证券法律制度和公开理念的背离。《中华人民共和国证券法》关于信息披露文件的责任主体，主要包括四类：发行人及公司发起人；发行人的重要职员，包括董事、监事、经理及在文件中签章的其他职员；注册会计师、律师、工程师、评估师或其他专业技术人员；证券公司。虚假陈述的行为人须承担相应责任。

（3）对上市公司的监管

主要是监管上市公司的信息披露，包括首次发行的信息披露和发行后的持续信息披露。实施持续性的信息披露管理，关键目标是解决证券市场的信息不对称。主要形式有：股票发行和上市公告书、上市后的定期报告和临时报告制度。

其中，首次发行的信息披露主要有以下内容。

《中华人民共和国证券法》第四十七条规定，股票上市交易申请经证券交易所同意后，上市公司应当在上市交易的 5 日前公告经核准的股票上市有关文件，并将该文件置备于指定场所供公众查阅。《中华人民共和国证券法》第四十八条规定，上市公司除公告前条规定的上市申请文件外，还应当公告下列事项：股票获准在证券交易所交易的日期；持有公司股份最多的前 10 名股东的名单和持股数额；董事、监事、经理及有关高级管理人员的姓名及持有本公司股票和债券的情况。《中华人民共和国公司法》第五十四条规定，公司债券上市交易申请经证券交易所同意后，发行人应当在公司债券上市交易的 5 日前公告公司债券的上市报告、核准文件及有关上市申请文件，并将其申请文件置备于指定场所供公众查阅。

此外，发行后的持续信息披露主要有以下内容。

《中华人民共和国证券法》第六十条规定，股票或者公司债券上市交易的公司，应当在每一会计年度的上半年结束之日起两个月内，向国务院证券监督管理机构和证券交易所提交记载以下内容的中期报告，并予公告：公司财务会计报告和经营情况；涉及公司的重大诉讼事项；已发行的股票、公司债券变动情况；提交股东大会审议的重要事项；国务院证券监督管理机构规定的其他事项。

《中华人民共和国证券法》第六十一条规定，股票或者公司债券上市交易的公司，应当在每一会计年度结束之日起四个月内，向国务院证券监督管理机构和证券交易所提交记载以下内容的年度报告，并予公告：公司概况；公司财务会计报告和经营情况；董事、监事、经理及有关高级管理人员简介及其持股情况；已发行的股票公司债券情况，包括持有公司最多的前10名股东名单和持股数额；国务院证券监督管理机构规定的其他事项。

（4）对证券经营机构的监管

证券经营机构包括证券公司、投资银行等专营证券业务的机构和信托投资公司等兼营证券业务的机构，是证券发行、交易市场的重要主体。各国对证券经营机构的设立与运作都有相应的监管举措。

①证券经营机构的设立监管。

设立一家证券经营机构，应满足监管部门提出的条件，并按规定的程序办理。证券经营机构的设立条件，各国有不同的规定，主要包含对注册资本、专业人才、盈利能力等方面的要求。

②证券经营机构的运作监管。

对证券经营机构的运作监管集中体现在证券经营机构的财务责任和经营行为的监管方面。前者包括最低资本限制，负债比率等流动性标准，以及买卖损害准备金、收益准备金、证券交易责任准备金等各项准备金的提取等；后者包括证券经营机构兼业禁止、从业人员竞业禁止等禁止行为的监管，证券经营机构从业人员资格管理，证券经营机构定期报告制度的监管，证券经营机构信息披露的监管等。

③证券经营机构的变更与终止监管。

在注册制下，证券经营机构的变更、终止程序简便；在核准制下，证券经营机构的变更、终止同样需要经过监管部门的审批。

【同步案例8—2】

全国首例银行间债券市场虚假陈述案一审宣判

2022年12月30日，北京金融法院对2021年3月18日成立当日受理的“蓝石资产与兴业银行等”全国首例银行间债券市场的虚假陈述责任纠纷案（北京金融法院1号案件）进行一审宣判。案件焦点涉及法院在前置程序取消后对债券发行存在虚假陈述的认定方法，银行间债券市场中发行人、投资人及各服务机构的义务与责任边界。

2016年8月，大连机床集团公司发行了5亿元超短期融资券，由蓝石资产担任管理人的基金陆续买入并持有。融资券到期后，发行人无法还本付息，后被法院裁定破产重组。蓝石资产指向涉案债券发行信息披露存在虚假陈述，导致其购买了“垃圾债”，损失重大，故将债券主承销商兴业银行以及包含律师事务所、会计师事务所、资信评估公司等在内的多家服务机构一并起诉。

北京金融法院审理认为，案涉银行对大连机床集团公司出具的企业财务信息，特别是四笔高额质押应收账款未充分履行尽职调查和独立判断的勤勉尽责义务，对会计师事务所出具的年审报告以及律师事务所出具的法律意见书亦未尽到审慎核查和必要的调查、复核义务，均构成虚假陈述。会计师事务所在审计过程中未进行职业判断，未保持职业怀疑，审计过程中存在未勤勉尽责情况，亦构成虚假陈述；律师事务所未按照行业要求对应收账款的真实性进行核查，以判断案涉债券是否获得合法有效增信，进而出具法律意见书，构成虚假陈述。

法院同时认为，蓝石资产作为专业的机构投资者，其投资决策虽在一定程度上受虚假信息披露的影响，但其注意义务仍有别于普通投资人。在案涉融资券已被发行人、承销商、评级机构连续发布无法兑付风险提示的情况下，蓝石资产仍然坚持购入的行为，可减轻其他侵权方的赔偿责任。

该案作为全国首例银行间债券市场虚假陈述责任纠纷案件，其审理将促进银行间债券市场的全体参与者共同全力维护市场健康稳定和良好生态，在业内形成示范作用。

资料来源：根据人民法院报《全国首例银行间债券市场虚假陈述案一审宣判》整理。

【本章小结】

金融市场监管是监督主体采取相应的手段对金融业的运行进行监督和管理，以维护市场秩序、保护投资者利益、预防系统性风险等目的。

金融监管体制按照监管机构的组织体系划分，金融监管体制可以分为集中监管体制、分业监管体制、不完全集中监管体制。

自 2013 年以来，中国金融监管改革在加强金融监管、防范金融风险、提高金融市场透明度等方面取得了显著成效。在改革历程中，中国通过成立金融稳定发展委员会、强化跨部门协调合作等手段，加强了金融监管体系的整合与协同。未来，中国金融监管改革还将聚焦于金融科技监管、防范地方债务风险等方面，进一步完善金融市场监管机制，促进金融业健康稳定发展。

证券市场监管遵从依法管理原则、保护投资者利益原则、“三公”原则和监督与自律相结合的原则。证券市场监管的重点内容有对证券发行及上市的监管、对交易市场的监管和对上市公司的监管。

【关键概念】

政府安全网（Government Security Network）　最后贷款人（Lender of Last Resort）　骆驼＋评级法（CAMELS Rating System）　集中监管体制（Centralized Supervision System）　分业监管体制（Separate Supervision System）　不完全集中监管体制（Incomplete Centralization Supervision System）　双峰监管（Twin-Peaks Regulation）　伞形监管（Umbrella Supervision）　一委一行两会（One Committee, One Bank and Two Commissions）　内幕交易（Insider Trading）

【思考与练习】

一、判断题

1. 金融监管从对象上看，主要是对商业银行、金融市场的监管，非银行金融机构则不属于其范围。　（　　）

2. 对处于危机中的金融机构给予救助的“最后贷款人”通常由财政部担任。　（　　）

3. 由于各国历史、经济、文化背景和发展的情况不同，也就使金融监管目标各不相同。（　　）

4. 骆驼评级法是从资本充足率、资产质量、管理质量、盈利水平、流动性和对市场风险的敏感度等六个单项要素进行评级，加权汇总得出综合评级。（　　）

5. 欺诈客户是有关上市公司的一种市场禁止行为。（　　）

二、选择题

1. 【多选】世界各国金融监管的一般目标是（　　）。

A. 建立和维护一个稳定、健全和高效的金融体系

B. 保证金融机构和金融市场健康的发展

C. 保护金融活动各方特别是存款人利益

D. 维护经济和金融发展

E. 促进各国银行法或证券法等金融法规的趋同性

2. 【单选】金融业存在发展的终极目的是（　　）。

A. 安全稳健　　B. 风险预防

C. 风险监测和管理　　D. 满足社会经济发展需要

3. 【单选】证券市场参与者进行发行和交易决策的重要依据是（　　）。

A. 完善的证券市场体系　　B. 证券市场良好的秩序

C. 准确和全面的信息　　D. 证券市场监管机构的合理监管

4. 【单选】巴西的金融监管体制是典型的“牵头式”监管体制，由国家货币委员会牵头，负责协调对不同金融行业监管机构的监管活动。这属于（　　）的监管体制。

A. 集中统一　　B. 分业监管

C. 不完全集中统一　　D. 完全不集中统一

5. 【单选】金融监管的适度竞争，原则是指在市场经济条件下，必须保持（　　）间的适度竞争，使金融体系能以合理的成本提供良好的金融服务。

A. 商业银行　　B. 金融机构

C. 监管机构　　D. 投资银行

三、简答题

1. 金融监管要遵循哪些原则?

2. 简述金融监管体制的主要类型和特点。

3. 简述金融监管的内容。

4. 简述美国、澳大利亚的现行金融监管体制。

四、论述题

1. 试述金融机构需要监管的必要性。

2. 请结合当前我国金融业实际情况，试从信息经济学角度论述我国金融监管改革的必要性。

推荐阅读材料、网站

1. 中国证券监督管理委员会，http://www.csrc.gov.cn/，提供了丰富的监管法

规、监管措施和市场数据等资料。

2. 中国银行保险监督管理委员会，http://www.cbirc.gov.cn/，是中国银行保险业的监管机构，官网上提供了监管法规、监管报告和统计数据等资料。

3. 中国证券业协会，https://www.sac.net.cn/，可以查询证券市场基本情况、市场数据分析、监管机制解读等，还可以查询中国证券业协会发布的行业规定、通知、报告等，以及上交所、深交所、中登公司等证券市场基础设施机构发布的市场规则、技术规范、信息披露要求等。

4. 金融稳定委员会（Financial Stability Board，FSB），https://www.fsb.org/，金融稳定委员会的成员机构包括 20 多个国家的央行、财政部和监管机构以及主要国际金融机构和专业委员会，其官网上提供了全球金融稳定的监测、分析和建议等资料。

5. 国际货币基金组织（International Monetary Fund，IMF），https://www.imf.org/，是一个由 190 个成员国组成的国际机构，其官网提供有关全球经济和金融市场的资讯，以及有关国际货币基金组织的最新消息和报告。

6. 美国证券交易委员会，https://www.sec.gov/，是美国证券市场的监管机构，其官网上提供了监管法规、市场数据和投资者教育等资料。

7. 欧洲证券和市场管理局，https://www.esma.europa.eu/，是欧盟证券市场的监管机构，其官网上提供了监管法规、市场数据和投资者保护等资料。